plurall

Esta obra está no **Plurall**.
Baixe o app no seu celular
ou acesse **http://plurall.net**
e descubra uma nova
forma de estudar!

AAAJZD93A

Atenção! Somente serão liberados conteúdos
e serviços relacionados a esta obra.

Ajuda: @plurallnet

SOMOS
EDUCAÇÃO

9

TODOS OS JEITOS DE CRER

IDEIAS

Dora Incontri

Jornalista, doutora e pós-doutora em Educação pela Universidade de São Paulo, professora universitária, coordenadora da Universidade Livre Pampédia.

Alessandro Cesar Bigheto

Graduado em Pedagogia e em Filosofia, mestre em História e Filosofia da Educação pela Universidade Estadual de Campinas, professor universitário.

editora ática

editora ática

Direção geral: Guilherme Luz
Direção editorial: Luiz Tonolli e Renata Mascarenhas
Gestão de projeto editorial: Mirian Senra
Gestão e coordenação de área: Wagner Nicaretta (ger.) e Brunna Paulussi (coord.)
Edição: Andréia Szcypula, André Luiz Botelho Fonseca (assist.)
Gerência de produção editorial: Ricardo de Gan Braga
Planejamento e controle de produção: Paula Godo, Roseli Said e Marcos Toledo
Revisão: Hélia de Jesus Gonsaga (ger.), Kátia Scaff Marques (coord.), Rosângela Muricy (coord.), Ana Curci, Ana Paula C. Malfa, Brenda T. M. Morais, Celina I. Fugyama, Diego Carbone, Gabriela M. Andrade, Luciana B. Azevedo, Luiz Gustavo Bazana, Marília Lima, Patricia Cordeiro, Patrícia Travanca, Paula T. de Jesus, Rita de Cássia C. Queiroz; Amanda Teixeira Silva e Bárbara de M. Genereze (estagiárias)
Arte: Daniela Amaral (ger.), Claudio Faustino (coord.), Daniele Fátima Oliveira (edição de arte)
Diagramação: Select Editoração
Iconografia: Sílvio Kligin (ger.), Denise Durand Kremer (coord.), Iron Mantovanello (pesquisa iconográfica)
Licenciamento de conteúdos de terceiros: Thiago Fontana (coord.), Celestina Perestrelo (licenciamento de textos), Erika Ramires, Luciana Pedrosa Bierbauer, Luciana Cardoso Sousa e Claudia Rodrigues (analistas adm.)
Tratamento de imagem: Cesar Wolf e Fernanda Crevin
Cartografia: Eric Fuzii (coord.), Robson Rosendo da Rocha (edit. arte)
Design: Gláucia Correa Koller (ger.), Adilson Casarotti (proj. gráfico e capa)

Avenida das Nações Unidas, 7221, 3º andar, Setor A
Pinheiros – São Paulo – SP – CEP 05425-902
Tel.: 4003-3061
www.atica.com.br / editora@atica.com.br

Dados Internacionais de Catalogação na Publicação (CIP)

Incontri, Dora
Todos os jeitos de crer 9º ano ideias / Dora Incontri, Alessandro Cesar Bigheto. -- 3. ed. -- São Paulo : Ática, 2018.

Suplementado pelo manual do professor.
Bibliografia
ISBN: 978-85-08-19011-9 (aluno)
ISBN: 978-85-08-19012-6 (professor)

1. Ensino religioso (Ensino fundamental). I. Bigheto, Alessandro Cesar. II. Título.

2018-0024 CDD: 371.1

Julia do Nascimento - Bibliotecária - CRB-8/010142

2018
Código da obra CL 740202
CAE 628018 (AL) / 628019 (PR)
3ª edição
1ª impressão

Impressão e acabamento: Bercrom Gráfica e Editora

Uma publicação SOMOS EDUCAÇÃO

Apresentação

Querido aluno

Esta coleção, que foi elaborada com muita pesquisa, reflexão e fé, pretende aproximar você do que há de mais belo, profundo e elevado nas religiões do planeta. Pretende, igualmente, ajudá-lo a pensar criticamente sobre os anseios e os problemas humanos.

Há verdades em toda parte – e o divino se manifesta entre todos os povos –, mas há também abusos humanos em toda parte – e muitas guerras, violências e tolices já foram praticadas em nome da religião. Por isso é tão importante respeitar todas as formas de fé, mantendo-se alerta para não cair em posturas de fanatismo e intolerância.

Este livro é especial em muitos aspectos, entre os quais destacamos:

- **o conteúdo** – pela diversidade de informações. Não pretendemos convencê-lo a seguir essa ou aquela fé. Queremos, isto sim, que você se aprofunde no conhecimento de sua própria religião e, ao mesmo tempo, conheça e respeite a crença dos outros – o mesmo vale para aqueles que não professam nenhuma fé.
- **o formato** – pela riqueza de temas, abordagens e atividades. O professor pode selecionar algumas propostas e você pode sugerir outras. É possível estudar os capítulos em uma ordem diferente da que está no livro: você tem a oportunidade de fazer acordos com o professor sobre o que estudar primeiro, desde que respeite as ponderações e os interesses da maioria.
- **a interdisciplinaridade** – pela variedade de áreas do conhecimento abordadas. O objetivo não é refletir apenas sobre as religiões, mas também sobre História, Arte, Política, Filosofia, Ciências e muitos outros temas.

Volume 9: Ideias – destaca as respostas que as religiões sempre deram às indagações sobre a vida, a morte, Deus e a eternidade.

Esperamos que este material seja útil e agradável, mas especialmente que o leve a pensar sobre as questões fundamentais da existência, com amor, otimismo e fé.

Com carinho,

Dora e Alessandro

Por dentro do seu livro

Organizados em quinze capítulos, os livros desta coleção contam com grande variedade de seções. Além da riqueza informativa, ao folheá-los perceberá que também se diferenciam pelo requinte visual: diversas imagens, de todos os campos de estudo, cuidadosamente selecionadas para facilitar seu aprendizado. Neste volume, você terá:

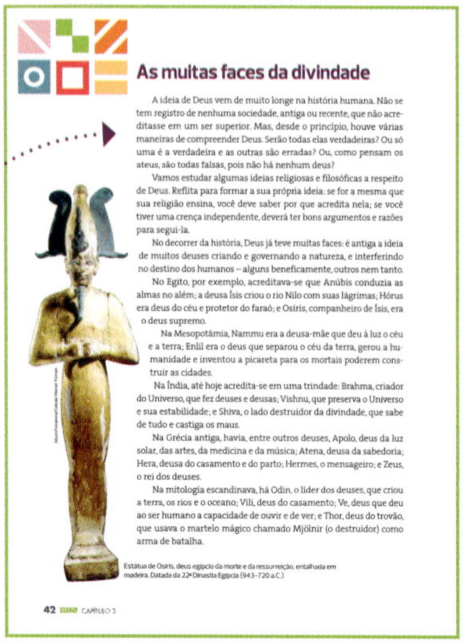

Texto principal com o conteúdo que julgamos indispensável você conhecer sobre cada tema.

Seção **Bebendo na fonte...**: oportunidade para você entrar em contato com os textos originais dos autores e dos livros citados ao longo de cada capítulo.
Sempre que o texto apresenta termos que não fazem parte do seu cotidiano, você encontra seu significado próximo ao termo, para facilitar a compreensão do conteúdo.

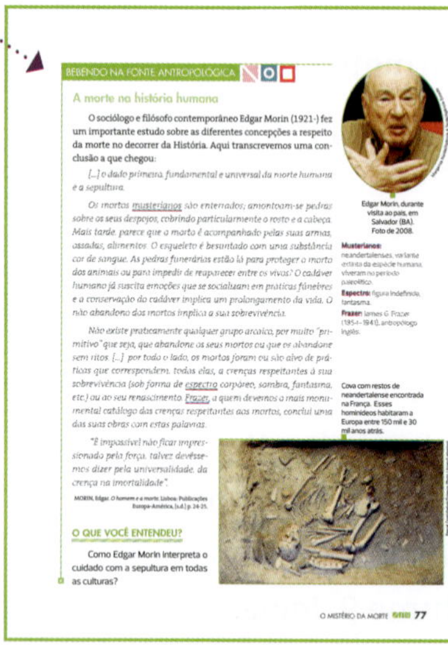

Seção **Falando de...**: uma ampliação do tema tratado no capítulo. Por meio dela, fazemos pontes com os mais variados assuntos. Por isso seu título varia: **Falando de História**, **Falando de Filosofia**, **Falando de Sociedade**, etc.

Seções **De olho no Brasil** e **De olho no mundo**: informações sobre atualidades relacionadas ao tema do capítulo, proporcionando uma visão mais abrangente de cada tema.

Seções de atividades bastante variadas, com propostas como expressão escrita, argumentação oral, dramatizações, pesquisas, debates, entrevistas, etc. Constante estímulo ao autoconhecimento, à reflexão e ao respeito mútuo.

Seções com dicas que misturam estudo e lazer: **Sessão de cinema**; **Sessão de leitura**; **Sessão de música**. Em cada uma você encontra perguntas que guiam a sua experiência, tornando possível absorver ainda mais o conhecimento.

Seção **E para terminar**: exercícios para fixar melhor o conteúdo exposto no capítulo. Além disso, você entra em contato com textos ou orações de diversas tradições religiosas e filosóficas, ampliando ainda mais o contato com aquilo que outras pessoas pensam e acreditam.

Sumário

CAPÍTULO 1

Onde está a verdade?

CAPÍTULO 2

Como surgiu o mundo?

Science Photo Library/Getty Images

CAPÍTULO 3

O enigma de Deus

CAPÍTULO 4

Para que vivemos?

CAPÍTULO 5

O mistério da morte

CAPÍTULO 6

Viveremos no mesmo corpo?

CAPÍTULO 7

Podemos nascer de novo?

CAPÍTULO 8

O Paraíso, onde fica?

Alamy/Fotoarena

CAPÍTULO 9

O bem e o mal são para sempre?

CAPÍTULO 10

Exemplos de vida

CAPÍTULO 11

Sexualidade e religião

CAPÍTULO 12

A religião pode mudar o mundo?

CAPÍTULO 13

Quem é contra a religião?

CAPÍTULO 14

Deus pode morrer?

CAPÍTULO 15

A religião e a ciência

Science Photo Library/Fotoarena

Robert Harding World Imagery/ Getty Images

Livros e símbolos sagrados das três grandes religiões monoteístas: judaísmo, cristianismo e islamismo.

1 Onde está a verdade?

A verdade está em toda parte?

Há diversos modos de encararmos as religiões. Eis o mais conservador: conhecemos apenas a nossa religião e achamos que só ela está com a verdade. Consideramos todas as outras religiões falsas, problemáticas e até perigosas, fechando-nos em nossa fé de maneira radical e intolerante. Essa postura instiga as guerras religiosas e o fanatismo.

Outro ponto de vista é considerarmos que todas as religiões são manifestações da verdade – embora, é claro, a tendência seja acreditarmos que a nossa é a mais verdadeira. Mas a convicção da verdade numa religião não significa que as outras também não sejam verdadeiras. Será que a verdade caberia numa única religião? Será que apenas um grupo detém toda a verdade e os outros estão excluídos?

A ideia de que a verdade está em toda parte aproxima-nos de todas as criaturas humanas, permitindo-nos ver nelas traços em comum e perceber a universalidade de muitos preceitos religiosos.

Há, ainda, um terceiro ponto de vista, de algumas correntes da Antropologia e da Sociologia: a religião seria um fato social e cultural, e não espiritual e sagrado. Ela é uma criação humana e tudo aquilo em que as pessoas creem faz parte de um mundo imaginário. E mais: não há nada em comum entre as diversas manifestações religiosas, pois elas são fruto das culturas e das circunstâncias históricas de cada época.

Antropologia: ciência que estuda o ser humano, tanto em sua estrutura física quanto em sua cultura (costumes, tradições, organização social, etc.).

Sociologia: ciência que trata das relações que se estabelecem entre pessoas de uma mesma comunidade ou grupo social, ou entre grupos sociais diferentes que convivem em uma sociedade. Estuda também as instituições, normas, leis e valores resultantes dessas relações.

Dirk Waen/Agência France-Presse

Líderes de diferentes religiões reunidos por ocasião da Oração Internacional pela Paz, ao final de um encontro inter-religioso internacional que aconteceu na cidade de Antuérpia, na Bélgica, em 2014.

E, se houver algo em comum, isso se dá pela influência que uma exerceu sobre a outra. Evidentemente nenhuma religião partilha esse ponto de vista, pois significaria declarar que não existe verdade em suas crenças. Essa visão pode ser partilhada por pessoas que não têm religião e consideram que não há nenhuma verdade em nenhuma delas.

PHAS/UIG/Getty Images

Padre Antônio Vieira pregando aos indígenas, que já tinham suas próprias crenças. Ilustração do século XIX, de autoria desconhecida.

BEBENDO NA FONTE HINDU

O elogio da Verdade

Neste texto hindu, escrito há mais de 2 mil anos, a verdade é vista como indispensável à felicidade eterna.

(A Verdade) é o único meio – e não há nenhum segundo – de se purificar a alma. A Verdade é a escada do céu, um barco (que conduz) na margem de cá à margem do além. [...]

É pela Verdade que a terra conduz os seres, pela Verdade que o Sol se levanta, pela Verdade que o vento sopra, e pela Verdade que as águas correm.

A Verdade é o dom supremo, a Verdade é a ascese suprema, a Verdade é a lei suprema no mundo: eis o que foi revelado. [...]

A Verdade é o Sol do homem. Tudo repousa sobre a Verdade. Aplica-te, pois, por ti mesmo, com o melhor do teu ser, em dizer a verdade!

NÂRADA-SMIRTI. In: RENOU, Louis. *Hinduísmo*. Lisboa: Verbo, 1980. p. 156-157.

Frank Bienewald/LightRocket/Getty Images

Sadhu (homem sagrado) meditando às margens do rio Ganges em Varanasi, Índia, 2017.

Ascese: prática que leva à verdadeira virtude.

O QUE VOCÊ ENTENDEU?

O texto cita uma "Verdade", com letra maiúscula, e uma "verdade", com letra minúscula. Uma seria a Verdade eterna, além do ser humano; a outra, a verdade que o ser humano deve dizer. Qual é a diferença? Você concorda com essa ideia? Justifique.

Quem busca a verdade

Todas as religiões afirmam verdades. Já a ciência e a filosofia procuram verdades, mas a filosofia vai além: ela indaga se existe mesmo a verdade ou se tudo é apenas uma questão de opinião. Na Grécia antiga, por exemplo, alguns sábios conhecidos como sofistas diziam não existir nenhuma verdade, nenhuma certeza de conhecimento: tudo depende de cada um. Sócrates (século V a.C.), opondo-se a essa ideia, dizia que a verdade está dentro do ser humano: basta descobri-la, fazer um parto dela.

Sofistas: contemporâneos de Sócrates cuja profissão era ensinar a sabedoria e a habilidade retórica (de fazer discursos), embora por vezes defendessem argumentos contraditórios.

Filósofos pós-modernos: integrantes de uma corrente filosófica contemporânea que se situa na segunda metade do século XX. Tal corrente apresenta muitas ideias e posições diferentes entre si, mas podemos considerar, em geral, a atitude de negação de verdades, certezas e princípios absolutos. Os pós-modernos questionam a ciência tradicional e tendem ao niilismo.

Bridgeman Images/Easypix Brasil

A vida de Sócrates, ilustração em um cartão colecionável francês, de 1949.

As religiões aceitam verdades que foram reveladas por Deus, como as verdades da Bíblia ou do Alcorão, por intermédio de um profeta, como Moisés ou Maomé, ou de alguma pessoa iluminada, como Buda.

E a ciência, que tipo de verdade procura? A ciência quer entender e explicar o mundo, saber como funcionam as coisas e como se pode lidar com a natureza. Ela observa, experimenta e faz deduções. Até o século XIX, muitos cientistas achavam que suas descobertas eram verdades definitivas. Porém, a partir do século XX, a ciência começou a duvidar de si mesma e a aceitar que as verdades são provisórias, pois sempre se pode modificá-las com base em novas observações.

Na segunda metade do século XX, surgiram os filósofos pós-modernos. Como os sofistas, eles consideram que nenhuma verdade é realmente definitiva, seja ela científica, religiosa, social ou filosófica: todas as verdades são apenas narrativas. Assim, não podemos ter certeza de nada.

Album/Fotoarena/Scuola Grande di San Rocco, Veneza, Itália

Pintura do mestre italiano Tintoretto (1518-1594) representando a aparição de Deus para Moisés.

No texto a seguir, do filósofo austríaco Paul Feyerabend (1924-1994), podemos compreender melhor o pensamento dos filósofos pós-modernos.

Album/Fotoarena

O filósofo pós-moderno Paul Feyerabend, autor de *Contra o método*. Foto de 1992.

A educação científica, tal como hoje a conhecemos, tem precisamente esse objetivo. Simplifica a ciência, simplificando seus elementos: antes de tudo, define-se um campo de pesquisa; esse campo é desligado do resto da História (a Física, por exemplo, é separada da Metafísica e da Teologia) e recebe uma "lógica" própria. Um treinamento completo, nesse tipo de "lógica", leva ao condicionamento dos que trabalham no campo delimitado; isso torna mais uniformes as ações de tais pessoas, ao mesmo tempo em que congela grandes porções do procedimento histórico. "Fatos" estáveis surgem e se mantêm, a despeito das vicissitudes da História. Parte essencial do treinamento, que faz com que fatos dessa espécie apareçam, consiste na tentativa de inibir intuições que possam implicar confusão de fronteiras. A religião da pessoa, por exemplo, ou sua metafísica ou seu senso de humor (seu senso de humor natural e não a jocosidade postiça e sempre desagradável que encontramos em profissões especializadas) devem manter-se inteiramente à parte de sua atividade científica. Sua imaginação vê-se restringida e até sua linguagem deixa de ser própria. E isso penetra a natureza dos "fatos" científicos, que passam a ser vistos como independentes de opinião, de crença ou de formação cultural.

FEYERABEND, Paul. *Contra o método*. Rio de Janeiro: Francisco Alves, 1977. p. 21.

O X DA QUESTÃO

Até agora, vimos três possíveis posições diante da verdade: achar que já somos donos da verdade total; aceitar algumas verdades, mas permanecermos abertos; considerar impossível existir qualquer verdade, isto é, não ter nenhuma certeza e, portanto, ficar cada um com sua opinião.

Sob a orientação do professor, debata o assunto com seus colegas e, depois, responda a estas questões:

1) O ser humano pode ter alguma certeza?

2) As verdades da religião, as verdades da ciência e as ideias propostas pela filosofia são confiáveis?

3) Na sua opinião, por que os seres humanos buscam ou necessitam de uma verdade?

4) E qual a sua posição sobre a verdade?

Como enxergar a verdade

Album/Fotoarena/Estancia del Sello, Museus Vaticanos, Vaticano

Platão em detalhe do afresco intitulado *Escola de Atenas*, do italiano Rafael Sanzio (1483-1520). As principais ideias de Platão a respeito da verdade podem ser encontradas no famoso Mito da Caverna.

Uma das ideias interessantes desenvolvidas por várias filosofias, como a de Platão, discípulo de Sócrates, e religiões, como a cristã, é que nossa melhor ou pior visão da verdade não depende apenas de intelecto, mas de virtude e de amor. Em outras palavras: quanto menos influenciados por sentimentos negativos estivermos, quanto mais tivermos a consciência limpa e equilibrada, melhor visão teremos das coisas.

Tanto a filosofia de Platão como o cristianismo, o hinduísmo, o judaísmo e o islamismo consideram que a suprema verdade é Deus. Assim, quem procura realizar um aperfeiçoamento moral, trilhando pelo caminho do amor e da virtude, pode enxergar melhor Deus e a verdade. O nada seria a ausência de Deus.

O problema é que, no decorrer da História, muitas pessoas se declararam próximas a Deus, assumiram a verdade como se fossem donas dela e mandaram matar, perseguir e atormentar quem não acreditasse no mesmo Deus ou na mesma verdade. E hoje, em pleno século XXI, ainda há intolerância e violência em nome da religião.

Por isso é tão importante procurar a essência das religiões, que nos orienta a amar, servir e agir com bondade. Essa é uma atitude válida para qualquer época ou lugar.

Ellan Lustosa/NEWZULU/Alamy Live News/Fotoarena

Manifestantes de diversas religiões marchando contra a intolerância religiosa na praia de Copacabana, Rio de Janeiro, em 2017.

O X DA QUESTÃO

1) Cite alguma verdade da sua religião e explique por que acredita nela. Se você não tiver religião, cite alguma outra verdade em que acredita. Justifique.

2) Cite pelo menos uma verdade que pode ser considerada universal. Justifique.

3) Pesquise no dicionário o significado da palavra "dogmatismo". Depois, relacione-a ao que foi visto até aqui.

BEBENDO NA FONTE CRISTÃ

Jesus e a verdade

Quando Jesus foi levado pelos judeus diante de Pôncio Pilatos, governador romano na antiga Israel, para ser julgado, travou-se o seguinte diálogo entre eles:

[Disse Jesus:] "[...] Eu nasci e vim ao mundo para dar testemunho da verdade. Todo aquele que é da verdade escuta a minha voz". Pilatos lhe disse: "Que é a verdade?" [Jesus ficou em silêncio diante da pergunta.]

João 18,37-38. *Bíblia*: tradução ecumênica. São Paulo: Loyola, 1994. p. 2087.

O QUE VOCÊ ENTENDEU?

Na sua opinião, por que Jesus ficou em silêncio quando Pilatos lhe perguntou sobre a verdade, sendo que Jesus dissera antes que ele viera dar testemunho da verdade?

Album/Fotoarena/Museo dell'Opera del Duomo, Siena, Itália

Jesus Cristo ensinava a seus discípulos que ele era "o Caminho, a Verdade e a Vida". *Jesus novamente diante de Pilatos*, obra do italiano Duccio di Buoninsegna (1260-1318), considerado um dos mais importantes nomes da chamada Escola Sienesa.

NO DIA A DIA

Uma discussão muito atual diz respeito à verdade na mídia, isto é, nos meios de comunicação. As emissoras de TV, os jornais, as revistas e as rádios estão nas mãos de grandes empresas de comunicação, que têm seus interesses econômicos e políticos e veiculam as notícias de acordo com esses interesses. A verdade jornalística fica, desse modo, sujeita à manipulação da informação.

David Bathgate/Corbis/Getty Images

Forças armadas e policiais afegãos lendo os jornais sobre as eleições, que foram distribuídos pelo exército americano. Foto de 2005.

Pesquisadores da comunicação indicam que hoje há uma unanimidade das posições da mídia: todos os órgãos falam a mesma coisa, da mesma forma. Não há visões diferentes para que o leitor ou espectador forme uma opinião própria. Alguns fatos são omitidos, outros são contados pela metade, outros, ainda, são exagerados.

Como reação a essa crise da mídia, vêm sendo criados, no mundo todo, sobretudo na internet, centros de mídia independente.

Pretende-se com isso dar ao público a possibilidade de conhecer o que se passa por trás da notícia, o que não aparece nos jornais de grande circulação e no noticiário da televisão.

Reflita de que modo uma notícia falsa pode influenciar a vida de alguém, de uma comunidade, ou até mesmo de um país. Que tipo de transtornos uma mentira pode desencadear?

AGORA É COM VOCÊ

Sob a orientação do professor, forme grupos com seus colegas e tragam jornais recentes para a aula. Selecionem notícias de dois ou mais jornais sobre os mesmos fatos e analisem as diferenças entre as versões. Assistam também a diversos noticiários de televisão e façam anotações. Se possível, visitem na internet o *site* <www.midiaindependente.org> e observem se há notícias e comentários que não aparecem na grande imprensa. Feitas as comparações, discutam em sala o que concluíram.

Como o termo "fake news" virou arma nos dois lados da batalha política mundial

[...] Em meados de 2016, o editor de mídia do site Buzzfeed, Craig Silverman, identificou uma onda de histórias completamente inventadas que pareciam ter sido originadas em uma pequena cidade do leste europeu.

"Acabamos descobrindo um conjunto de sites, todos registrados na cidade de Veles, na Macedônia", lembra Silverman.

Ele e um colega começaram a investigar e, pouco antes da eleição americana, constataram a existência de pelo menos 140 sites de notícias falsas, que estavam atraindo muitos cliques no Facebook.

Os jovens de Veles podiam não ter interesse na política americana, mas, por causa do dinheiro proveniente da publicidade online, queriam que suas histórias fictícias reverberassem nas redes sociais. A eleição presidencial americana – e especificamente Donald Trump – eram perfeitos para isso.

Reverberassem: repercutissem, atingissem o maior número de pessoas.

Neste contexto, os macedônios e outros criadores de notícias falsas criaram deliberadamente reportagens com títulos como: "Papa Francisco choca o mundo e apoia Donald Trump" e "Agente do FBI suspeito no caso de e-mails vazados de Hillary é encontrado morto em um aparente caso de suicídio-assassinato".

Todas completamente inventadas.

E assim começou a se propagar o termo fake news*.*

Nada de novo

Desinformação, boatos e mentiras existem há tempos. Mas o que Silverman e outros descobriram foi uma combinação perfeita entre algoritmos das redes sociais, sistemas de publicidade, pessoas dispostas a inventar conteúdo para ganhar dinheiro fácil e uma eleição polêmica no país mais poderoso do mundo.

Olivier Douliery/Getty Images

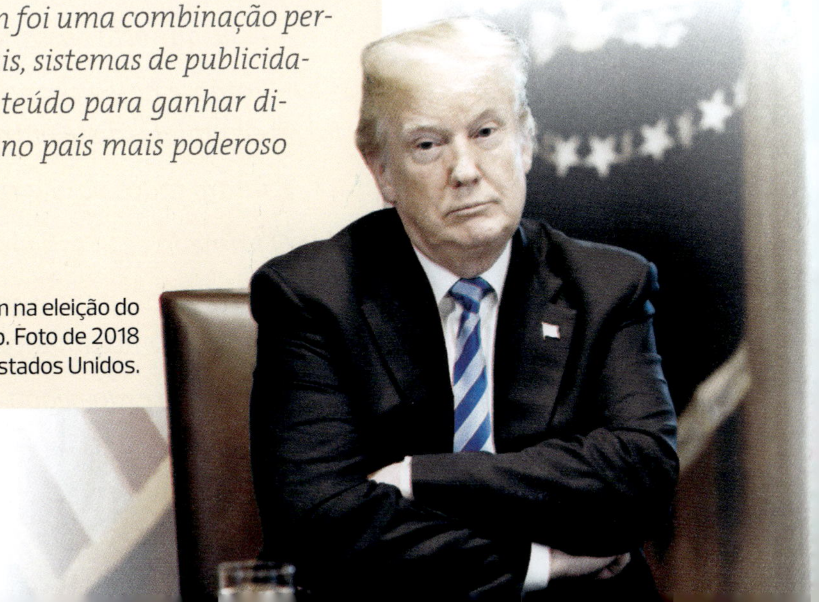

Há indícios de que as *fake news* ajudaram na eleição do presidente estadunidense Donald Trump. Foto de 2018 na Casa Branca, em Washington, D.C., Estados Unidos.

Após a vitória de Trump, o blog BBC Trending se debruçou sobre o universo de grupos pró-Trump no Facebook, onde havia muita informação falsa circulando.

A maior parte do conteúdo era de comunicação política tradicional: anúncios espalhafatosos e elogiosos, forte apoio popular para alguma causa e ataques ao adversário.

Havia memes mostrando Trump como um líder destemido, apoio à promessa de campanha de deportar imigrantes ilegais e biografias resumidas descrevendo o candidato como "a perfeita definição da história de sucesso americana". Raramente havia algo equilibrado – mas nem todos esses conteúdos podiam ser classificados como fake news.

Para explicar a vitória de Trump, estudiosos transformaram o uso de fake news *em uma das possibilidades. [...]*

WENDLING, Mike. Como o termo "fake news" virou arma nos dois lados da batalha política mundial. *BBC*, 27 jan. 2018. Disponível em: <www.bbc.com/portuguese/internacional-42779796>. Acesso em: 17 maio 2018.

CONTANDO UM CONTO

Os cegos e o elefante

Era uma vez seis amigos, todos cegos, que moravam na Índia – terra dos maiores animais da terra, os elefantes. Naturalmente, sendo cegos, os amigos não tinham a menor ideia de como era um elefante.

Um dia, estavam sentados, conversando, quando escutaram um grande urro.

– Acho que está passando um elefante pela rua – disse um deles.

– Então, é nossa chance de descobrir que tipo de criatura é esse tal de elefante! – disse outro.

E foram todos para a rua.

O primeiro cego esticou o braço e tocou na orelha do elefante.

– Ah! – disse para si mesmo –, o elefante é uma coisa áspera, espalhada. É como um tapete.

O segundo cego pegou na tromba.

Os homens cegos e o elefante, tela do artista estadunidense Robert Edward Weaver (1913-1991).

"Agora entendo", pensou. "O elefante é uma coisa comprida e redonda. É como uma cobra gigante."

O terceiro cego pegou uma perna do elefante.

– Bom, eu jamais iria adivinhar! – espantou-se. – O elefante é alto e forte, igual a uma árvore.

O quarto cego pegou ao lado da barriga do elefante.

"Agora eu sei", pensou. "O elefante é largo e liso, como uma parede."

O quinto cego colocou a mão numa das presas.

– O elefante é um animal duro, pontudo, como uma lança – decidiu ele.

O sexto cego pegou no rabo do elefante.

– Ora, ora! – decepcionou-se. – Pode urrar bem forte, mas esse tal de elefante é apenas uma coisinha igual a uma cordinha fina!

Em seguida, sentaram-se juntos novamente, para conversarem sobre o elefante.

– Ele é áspero e espalhado, como um tapete! – disse o primeiro.

– Não, nada disso; ele é comprido e roliço, como uma cobra – disse o segundo.

– Não fale uma bobagem dessas! – riu o terceiro. – Ele é alto e firme, como uma árvore!

– Ah, nada disso – resmungou o quarto. – Ele é largo e liso, como uma parede.

– Duro e pontudo, como uma lança! – gritou o quinto.

– Fininho e comprido, como uma cordinha! – berrou o sexto.

E aí começaram a brigar. Cada um insistia que tinha razão. Afinal, não o haviam tocado com as próprias mãos?

O dono do elefante ouviu a gritaria e chegou perto para ver que confusão era aquela.

– Cada um de vocês está certo, mas cada um de vocês está errado também – falou ele. – Um homem sozinho não consegue saber toda a verdade, só uma pequena parte. Porém, se trabalharmos juntos, cada um contribuindo com a sua parte para a formação do todo, aí sim poderemos obter sabedoria.

BENNETT, William J. *O livro das virtudes II:* o compasso moral. Rio de Janeiro: Nova Fronteira, 1996. p. 175-177.

E FAZENDO A PONTE

1) O que simbolizam o elefante e os cegos na história?

2) Qual é a moral, isto é, o ensinamento dessa história?

Jan Amos Comenius. Alto-relevo em argila, esculpido e colorido pelo tcheco Jan Znoj (1905-1950) para uma igreja em Praga, República Tcheca. Foto de 2016.

Alamy/Fotoarena/Casa Congregacional Hus, Praga, República Tcheca

FALANDO DE EDUCAÇÃO

Um educador da paz

No século XVII, viveu uma pessoa extraordinária para o seu tempo. Em meio a guerras terríveis entre católicos e protestantes, o tcheco Jan Amos Comenius (1592-1670), educador, filósofo, teólogo e linguista, desenvolveu um projeto de paz para o mundo. Já naquela época, ele propôs a criação de um órgão internacional pela paz semelhante à ONU (Organização das Nações Unidas), que só foi criada em 1945.

Comenius queria uma religião que fosse universal, ecumênica, e que reunisse em diálogo todas as religiões. Imaginava uma língua por meio da qual todos pudessem se entender. Mais tarde, no século XIX, o polonês Ludoviko Zamenhof (1859-1917), inspirado pela ideia de Comenius, criou o *esperanto*, uma língua que pretende ser universal e neutra. Seu objetivo não era substituir as línguas nativas de cada povo, mas que o esperanto fosse utilizado nas comunicações internacionais.

O educador tcheco pregava que todas as pessoas, de todos os povos, todas as idades, todas as classes sociais, homens e mulheres, deveriam receber uma educação plena para se desenvolver em toda a sua humanidade.

Foi ele também quem fez o primeiro livro didático ilustrado do mundo para crianças de vários países. O livro, *Orbis sensualium pictus* (Cenas do mundo), era interdisciplinar e escrito em várias línguas. A criança aprendia ao mesmo tempo latim, inglês, alemão, italiano, francês... Nele havia também capítulos dedicados a diferentes religiões. O aluno aprendia sobre ideias religiosas de todo o mundo e não apenas sobre sua própria religião.

Orbis Senſualium Pictus.

A World of Things Obvious to the Senſes Drawn in Pictures.

Invitation. I. *Invitatio.*

The Maſter and the Boy.	*Magiſter & Puer.*
M. *Come Boy, learn to be wiſe.*	M. Veni Puer, diſce ſapere.
P. *What doth this mean, to* be wiſe?	P. Quid hoc eſt, *Sapere?*
M. *To underſtand rightly,*	M. Omnia, quæ *neceſſaria*, rectè

Granger/REX/Shutterstock

Reprodução de página do livro de Comenius.

Eis um dos textos mais belos e significativos de Comenius, em que ele resume suas ideias educacionais:

*6. [...] Em primeiro lugar, o que se deseja é que assim se consiga educar plenamente para a plenitude humana, não apenas um só homem, ou alguns, ou muitos, mas todos (*omnes*) e cada um dos homens, jovens e velhos, ricos e pobres, nobres e plebeus, homens e mulheres, numa palavra, todo aquele que nasceu homem, para que, enfim, todo o gênero humano venha a ser educado, seja qual for a sua idade, o seu estado, o seu sexo e a sua nacionalidade.*

*7. Em segundo lugar, deseja-se que cada homem seja retamente formado e integralmente educado, não apenas em uma coisa, ou em poucas, ou em muitas, mas em todas as coisas (*omnibus*) que aperfeiçoam a natureza humana: a conhecer a verdade e a não se deixar iludir pelo erro; a amar o bem e a não se deixar seduzir pelo mal; a fazer o que deve fazer e a preservar-se do que deve evitar; a falar sabiamente acerca de todas as coisas, com todos, quando é necessário, e a nunca se ver obrigado a calar-se; enfim, a agir, em todas as circunstâncias, com as coisas, com os homens e com Deus, não levianamente, mas prudentemente, e, assim, a nunca se afastar do objetivo da sua felicidade.*

8. E que isso seja feito universalmente (omnino). Não para pompa e brilho exterior, mas para a verdade. Ou seja, para tornar todos os homens o mais possível semelhantes à imagem de Deus (segundo a qual foram criados), isto é, verdadeiramente racionais e sábios, verdadeiramente ativos e ágeis, verdadeiramente íntegros e honestos, verdadeiramente piedosos e santos, e, desse modo, verdadeiramente felizes e bem-aventurados, neste mundo e por toda a eternidade.

9. Em resumo: para iluminar todos os homens com a verdadeira sabedoria, para os organizar numa perfeita administração civil e para os unir a Deus pela verdadeira religião, de modo que ninguém possa desviar-se do objetivo para que foi enviado para o mundo. [...]

COMENIUS, Jan Amos. *Pampaedia*. São Paulo: Comenius, 2014. p. 39-40.

AGORA É COM VOCÊ

1) A educação de todas as pessoas, conforme Comenius pensava, poderá um dia promover a felicidade geral? Como?

2) Leia o Pai-Nosso traduzido em esperanto. Depois, faça uma breve pesquisa sobre Zamenhof (1859-1917), o criador dessa que é uma das línguas utilizadas pela ONU.

ullstein bild/Getty Images

Ludoviko Zamenhof. Foto de 1910.

Patro nia

Patro nia, kiu estas en la ĉielo, Via nomo estu sanktigita. Venu Via regno, plenumiĝu Via volo, kiel en la ĉielo, tiel ankaŭ sur la tero. Nian panon ĉiutagan donu al ni hodiaŭ. Kaj pardonu al ni niajn ŝuldojn, kiel ankaŭ ni pardonas al niaj ŝuldantoj. Kaj ne konduku nin en tenton, sed liberigu nin de la malbono. Amen.

Disponível em: <www.esperanto.ha.pl/patronia.html>. Acesso em: 9 ago. 2018.

Reprodução/James Bridges/Columbia Tristar

SESSÃO DE CINEMA

Síndrome da China

Direção de James Bridges. Michael Douglas Productions/IPC Productions, 1978.

Uma equipe de jornalistas presencia um acidente em uma usina nuclear e quer transmitir a notícia para o público, mas os donos da empresa pressionam os donos do jornal para que a reportagem não seja divulgada.

Procure assistir ao filme indicado pensando nesta questão:

Que contribuição a mídia poderia dar à sociedade? Ela consegue fazê-lo?

E PARA TERMINAR

1) Leia a letra da canção de Moraes Moreira e responda às questões:

Verdade

Verdade ninguém pode ser o seu dono

Porém se houver abandono

Dilacera-se o coração

Sorriso há de ser um sorriso

Nos lábios de quem for preciso,

É uma sublime canção

Verdade, palavra que às vezes magoa

Escrava é aquela pessoa que não a cultiva com amor

Tem a dureza da pedra no encanto que nunca se quebra

E a delicadeza da flor...

Verdade, palavra jogada ao vento

Mas que eterniza o momento

Na história de todas as raças

Às vezes no peito aperta

Mas como o regime liberta

E soa bonita nas praças

Verdade às vezes em forma de prece

Me embala na rede que tece o sonho do criador

Tem a dureza da pedra

No encanto que nunca se quebra

E a delicadeza da flor... verdade

MORAES MOREIRA. Verdade. In: ______. *O Brasil tem conserto*. [S.l.]: Polygram, 1994. 1 CD. Faixa 1.

Alamy/Fotoarena

A verdade deve ser como a luz de um farol na escuridão, sempre indicando a direção mais segura a seguir. Farol do cabo Egmont e do monte Taranaki, na Nova Zelândia, em 2014.

a) Sobre a verdade, compare os versos "Escrava é aquela pessoa que não a cultiva com amor" com as palavras de Jesus.

b) Na sua opinião, qual é a mensagem dessa canção?

2) Inspirando-se em tudo o que você leu neste capítulo, crie um poema sobre a verdade.

Não é mais aos homens que me dirijo, é a Ti, Deus de todos os seres, de todos os mundos e de todos os tempos. Se é permitido a frágeis criaturas perdidas na imensidão e imperceptíveis ao resto do Universo, ousar Te pedir alguma coisa, a Ti que tudo criaste, a Ti cujos decretos são imutáveis e eternos, digna-Te olhar com piedade os erros decorrentes de nossa natureza. Que esses erros não venham a ser nossas calamidades. Não nos deste um coração para nos odiarmos e mãos para nos matarmos. Faz com que nos ajudemos mutuamente a suportar o fardo de uma vida difícil e passageira; que as pequenas diferenças entre as roupas que cobrem nossos corpos diminutos, entre nossas linguagens insuficientes, entre nossos costumes ridículos, entre nossas leis imperfeitas, entre nossas opiniões insensatas, entre nossas condições tão desproporcionadas a nossos olhos e tão iguais diante de Ti; que todas essas pequenas nuances que distinguem os átomos chamados *homens* não sejam sinais de ódio e perseguição; [...] Possam todos os homens lembrar-se de que são irmãos! [...]

Voltaire.

O tratado da tolerância. São Paulo: Martins Fontes, 1993. p. 131-132.

Album/Fotoarena/Coleção particular

Vishnu deitado sobre a serpente Sesha num oceano de leite enquanto arquiteta a criação do mundo. Miniatura indiana do século XX de autoria desconhecida.

2

Como surgiu o mundo?

O valor dos mitos

O ser humano sempre questionou sobre sua origem e seu destino, e a primeira tentativa de responder a essas indagações sobre o Universo, a realidade e a vida foram os mitos – histórias que fazem parte da tradição cultural de um povo e cuja origem é desconhecida. Os poetas Homero e Hesíodo, por exemplo, principais fontes sobre os mitos gregos, não são seus criadores: apenas registraram os mitos contados nas tradições dos vários povos que ocuparam a Grécia.

Os povos antigos transmitiam seus conhecimentos e saberes por meio da mitologia, que influenciou a cultura de todos os tempos com suas explicações sobre a vida, a natureza e a origem dos povos, com seu sistema de valores e com suas histórias de heróis e de deuses. Os mitos são concepções da origem, funcionamento e natureza do Universo e dos seres vivos e até hoje têm impacto no pensamento humano.

Album/Fotoarena/Museus Vaticanos, Vaticano

Estátua de Hesíodo, no Museu do Vaticano.

Album/Fotoarena/Museu Arqueológico Nacional, Nápoles, Itália

Estátua de Homero no Museu Arqueológico Nacional, em Nápoles, Itália.

De onde viemos?

Para os antigos, os mitos revelavam a verdade que o ser humano não poderia conhecer por si mesmo. Como começou tudo aquilo que ele contemplava no céu? Como, do nada, as coisas passaram a existir?

As mitologias variam de uma cultura para outra, mas também apresentam semelhanças muito significativas: segundo a maioria dos mitos, no começo tudo era caos, uma escuridão vazia ou um mar infinito. Do vazio, surge o criador primeiro ou dois seres iniciais. Os criadores dão forma ao Universo, ordenando o movimento das estrelas e da Lua e criando a Terra. Depois, outras divindades continuam a criação, fazendo surgir as plantas, os animais e a espécie humana.

Em certos mitos, as divindades nada faziam antes da criação. Os deuses moravam dentro de um imenso "ovo cósmico"; quando esse ovo se partiu, uma das metades formou o céu e a outra, a terra. Chineses, astecas, africanos e hindus acreditavam nessa explicação para a formação do mundo.

Outros mitos contam que o mundo foi criado por uma poderosa deusa em forma de serpente que morava no fundo do mar. Em lendas gregas, africanas, australianas e hindus, ela vivia dentro do ovo cósmico.

Na criação, o ser humano só surge depois do aparecimento do cosmo (Universo) e das divindades. Mitos africanos, chineses e outros contam que o primeiro ser humano nasceu do barro, moldado pelos deuses como um vaso de cerâmica.

Os egípcios antigos afirmavam que os humanos foram criados das lágrimas derramadas pelo deus Sol quando este reencontrou seus filhos Chu e Thefnut. Em outra explicação, os humanos nascem da terra. Para os indígenas norte-americanos e os gregos antigos, por exemplo, o primeiro ser humano teria nascido do solo.

Por toda parte, das Américas à Oceania, da Ásia à África, há semelhanças entre os mitos que falam da criação do Universo e da humanidade.

Alamy/Fotoarena/Coleção particular

Segundo um mito chinês, quando o ovo quebrou, um gigante, Pan-Ku, o criador de tudo, saiu com os dois elementos básicos: Yin, com o qual formou a terra, e Yang, com o qual formou o céu. Ilustração com data e autoria desconhecidas.

Album/Fotoarena/Instituto do Papiro, Cairo, Egito

Cena da criação do mundo em um papiro egípcio. Nut, a deusa do céu, coberta de estrelas, é gerada por Geb, o deus da terra. Reconstrução de um afresco localizado em uma tumba em Tebas, Vale dos Reis, Egito.

O nascimento da filosofia e, mais tarde, o da ciência trouxeram uma forma diferente de explicar a realidade, mas não romperam completamente com as explicações míticas. A filosofia não conta histórias, mas procura achar uma explicação racional para tudo. A ciência procura observar os fatos.

Para os filósofos Pitágoras e Platão, o surgimento do cosmo e da ordem é atribuído à ação divina, como nos mitos. Platão explica a criação por uma espécie de deus que organiza a matéria e dá origem a todas as coisas. Mas esse deus não é criador: é um deus organizador do caos, que estabelece a ordem cósmica.

Já outros filósofos consideram que a realidade tem explicações racionais e físicas, e não temos necessidade de recorrer aos deuses para explicar o que quer que seja. Nasceu daí um conflito de ideias que permanece até hoje na discussão filosófica e científica: para uns, o Universo foi criado ou, pelo menos, organizado por um ser inteligente; para outros, teve origem em causas naturais.

Imagem conceitual do *big-bang*, uma das teorias sobre o surgimento do Universo.

Science Photo Library/Getty Images

A criação nos mitos africanos

Segundo a mitologia africana, havia o deus que vivia sozinho no vazio e, cansado, resolveu criar todas as coisas. Os seres humanos, criados por último, passaram a adorar os deuses.

Olodumare-Olofim vivia só no Infinito,
cercado apenas de fogo, chamas e vapores,
onde quase nem podia caminhar.
Cansado desse seu universo tenebroso,
cansado de não ter com quem falar,
cansado de não ter com quem brigar,
decidiu pôr fim àquela situação.
Libertou as suas forças e a violência
delas fez jorrar uma tormenta de águas.
As águas debateram-se com rochas que nasciam
e abriram no chão profundas e grandes cavidades.
A água encheu as fendas ocas,
fazendo-se os mares e oceanos,
em cujas profundezas Olocum foi habitar.
Do que sobrou da inundação se fez terra.
Na superfície do mar, junto à terra,
ali tomou seu reino Iemanjá,
com suas algas e estrelas-do-mar,
peixes, corais, conchas, madrepérolas.
Ali nasceu Iemanjá em prata e azul,
coroada pelo arco-íris Oxumarê.
Olodumare e Iemanjá, a mãe dos orixás,
dominaram o fogo no fundo da Terra
e o entregaram ao poder de Aganju, o mestre dos vulcões,
por onde ainda respira o fogo aprisionado.
O fogo que se consumia na superfície do mundo eles apagaram
e com suas cinzas Orixá Ocô fertilizou os campos,

Mikael Quites/Acervo do ilustrador

Olodumare e Iemanjá representados em ilustração do artista brasileiro Mikael Quites.

propiciando o nascimento das ervas, frutos,
árvores, bosques, florestas,
que foram dados aos cuidados de Ossaim.
Nos lugares onde as cinzas foram escassas,
nasceram os pântanos e nos pântanos, a peste,
que foi doada pela mãe dos orixás ao filho Omulu.
Iemanjá encantou-se com a Terra
e a enfeitou com rios, cascatas e lagoas.
Assim surgiu Oxum, dona das águas doces.
Quando tudo estava feito
e cada natureza se encontrava na posse de um dos filhos de Iemanjá,
Obatalá, respondendo diretamente às ordens de Olorum,
criou o ser humano.
E o ser humano povoou a Terra.
E os orixás pelos humanos foram celebrados.

Iemanjá ajuda Olodumare na criação do mundo. In: PRANDI, Reginaldo. *Mitologia dos orixás*. São Paulo: Companhia das Letras, 2001. p. 219-220.

Heini Schneebeli/ The Bridgeman Art Library/Keystone

Cajado nigeriano em ferro forjado entre os séculos XIX e XX. Provável símbolo de Ossaim, deus das florestas: árvore de ferro com pássaro no ramo central, mais alto.

O QUE VOCÊ ENTENDEU?

Que fases da criação você identificou no mito que acabou de ler? Esse mito se assemelha com outros mitos que você conhece?

Criacionismo e evolucionismo

Nas três grandes religiões monoteístas – judaísmo, cristianismo e islamismo – há narrativas da criação do mundo e do cosmo: Deus, um ser eterno que não teve começo nem terá fim, é o criador. Ele criou tudo a partir do nada, por um ato livre, de sua vontade. Essa visão é chamada de criacionismo.

Album/Fotoarena/Galeria Nacional de Retratos, Londres, Inglaterra

Retrato de Charles Darwin, pintado pelo inglês John Collier (1850-1934).

No século XIX, com a valorização da ciência e o surgimento da teoria evolucionista defendida por Charles Darwin, o criacionismo começou a ser questionado pelos chamados evolucionistas. O evolucionismo considera que o Universo e a natureza se desenvolveram sem um autor. Toda forma de vida evolui naturalmente e está em processo constante de mudança e transformação. Nada é imutável e estável na natureza.

Para muita gente, acreditar no evolucionismo significa negar um Deus criador. De fato, muitos evolucionistas não aceitam a ideia de Deus: para eles, a natureza tem seus próprios mecanismos e o cosmo não foi criado; formou-se ao acaso e por evolução. Tudo resulta das leis naturais da evolução.

Album/Fotoarena/Galleria dell'Accademia, Veneza, Itália

Criação dos animais. Obra do italiano Jacopo Robusti (1518-1594), mais conhecido como Tintoretto.

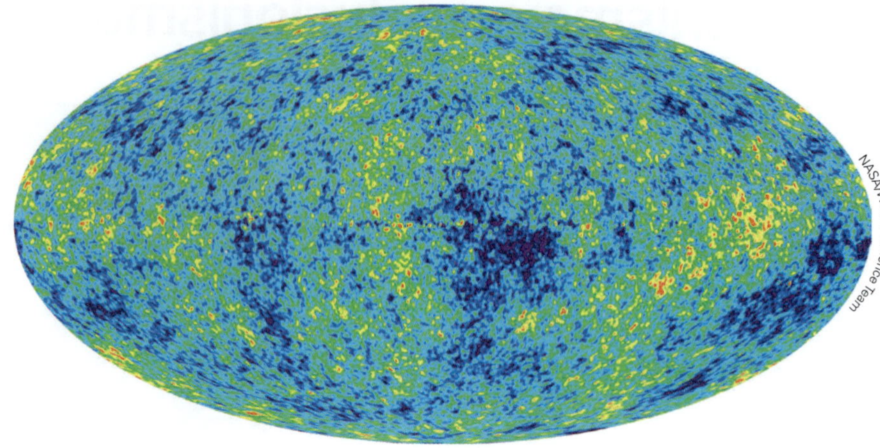

Mapa obtido pela Nasa em 2012 por meio de uma sonda que capta as flutuações de temperatura. Segundo os cientistas, ele mostra os primeiros instantes de existência do Universo.

NASA/WMAP Science Team

Atualmente, a ideia sobre o surgimento do Universo mais aceita cientificamente é a teoria do *big-bang*: o Universo teria surgido há aproximadamente 20 bilhões de anos, em consequência de uma gigantesca explosão que produziu a matéria, o espaço e o tempo. Ele não teria sido criado nem organizado por um ser inteligente, mas seria resultante de processos casuais.

Segundo a ciência (e as narrativas míticas), o ser humano teria surgido muito tempo depois dos demais componentes do cosmo no processo evolutivo. Porém, não como filho de Deus ou dos deuses, e sim como "filho" de uma lenta evolução da natureza.

Entretanto, é importante não perder de vista que a ciência, ainda hoje, não trabalha com verdades absolutas, mas com teorias, aceitas provisoriamente. Os cientistas não têm uma resposta final a respeito de como e quando o Universo surgiu. Ainda há muitos estudos inconclusivos sobre isso.

Paleontólogo: cientista que estuda as formas de vida existentes em períodos geológicos passados a partir de seus fósseis.

Muitos pensadores consideram absurdo que algo surja do acaso e contestam a teoria de que o Universo não tenha uma causa inteligente. O paleontólogo e padre católico Teilhard de Chardin (1881-1955) e cientistas como Albert Einstein (1879-1955) e Max Planck (1858-1947) achavam possível conciliar a presença de um Deus criador com a ideia da evolução da natureza. Segundo Chardin:

Amar a Deus não somente "de todo o seu corpo e de toda a sua alma", mas de todo o Universo em evolução.

CHARDIN, Teilhard de. In: ARCHANJO, José Luiz (Org.). *Teilhard de Chardin:* vida e pensamentos. São Paulo: Martin Claret, 1997.

Teilhard de Chardin, obra do século XX de autoria desconhecida.

Fonollosa/AIC/Leemage/Agência France-Presse

Tudo na vida e na natureza pode evoluir e se modificar segundo leis naturais e físicas. Porém, isso não exclui a presença divina no Universo e nas leis que o regulam. Se há leis funcionando na natureza, quem as criou?

Segundo Albert Einstein, "Deus não joga dados com o Universo". Com isso, queria dizer que as leis universais têm uma origem divina e uma ordem regulada. Ele não acreditava no Deus dos cristãos ou dos muçulmanos, mas aceitava a ideia de que Deus era a própria natureza.

O X DA QUESTÃO

1) Você vê alguma relação entre a explicação mitológica e a científica para a origem do cosmo? Explique.

2) Na sua opinião, os seres humanos surgiram da evolução, da criação por um Deus (ou deuses) ou uma dessas explicações não exclui a outra?

3) Em toda a natureza, tudo muda: podemos ver isso em nosso próprio corpo, que se desenvolve e sofre mudanças a cada momento. Mas, se estamos em constante mudança, como as outras pessoas nos reconhecem? O que muda; o que permanece? Há algo permanente no ser humano?

FALANDO DE HISTÓRIA

Alfred R. Wallace, o esquecido

Muitas personalidades acabam esquecidas ou não recebem o destaque merecido por parte dos historiadores. É o caso de Alfred Russel Wallace (1823-1913), cientista que chegou à teoria da evolução das espécies praticamente ao mesmo tempo que Charles Darwin (1809-1882). Darwin e Wallace eram ingleses e estão entre os maiores naturalistas que já existiram. Porém, enquanto Darwin continua a ser lembrado, Wallace acabou sendo esquecido.

Wallace iniciou sua carreira pesquisando e coletando espécimes raros de peixes, aves e insetos para museus europeus. Aos 26 anos veio ao Brasil e aqui passou quatro anos em pesquisas no Pará e no Amazonas, explorando o rio Amazonas e a biodiversidade da região.

Science Photo Library/Fotoarena

Cadernos de anotações de Alfred Wallace. Nesses volumes estão anotações de insetos e pássaros que ele observou no arquipélago de Malaio, situado entre o Sudeste Asiático e a Austrália, na região da Austronésia.

Alfred Wallace. Foto de 1900.

Seus estudos sobre o Brasil tornaram-se famosos. Além de observar a diversidade de peixes, aves e outros tipos de seres vivos, ele foi o primeiro a traçar o mapa detalhado do rio Negro. Ao deixar o Brasil, seu navio naufragou e ele perdeu boa parte de seus estudos e escritos, restando-lhe apenas o relógio, os desenhos de peixes e algumas anotações e revistas.

Wallace seguiu para o arquipélago da Malásia e da Indonésia, onde escreveu seus mais importantes trabalhos, entre os quais o da evolução das espécies por seleção natural, que enviou, em 1858, ao já famoso naturalista Charles Darwin.

Ao tomar conhecimento do trabalho de Wallace, Darwin ficou impressionado: era, em essência, igual ao seu! Se o trabalho de Wallace fosse publicado, o dele não seria mais inédito. Foi então que Charles Lyell e Joseph Hooker, dois renomados cientistas amigos de Darwin, resolveram a questão: apresentaram à sociedade científica de Londres dois textos de Darwin e depois o estudo de Wallace, que, estando em viagem, de nada sabia.

O leopardo (1876), gravura de Wallace feita durante uma de suas expedições.

Wallace atingiu renome mundial junto com Darwin. Entretanto, as duas teorias tinham pontos divergentes: para Darwin, a evolução seria resultante do acaso; para Wallace, teria como base uma inteligência divina.

Quando Wallace se converteu ao espiritualismo e começou a pesquisar a vida espiritual, chegou a ser ridicularizado, e as sociedades científicas das quais ele fazia parte quase o expulsaram.

Muitos estudiosos acreditam que as ideias de Wallace e as polêmicas em que se viu envolvido foram a causa de ele ter sido deixado de lado pela comunidade científica. Seja como for, tanto Darwin como Wallace trouxeram importantes contribuições à ciência de seu tempo.

Espiritualismo: doutrina que admite a independência e a preponderância do espírito em relação à matéria.

AGORA É COM VOCÊ

1) Qual é a sua impressão sobre a vida e as ideias de Wallace?
2) Com a ajuda do professor de Ciências faça uma pesquisa sobre o cientista Charles Darwin e suas principais ideias.

BEBENDO NA FONTE CIENTÍFICA

O Universo

Einstein não aceitava a ideia de que o Universo surgiu do nada. Em seus estudos, enxergava a presença de Deus na ordem cósmica. Considerava que ciência e religião deveriam andar juntas para explicar a vida:

Extasiar-se: encantar-se, entusiasmar-se.
Irrisório: insignificante.

[...] eu afirmo com todo o vigor que a religião cósmica é o móvel mais poderoso e mais generoso da pesquisa científica. [...] Sua religiosidade [do sábio] consiste em espantar-se, em extasiar-se diante da harmonia das leis da natureza, revelando uma inteligência tão superior que todos os pensamentos humanos e todo o seu engenho não podem desvendar, diante dela, a não ser um nada irrisório.

EINSTEIN, Albert. *Como vejo o mundo.* Rio de Janeiro: Nova Fronteira, 1981. p. 22-23.

Keystone-France/Gamma-Keystone/Getty Images

Albert Einstein. Foto de 1930.

Vejamos agora a opinião de um filósofo e sociólogo contemporâneo que discorda da visão de Einstein. Edgar Morin (1921-) vê o cosmo como algo que surgiu do nada, se autocriou, como um lugar sem harmonia e caótico:

[...] Um universo nascido de um desastre e que só pôde organizar-se a partir de uma minúscula imperfeição e de uma formidável destruição (de antimatéria). Um universo que, a partir de um evento/acidente que foge a todas as nossas possibilidades de conhecimento atual, se autocriou, autoproduziu, auto-organizou. Um universo cujo ecossistema, necessário à sua organização, é talvez o nada (...). Um universo com choques de galáxias, colisões e explosões de astros, em que a estrela, longe de ser uma esfera indicadora no céu, é uma bomba de hidrogênio de efeito retardado, um motor de chamas. Um universo em que o caos está em ação *[...].*

MORIN, Edgar. In: REALE, Giovanni. *O saber dos antigos:* terapia para os tempos atuais. São Paulo: Loyola, 1999. p. 198-199.

Antimatéria: matéria cujos átomos seriam formados de antipartículas.

Louis Monier/Gamma-Rapho/Getty Images

Edgar Morin. Foto de 1989.

O QUE VOCÊ ENTENDEU?

Escolha um dos dois textos citados e relate a seus colegas suas impressões sobre ele.

O X DA QUESTÃO

Os cientistas e filósofos **evolucionistas** acreditam que o Universo surgiu do acaso e que tudo é fruto de uma evolução natural. Já os **criacionistas** defendem a ideia de uma inteligência criadora do Universo, ou seja, afirmam a existência de um Deus criador de todas as coisas. Por fim, há aqueles que conciliam evolucionismo e criacionismo: são os **criacionistas evolucionistas** e acreditam que Deus está por trás da evolução.

Sob a orientação do professor, debata o assunto com seus colegas e, depois, responda à seguinte questão:

Se você fosse cientista, que posição defenderia nesse debate? Justifique sua escolha.

DE OLHO NO MUNDO

O mundo tem jeito?

Até o final do século XIX, acreditava-se na possibilidade de construir um mundo e uma sociedade melhores, com justiça e igualdade, com liberdade e fraternidade. O ser humano, vendo a si mesmo como ser divino e espiritual, tinha, portanto, uma essência boa: uma vez seguida essa essência, ele poderia levar o mundo à felicidade.

Hamza Al-Ajweh/Agência France-Presse

Mãe e filho fogem de bombardeios nos arredores de Damasco, capital da Síria, em 2018.

A partir do início do século XX, o panorama dessas certezas começou a mudar. Certos filósofos passaram a afirmar que o ser humano, além de não ser divino, apenas possui instintos de destruição e desejos animais, numa luta feroz pela sobrevivência. Não existe, assim, uma solidariedade entre todos.

De fato, o mundo está cheio de injustiças e infelicidade, a vida está cercada de dor e guerras, as pessoas pouco a pouco perderam seus sonhos e utopias. Não há mais confiança na capacidade humana de melhorar...

Mas será que os seres humanos não são capazes de resolver seus problemas de forma fraterna e solidária? Somos apenas animais, tentando vencer instintos de destruição? Ou fomos criados por Deus e temos a possibilidade de sermos bons? Ou somos tudo isso ao mesmo tempo?

AGORA É COM VOCÊ

1) Apresente seus argumentos a respeito de uma ou outra posição sobre a natureza dos seres humanos.

2) Teilhard de Chardin procurou unir o evolucionismo e o criacionismo. Pesquise sua vida, obra e ideias e troque informações com seus colegas.

3) Sob a orientação do professor, com seus colegas, forme três grandes grupos: um evolucionista, outro criacionista e outro criacionista evolucionista. Montem um tribunal para discutir a questão. Cada grupo será representado por um "advogado", que deverá argumentar em defesa da posição escolhida.

CONTANDO UM CONTO

Um símbolo contra a injustiça

A mitologia grega conta que Zeus havia proibido os seres humanos de possuírem o fogo, que era prerrogativa dos deuses. Mas Prometeu desobedeceu às ordens. Acompanhe aqui essa história.

O Céu e a Terra já estavam criados. A parte ígnea, mais leve, tinha-se espalhado e formado o firmamento. O ar colocou-se de seguida. A terra, como era mais pesada, ficou por baixo e a água ocupou o ponto inferior, fazendo flutuar a terra. Neste mundo assim criado, habitavam as plantas e os animais. Mas faltava a criatura na qual pudesse habitar o espírito divino.

Foi então que chegou à terra o Titã Prometeu, descendente de uma antiga raça de deuses destronada por Zeus. O gigante sabia que na terra estava adormecida a semente dos céus. Por isso apanhou um bocado de argila e molhou-a com um pouco de água de um rio. Com essa matéria fez o homem, à semelhança dos deuses, para que fosse o senhor da terra. Tirou das almas dos animais características boas e más, animando assim a sua criatura. E Atena, deusa da sabedoria, admirou a sua criação e insuflou naquela imagem de argila o espírito com o sopro divino.

Foi assim que surgiram os primeiros seres humanos, que logo povoaram a terra. Mas faltavam-lhes conhecimentos sobre os assuntos da terra e do céu. Vagueavam sem saber a arte da construção, da agricultura, da filosofia. Não sabiam caçar ou pescar — e nada sabiam sobre a sua origem divina.

Prometeu aproximou-se e ensinou às suas criaturas todos esses segredos. Inventou o arado para o homem poder plantar, a cunhagem das moedas para que houvesse o comércio, a escrita e a extração do minério. Ensinou-lhes a arte da profecia e da astronomia, enfim, todas as artes necessárias ao desenvolvimento da humanidade.

No entanto, faltava-lhes ainda um último dom para se poderem manter vivos — o fogo. Este dom, entretanto, havia sido negado à humanidade pelo grande Zeus. Porém, Prometeu apanhou um caule do nártex, aproximou-se da carruagem de Febo (o Sol) e incendiou o caule. Com esta tocha, entregou o fogo à humanidade dando-lhe assim a possibilidade de dominar o mundo e os seus habitantes.

Zeus, porém, irritou-se ao ver que o homem possuíra o fogo e que a sua vontade tinha sido contrariada. Por isso preparou no Olimpo a sua vingança. Mandou que Hefesto fizesse uma estátua de uma linda donzela, a que chamou Pandora — "a que possui todos os dons". Afrodite deu-lhe a beleza, Hermes o dom da fala, Apolo, a música.

Zeus pediu ainda que cada imortal reservasse um malefício para a humanidade. Esses presentes maléficos foram guardados numa caixa, que Pandora levava nas mãos. Pandora, então, desceu à terra, conduzida por Hermes, e aproximou-se de Epimeteu — "aquele que pensa depois", o irmão de Prometeu — "aquele que pensa antes", e diante dele abriu a tampa do presente de Zeus. Foi então que a humanidade, que até aquele momento havia habitado num mundo sem doenças ou sofrimentos, se viu assaltada por inúmeros malefícios. Pandora tornou a fechar a caixa rapidamente, antes que o único benefício que havia na caixa escapasse — a esperança.

Zeus dirigiu a sua fúria contra o próprio Prometeu, mandando que Hefesto e seus serviçais Crato e Bia (o poder e a violência) o acorrentassem a um penhasco do monte Cáucaso. Mandou ainda uma águia devorar diariamente o fígado de Prometeu, que, contudo, se regenerava cada dia. O seu sofrimento durou por inúmeras eras, até que Héracles [Hércules]

Sputnik/RIA Novosti/Agência France-Presse

Águia comendo o fígado de Prometeu. *Prometheus*, escultura em cobre e bronze do russo Fyodor Gordeyev (1744-1810), localizada no Museu Russo de Leningrado.

passou por ele e viu o seu sofrimento. Abateu a gigantesca águia com uma flecha certeira e libertou o cativo das suas correntes. Entretanto, para que a vontade de Zeus fosse cumprida, o gigante passou a usar um anel com uma pedra retirada do monte. Assim, Zeus sempre poderia afirmar que Prometeu se mantinha preso ao Cáucaso.

POMBO, Olga. *O mito de Prometeu*. Disponível em: <www.educ.fc.ul.pt/docentes/opombo/hfe/protagoras2/links/mito_prom.htm>. Acesso em: 5 jun. 2018.

E FAZENDO A PONTE

1) Qual é a diferença entre Zeus e a imagem que as religiões monoteístas têm de Deus?

2) Qual é a principal mensagem presente nesse mito?

E PARA TERMINAR

Leia este mito, dos indígenas kamaiurá, que fala do primeiro homem, e responda às questões.

No começo só havia Mavutsinim. Ninguém vivia com ele. Não tinha mulher. Não tinha filho, nenhum parente ele tinha. Era só.

Um dia ele fez uma concha virar mulher e se casou com ela. Quando o filho nasceu, perguntou para a esposa:

– É homem ou mulher?

– É homem.

– Vou levar ele comigo.

E foi embora. A mãe do menino chorou e voltou para a aldeia dela, a lagoa, onde virou concha outra vez.

– Nós – dizem os índios – somos netos do filho de Mavutsinim.

VILLAS BÔAS, Cláudio; VILLAS BÔAS, Orlando. *Xingu*: os índios, seus mitos. 5. ed. Rio de Janeiro: Zahar, 1979. p. 55.

Renato Soares/Pulsar Imagens

Entre os indígenas, os mitos são transmitidos pelos líderes e pelos mais velhos para as novas gerações por meio da tradição oral. Na foto, chefe indígena kamaiurá. Alto Xingu (MT). Foto de 2011.

1) Nesse mito, não há a intervenção de um deus, mas apenas o primeiro homem. Compare esse mito com o que dizem os capítulos 1 e 2 do livro Gênesis, da Bíblia. O que há em comum e o que há de diferente?

2) Atualmente, pesquisadores criticam o fato de muitas religiões serem machistas: a mulher é inferiorizada e Deus é masculino. Nesses dois relatos (o indígena e o bíblico) você identifica essa tendência? Como?

Reprodução/Stanley Kramer/New Line

SESSÃO DE CINEMA

O vento será tua herança

Direção de Daniel Petrie. WGA, 1960.

História real do julgamento, em 1925, do professor estadunidense John Thomas Scopes, por ele ter ensinado a teoria da evolução darwinista em uma escola pública. Naquele período havia uma lei estadual que proibia o ensino dessa linha de pensamento nas escolas.

Procure assistir ao filme indicado pensando nestas questões:

1) **Qual é a principal ideia defendida no filme?**
2) **Para você, como deve ser feita, nas escolas, a abordagem de temas considerados polêmicos?**

Adoro-Te, recôndito Eu do universo, alma do Todo, Meu Pai e Pai de todas as coisas, minha respiração e respiração de todas as coisas. Adoro-Te, indestrutível essência, sempre presente no espaço, no tempo e além, no infinito.
Pai, amo-Te, mesmo quando Tua respiração é dor, porque Tua dor é amor; mesmo quando Tua Lei é esforço, porque o esforço que Tua Lei impõe é o caminho das ascensões humanas.
Pai, mergulho em Tua potência, nela repouso e me abandono, peço à fonte o alimento que me sustente.
Procuro-Te no âmago onde Tu estás, de onde me atrais. Sinto-Te no infinito que não atinjo e donde me chamas. Não Te vejo e, no entanto, ofuscas-me com Tua luz; não Te ouço, mas sinto o tom de Tua Voz; não sei onde estás, mas encontro-Te a cada passo, esqueço-Te e Te ignoro, no entanto, ouço-Te em toda a minha palpitação. [...]

Pietro Ubaldi.

A grande síntese: síntese e solução dos problemas da ciência e do espírito. 18. ed. Rio de Janeiro: Fraternidade São Francisco de Assis, 1997.

Alamy/Fotoarena

Odin, principal divindade da mitologia escandinava. Ao lado de Odin estão seus lobos, Freki e Geri, e, sobre os ombros, seus corvos, Hugin e Munin. Em sua mão está a lança Gungnir, que nunca erra o alvo e sempre mata o inimigo. Estátua localizada em Hannover, Alemanha. Foto de 2011.

3

O enigma de Deus

As muitas faces da divindade

A ideia de Deus vem de muito longe na história humana. Não se tem registro de nenhuma sociedade, antiga ou recente, que não acreditasse em um ser superior. Mas, desde o princípio, houve várias maneiras de compreender Deus. Serão todas elas verdadeiras? Ou só uma é a verdadeira e as outras são erradas? Ou, como pensam os ateus, são todas falsas, pois não há nenhum deus?

Vamos estudar algumas ideias religiosas e filosóficas a respeito de Deus. Reflita para formar a sua própria ideia: se for a mesma que sua religião ensina, você deve saber por que acredita nela; se você tiver uma crença independente, deverá ter bons argumentos e razões para segui-la.

No decorrer da história, Deus já teve muitas faces: é antiga a ideia de muitos deuses criando e governando a natureza, e interferindo no destino dos humanos – alguns beneficamente, outros nem tanto.

No Egito, por exemplo, acreditava-se que Anúbis conduzia as almas no além; a deusa Ísis criou o rio Nilo com suas lágrimas; Hórus era deus do céu e protetor do faraó; e Osíris, companheiro de Ísis, era o deus supremo.

Na Mesopotâmia, Nammu era a deusa-mãe que deu à luz o céu e a terra; Enlil era o deus que separou o céu da terra, gerou a humanidade e inventou a picareta para os mortais poderem construir as cidades.

Na Índia, até hoje acredita-se em uma trindade: Brahma, criador do Universo, que fez deuses e deusas; Vishnu, que preserva o Universo e sua estabilidade; e Shiva, o lado destruidor da divindade, que sabe de tudo e castiga os maus.

Na Grécia antiga, havia, entre outros deuses, Apolo, deus da luz solar, das artes, da medicina e da música; Atena, deusa da sabedoria; Hera, deusa do casamento e do parto; Hermes, o mensageiro; e Zeus, o rei dos deuses.

Na mitologia escandinava, há Odin, o líder dos deuses, que criou a terra, os rios e o oceano; Vili, deus do casamento; Ve, deus que deu ao ser humano a capacidade de ouvir e de ver; e Thor, deus do trovão, que usava o martelo mágico chamado Mjölnir (o destruidor) como arma de batalha.

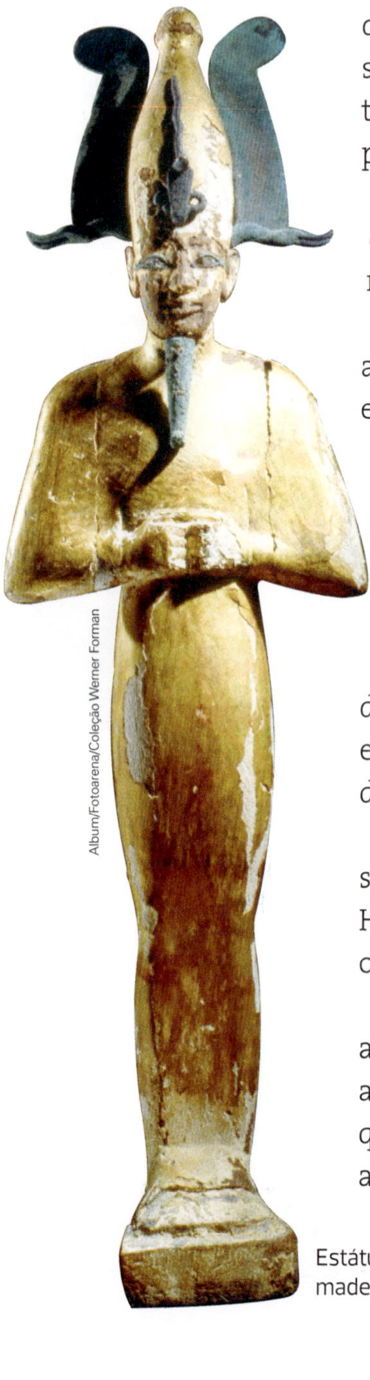

Album/Fotoarena/Coleção Werner Forman

Estátua de Osíris, deus egípcio da morte e da ressurreição, entalhada em madeira. Datada da 22ª Dinastia Egípcia (943-720 a.C.).

Entre os maias, cultuava-se Itzamna, senhor dos céus, deus do dia e da noite, e Ixchel, sua esposa, deusa da gravidez, do parto e da fertilidade.

Em geral, mesmo nas culturas de muitos deuses, há um deus maior, que comanda os outros. Em diversas religiões antigas também era comum o culto a um deus solar – Rá-Aton, dos egípcios, e Kinich-Ahau, dos maias, por exemplo. Como o Sol é a fonte de calor, luz e vida para a humanidade, muitas vezes ele representou a divindade que sustenta todas as coisas.

Foi no seio do povo hebreu, com o judaísmo, que nasceu a ideia de um Deus único, criador e soberano de todo o Universo. Essa é também a base do cristianismo e do islamismo. De Abraão, um dos patriarcas da Bíblia, descendem, portanto, as três grandes tradições religiosas monoteístas.

Na visão monoteísta, Deus, o ser supremo, está além de todas as coisas, mas também está em toda parte, atuando sobre as pessoas e a natureza sempre para o bem: ajudando, amando e salvando. É um ser com quem podemos nos relacionar, orando, pedindo, louvando. É todo bondade, todo justiça, todo amor, todo sabedoria – a inteligência das inteligências, o poder absoluto, a verdade inteira, a perfeição inigualável.

Album/Fotoarena/Museu Nacional de Antropologia, Cidade do México, México

Imagem em terracota de Itzamna, o deus maia da criação, feita entre os anos 1200 e 1500 na região de Iucatã, México.

Album/Fotoarena/Coleção particular

Abraão: o mais remoto antepassado do povo hebreu, eleito por Deus para dar início a uma nova nação. É o pai espiritual das três religiões proféticas: o islamismo, o judaísmo e o cristianismo.

Patriarcas: chefes de família, entre os povos antigos. Designação dos primeiros instituidores de algumas ordens religiosas.

A criação do mundo, ilustração do germânico Lucas Cranach, o velho (1472-1553), presente na versão da Bíblia traduzida para o alemão por Martinho Lutero e publicada em 1534 em Wittenberg, Alemanha.

A ordem e o caos

Edson Vandeira/National Geographic/ Getty Images

A natureza, sua ordem e beleza podem justificar a existência de Deus? Foto do Parque Nacional da Chapada dos Guimarães (MT), 2018.

Uma das razões que geram convicção na existência de Deus é a certeza de que existe uma ordem no Universo: há uma organização, uma inteligência nas coisas, que revela uma presença que deu origem a tudo. A beleza e a harmonia da natureza podem demonstrar a criação divina.

Segundo essa visão de que existe uma ordem cósmica, os desastres, os imprevistos, que a nossos olhos poderiam indicar uma desordem, também fazem parte da ordem. Uma tempestade ou a morte de uma estrela, um terremoto ou um acidente natural fazem parte do processo de nascimento e morte, de destruição e reconstrução da vida. Deus não está ausente; nós é que vemos apenas uma pequena parte das coisas.

No século XX, porém, surgiram ideias a respeito do Universo que negam a existência de uma ordem. Alguns cientistas acham que muito do que acontece é por acaso. O mundo é um caos, sem finalidade e sem sentido; logo, não é necessário haver nenhuma divindade para explicá-lo.

Apesar dessas teorias, as coisas que conhecemos continuam a funcionar dentro de uma ordem: nosso corpo tem funções orgânicas precisas, o Sol não cai do céu nem a Terra sai de sua órbita para dançar no espaço. Se o ser humano quiser voar num avião ou num foguete, terá de obedecer a leis muito rígidas, ou seja, precisará respeitar a ordem da natureza, senão suas máquinas não funcionarão. Se tudo fosse aleatório, sujeito ao acaso, num dia o avião subiria, noutro, não.

Outro argumento a favor da ação e existência de Deus, apresentado por filósofos e religiosos, são as ideias do Bem, da Beleza, da Perfeição – todas elas inatas, isto é, naturais em nossa consciência. De onde elas viriam, senão do próprio Deus?

A harmonia e as regras que regem o Sistema Solar representam uma ideia de perfeição.

Science Photo Library/Fotoarena

BEBENDO NA FONTE CATÓLICA

A perfeição divina

Santo Tomás de Aquino, doutor da Igreja católica, escreveu muitas e inteligentes páginas sobre Deus. Nos trechos a seguir, ele comenta a perfeição divina e como se pode entender que Deus está em toda parte.

As perfeições de todas as coisas estão em Deus. Eis por que se diz universalmente perfeito, pois não lhe falta nenhuma das perfeições que se encontra em algum gênero [...]

AQUINO, Santo Tomás de. *Suma teológica*. 3. ed. São Paulo: Loyola, 2009. v. 1. parte 1. q. 4. art. 2. p. 188.

[...] Do mesmo modo as coisas localizadas estão num lugar enquanto ocupam o lugar, mas Deus ocupa todo lugar. Não, porém, como se fosse um corpo, pois diz-se que o corpo ocupa o lugar na medida em que não o divide com outro. Mas, pelo fato de Deus ocupar determinado lugar, não se exclui que outros aí estejam; mais ainda, Ele ocupa todos os lugares por ser Ele que dá o ser a todas as coisas localizadas que juntas ocupam todos os lugares.

AQUINO, Santo Tomás de. *Suma teológica*. 3. ed. São Paulo: Loyola, 2009. v. 1. parte 1. q. 8. art. 2. p. 222.

O QUE VOCÊ ENTENDEU?

Se Deus está em toda parte, está também dentro de você? De que maneira?

Bridgeman Images/Easypix Brasil/Museu Nacional de Arte, Cidade do México, México

Santo Tomás escrevendo diante do crucifixo, tela do pintor mexicano Antonio Rodríguez (1636-1691).

BEBENDO NA FONTE ESPÍRITA

O poema da vida universal

Dos textos do escritor espírita Léon Denis (1846-1927), considerado o sucessor de Allan Kardec (fundador do espiritismo), extraímos trechos muito inspirados sobre a existência de Deus:

Se estudamos as leis da Natureza, se procuramos o princípio das verdades morais que a consciência nos revela, se pesquisamos a beleza ideal em que se inspiram todas as artes, em toda parte e sempre, acima e no fundo de tudo, encontramos a ideia de um Ser superior, de um Ser necessário e perfeito, fonte eterna do Bem, do Belo e do Verdadeiro, em que se identificam a Lei, a Justiça, a suprema Razão. [...]

DENIS, Léon. *Ser, destino, dor.* 10. ed. Sobradinho (DF): EDICEL, 1997. p. 147.

Materialismo: doutrina segundo a qual a matéria é a base de todos os fenômenos.

Fortuita: casual, imprevista.

O estudo da natureza mostra-se em todos os lugares a ação de uma vontade oculta. Por toda parte a matéria obedece a uma força que a domina, organiza e dirige. [...] O materialismo explica a formação do mundo pela dança cega e aproximação fortuita dos átomos. Mas viu-se alguma vez o arremesso ao acaso das letras do alfabeto produzir um poema? E que poema o da vida universal! [...] Entregue a si mesma, nada pode a matéria. Inconscientes e cegos, os átomos não poderiam tender a um fim. Só se explica a harmonia do mundo pela intervenção de uma vontade. É pela ação das forças sobre a matéria, pela existência de leis sábias e profundas, que tal vontade se manifesta na ordem do Universo.

DENIS, Léon. *Ser, destino, dor.* 10. ed. Sobradinho (DF): EDICEL, 1997. p. 157-158.

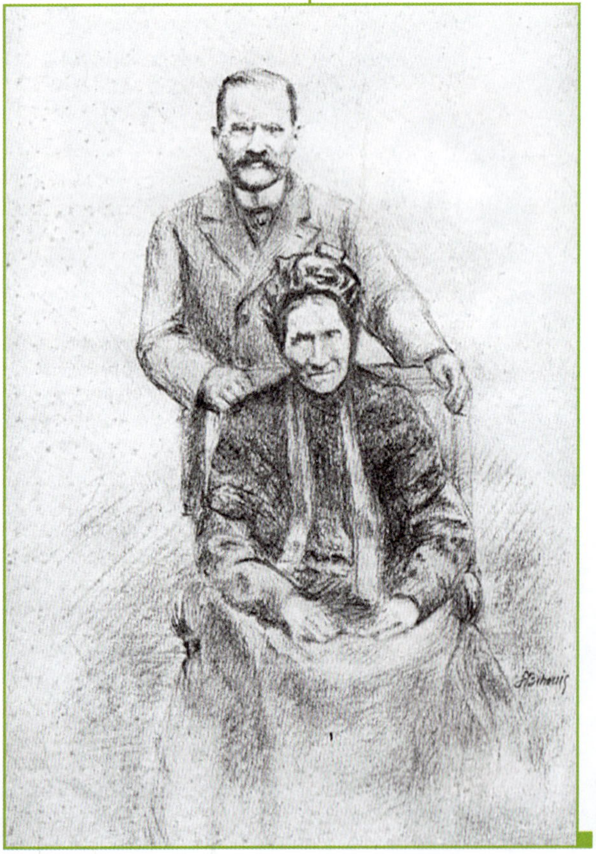

perso.wanadoo.fr/Arquivo da editora

Léon Denis com a mãe. Desenho a grafite do século XIX de autoria desconhecida.

FALANDO DE CIÊNCIA

A natureza em ordem e desordem

Certos acontecimentos naturais sempre escaparam a qualquer lei ou previsão. Parecem caóticos, mas a ideia de que existe ordem no caos é cada vez mais presente. Na segunda metade do século XX, houve uma descoberta que revolucionou a ciência: a "teoria do caos". Dela nasceu uma nova forma de geometria – a geometria fractal –, cujo objeto de estudo são as imperfeições das formas encontradas na natureza.

Os fractais são formas geométricas (ou sua representação por desenho) de aparência irregular que, ao serem subdivididas indefinidamente, produzem cópias reduzidas do todo.

James Gleick (1954-), jornalista estadunidense, que divulgou a teoria do caos, explica, em seu livro *Caos: a criação de uma nova ciência*, que aquilo que parecia caótico, sem parâmetros, na verdade segue uma ordem escondida. Por exemplo, como uma gota de água se expande, como variam os preços do mercado ou os ritmos da fibrilação cardíaca. Ou seja, há padrões de ordem no caos aparente.

gnepphoto/Shutterstock

Ondas provocadas pelas gotas de chuva.

AGORA É COM VOCÊ

Faça uma descrição dos fractais ou um poema inspirado neles.

O X DA QUESTÃO

Para os antigos, o Universo tinha uma ordem estática. Para os contemporâneos, o Universo tem uma ordem dinâmica. Por trás do caos, está uma ordem mais complexa, mas ainda uma ordem. Para alguns filósofos, porém, qualquer ordem que vemos nas coisas é invenção nossa, porque ela de fato não existe. Nada tem razão de ser. Tudo é puro acaso. Nas duas primeiras concepções, Deus pode estar presente. Nesta última, não há lugar para Deus, pois nada foi feito com inteligência e sentido.

Sob a orientação do professor, debata esse assunto com seus colegas e, depois, responda a estas questões:

1) Na sua opinião, no Universo há uma inteligência por trás das coisas ou nada faz sentido?

2) Se há, essa inteligência é Deus? Como? Por quê?

Deus em três pessoas

Católicos e protestantes veem Deus como, ao mesmo tempo, uno e trino. Vamos ver o que isso significa.

No princípio, não havia nada e Deus criou tudo o que existe: o céu, a terra, os seres vivos... Por último, criou o primeiro homem e a primeira mulher, que foram chamados de Adão e Eva. Eles viviam no paraíso, mas desobedeceram a Deus e, por isso, caíram em pecado. Foram expulsos e passaram a ter a vida que temos até hoje, isto é, a trabalhar para garantir seu sustento.

Segundo essa crença – para alguns pensadores cristãos um símbolo que não pode ser tomado ao pé da letra –, toda a humanidade carrega a herança do pecado original cometido por esses nossos antepassados. Foi para nos dar uma oportunidade de salvação que o Pai enviou o Filho – Jesus – para morrer por nós e resgatar esse pecado.

Pecado original: segundo a tradição judaico-cristã, o pecado da desobediência de Adão e Eva, que tentaram ocupar o lugar de Deus na criação, como autossuficientes, transmitido a todos os seres humanos, que nascem em estado de culpa.

Album/Fotoarena/Museu do Louvre, Paris, França

Adão e Eva cometendo o pecado original, detalhe do quadro *Madonna dela Vittoria,* do pintor renascentista italiano Andrea Mantegna (1431-1506).

Conforme entendem muitos cristãos, por causa desse pecado não temos força para nos salvar: precisamos de uma ajuda especial. Então, o Pai nos mandou o Filho, Jesus, a segunda pessoa da Trindade. É que, de acordo com o dogma cristão, Deus é um, mas em três pessoas: o Pai, o Filho e o Espírito Santo. É a chamada Santíssima Trindade. Como diz o Catecismo católico:

Crer no Espírito é, portanto, professar que o Espírito Santo é uma das Pessoas da Santíssima Trindade, consubstancial ao Pai e ao Filho, "adorado e glorificado com o Pai e o Filho". [...]

Catecismo da Igreja católica. 685. Disponível em: <www.vatican.va/archive/cathechism_po/index_new/prima-pagina-cic_po.html>. Acesso em: 27 maio 2018.

Dogma: ponto fundamental e indiscutível de determinada doutrina religiosa.

Consubstancial: que partilha da mesma substância – no caso, da substância divina.

Se você acha isso difícil de entender, não está sozinho. Santo Agostinho, um dos maiores filósofos cristãos, dizia o seguinte:

Quem poderá compreender a Trindade onipotente? E quem não fala dela, ainda que não a compreenda? É rara a pessoa que, ao falar da Santíssima Trindade, saiba o que diz. [...]

Santo Agostinho. *Confissões*. 4. ed. São Paulo: Paulus, 2011. p. 412.

A polêmica sobre Jesus

No começo da Era Cristã, havia duas crenças acerca de Deus:

1) Ele era ao mesmo tempo uno e trino;

2) Ele enviou o seu filho Jesus, que não era o próprio Deus, pois jamais o Ser supremo viria habitar conosco em carne e osso.

Na época do imperador romano Constantino (274-337 d.C.), um fato mudou a história do cristianismo. Havia um padre famoso, Ário, com inúmeros seguidores, que afirmava com muita convicção que Jesus não era Deus. Desse modo, tornava Jesus mais próximo do ser humano e mais fácil de ser seguido como exemplo. Ele tomava as próprias palavras de Jesus – "Aquele que me enviou é maior do que eu" – para argumentar que o mestre nazareno seria alguém enviado por Deus, e não a própria divindade encarnada.

De Agostini/Getty Images

Escultura representando a Santíssima Trindade localizada na Colina do Castelo, em Budapeste, Hungria. Foto de 2016.

Corbis/Latinstock

Ário em detalhe do afresco *O triunfo da doutrina católica, personificada em Santo Tomás de Aquino*, do italiano Andrea Bonaiuto da Firenze (1346-1379), localizado na igreja de Santa Maria Novella, em Florença, Itália.

De outro lado estava o padre Atanásio, que representava a posição católica. Os católicos achavam que aqueles que não concordavam com a posição da Igreja eram heréticos, estavam errados sobre a verdadeira fé cristã. Até então, havia discussões entre os chamados católicos e os arianos, além de outras correntes cristãs, mas todos podiam manifestar sua opinião.

O poderoso imperador Constantino, porém, converteu-se ao cristianismo e interferiu na disputa entre Ário e Atanásio. Em 325 d.C., o Concílio de Niceia estabeleceu que o cristianismo (em sua expressão católica) passaria a ser a religião oficial de Roma e que se adotaria a visão de que Jesus era Deus. Todos os que não concordassem seriam perseguidos. Ário foi exilado e suas obras, queimadas.

Conta certa tradição islâmica que, três séculos depois, o profeta Maomé teve contato com um padre cristão que ainda seguia o arianismo e foi influenciado por ele. Assim, para os muçulmanos, Jesus foi enviado por Deus, bem como outros profetas, mas jamais Deus se encarnou no mundo.

Concílio de Niceia: o primeiro Concílio de Niceia ocorreu no período de 20 de maio a 25 de julho do ano 325, presidido pelo imperador Constantino e com a participação de 250 bispos. Na ocasião, foram excluídas todas as correntes cristãs que não encaravam Cristo como a encarnação de Deus.

O X DA QUESTÃO

1) Deus pode ser um ou muitos, pode ser uno e trino, pode ser cósmico e pessoal, pode estar em toda parte e pode ter se encarnado no mundo. Você adota uma dessas concepções? Explique.

2) De acordo com suas convicções, explique se temos necessidade de Deus, e se Deus tem necessidade de nós. Por quê?

3) Defina Deus.

Album/Fotoarena/Coleção particular

Santo Atanásio, ícone grego pós-bizantino do século XVIII. Autor anônimo.

BEBENDO NA FONTE HINDU

A encarnação de Deus no hinduísmo

O hinduísmo tem uma concepção semelhante à concepção cristã, já que no livro sagrado *Bhagavad Gita*, Krishna é a encarnação de Deus. Ao conversar com o guerreiro Arjuna, ele diz:

Escuta meu mistério. Eu sou superior a nascimento; sou inato e eterno, sou o Senhor de todas as criaturas, pois tudo emana de Mim: mas também nasço, gerado por meu próprio Poder.

Sempre que o mundo declina em virtude e justiça; sempre que imperam o vício e a injustiça, venho Eu, o Senhor, e apareço no meu mundo em forma visível, nascendo e vivendo como homem entre os homens.

A minha influência e doutrina destroem o mal e a injustiça, e restabelecem a virtude e a justiça. Muitas vezes, já apareci assim, e muitas vezes aparecerei ainda.

Bhagavad-Gîtâ: a mensagem do mestre. 4,6-8. 22. ed. São Paulo: Pensamento, 2006. p. 56-57.

Godong/UIG/Getty Images

Baixo-relevo de Krishna dialogando com Arjuna, localizado num templo hindu, na Índia.

NO DIA A DIA

Entre tantas maneiras de encarar Deus, podemos citar três:

- a dos teístas, que acreditam num Deus que está além de todas as coisas, mas também em toda parte; um ser com quem podemos nos relacionar, o Ser dos seres;
- a dos ateus, que não acreditam em Deus e acham que se trata de uma figura inventada pelo ser humano para buscar conforto e segurança;
- a dos panteístas, que acreditam em Deus como uma força impessoal, que não só está em todas as coisas, mas é todas as coisas. Podemos sentir essa força em nós, mas não como um ser com quem possamos nos relacionar.

Os que acreditam em Deus consideram que, sem fé num ser superior, é muito difícil viver confortado e feliz. Deus é a esperança, a segurança, a certeza de justiça e verdade, a garantia de que afinal tudo será melhor, porque podemos ter confiança no seu amor por nós. Para essas pessoas de fé, um dos principais motivos da angústia que toma conta das pessoas hoje em dia é a falta de religiosidade e de ligação com Deus.

Já alguns dos que não acreditam em Deus consideram a angústia parte do ser humano. O filósofo ateu Jean-Paul Sartre escreveu o livro *A náusea* para descrever o que sentimos quando vemos que o nada faz parte da vida. Para ele, essa angústia deve ser assumida.

Escolha uma dessas três posições e dê seus argumentos para defendê-la.

Science Photo Library/Fotoarena

Carl Sagan. Foto da década de 1990.

AGORA É COM VOCÊ

1) O astrônomo estadunidense Carl Sagan (1934-1996), autor do livro que inspirou o filme *Contato*, era ateu. Consultor da Nasa, escreveu várias obras e apresentou um programa sobre astronomia de grande sucesso na televisão: *Cosmos*. Vários de seus livros foram publicados no Brasil. Pesquise mais dados sobre sua vida e obra e apresente aos demais colegas da classe.

2) Sob a orientação do professor, reúna-se com seus colegas em grupos pequenos e imaginem uma viagem pelo Universo. Descrevam o que imaginam e sentem, em forma de relatório científico ou em forma de poesia ou ficção. Se quiserem, façam antes uma pesquisa de imagens do Universo.

CONTANDO UM CONTO

O passeio de Santo Agostinho à beira do mar

Santo Agostinho foi um dos homens mais sábios e cultos. Adorava ler e estudar, e adorava pensar em Deus. Era capaz de passar horas a fio ponderando sobre a criação de Deus e seus caminhos misteriosos.

Um dia, Santo Agostinho caminhava à beira do mar. O dia estava lindo, praticamente sem nuvem alguma no céu. O sol dourado refletia na água. Com a brisa que soprava, as gaivotas pairavam no ar, chamando umas às outras. As ondas vinham bater alegremente na praia.

Mas Santo Agostinho não percebeu de fato o azul do céu, ou o sol reluzente, ou o chamado das gaivotas. Estava imerso em pensamentos. Queria saber a resposta para todo tipo de pergunta. Por que Deus deixa coisas ruins acontecerem de vez em quando? Por que não podemos vê-lo? Onde fica o paraíso? Eram questões difíceis, mas Santo Agostinho esperava ser capaz de compreender o grande desígnio de Deus se pensasse nelas com afinco.

Pensou muito, mas não conseguiu descobrir as respostas. Quanto mais pensava, menos sabia. Depois de algum tempo, começou a ficar triste e até um pouco chateado por não conseguir compreender tantas coisas que Deus faz.

Estátua de Santo Agostinho localizada na igreja de Santo Agostinho em Viena, Áustria. Foto de 2013.

Então, ele encontrou um menino que havia cavado um buraco na areia. O menino ia até o mar, enchia um balde de água e o trazia para jogá-la no buraco, depois voltava correndo para trazer mais.

Ora, quem já foi à praia sabe que a areia não contém a água. Se você cava um buraco e joga água dentro dele, a água simplesmente é chupada pela areia no fundo do buraco. Por mais que jogue água, você nunca irá conseguir encher o buraco.

O menininho estava trazendo um balde de água após o outro para dentro do buraco que cavara. Não cansava de jogar água lá dentro, e voltava correndo para pegar mais.

Santo Agostinho o observou à distância durante algum tempo. Depois, foi até ele e perguntou:

– O que você está fazendo, meu filho?

O menino não se surpreendeu com a pergunta e respondeu:

– Vou jogar toda a água do mar dentro desse buraco.

– Mas isso é impossível – disse Santo Agostinho com um sorriso. – Não dá para fazer isso.

O menino olhou para ele.

– Está certo – disse o menino, tranquilamente. – Da mesma forma que não dá para entender todos os mistérios de Deus.

De repente, Santo Agostinho compreendeu a verdade daquelas palavras simples. Então reparou que não fora uma criança que lhe falara, mas sim um belo anjo.

Toda a tristeza deixou seu coração, que se encheu de alegria. [...]

BENNETT, William J. *O livro da fé para crianças*. Rio de Janeiro: Nova Fronteira, 2002. p. 68-70.

Electa/Leemage/Agência France-Presse

A visão de Santo Agostinho enquanto meditava sobre a Trindade. Pintura do italiano Sandro Botticelli (1445-1510), localizada na Galeria dos Ofícios, um palácio transformado em museu. A Galeria dos Ofícios é considerada um dos museus mais antigos do mundo (1581) e fica em Florença, Itália.

E FAZENDO A PONTE

1) Qual é a mensagem dessa história?

2) Você concorda com essa mensagem? Por quê?

E PARA TERMINAR

1) O trecho a seguir é de um autor que pretende destruir a ideia de Deus mostrando que ela sempre foi usada para impedir o progresso. Leia.

Os religiosos opuseram-se ao uso da anestesia dizendo que Deus enviava a dor como punição pelo pecado, e consideravam o maior dos sacrilégios utilizá-la – tentem imaginar isso, transformar em pecado o alívio da miséria humana! Que perversão monstruosa! Apenas este exemplo deveria ser suficiente para convencer qualquer um da diferença entre acreditar em Deus ou não.

Nenhum crente em Deus teria gastado suas energias para descobrir a anestesia. Ele estaria com um medo mortal da ira de Deus por interferir em seu "plano divino" de fazer o homem sofrer por ter comido o fruto da "árvore do conhecimento".

O ponto crucial do assunto está contido neste exemplo.

O homem busca aliviar seus semelhantes do sofrimento da enfermidade e dos tormentos da agonia mental. Os crentes em Deus estão satisfeitos com o fato de o sofrimento do homem ser ordenado, e assim aceitam a vida e suas adversidades e tribulações como uma punição por estarem vivos.

LEWIS, Joseph. *Um manifesto ateísta*. Tradução de André Cancian. Disponível em: <http://ateus.net/artigos/critica/um-manifesto-ateista/>. Acesso em: 25 jun. 2018.

Album/Fotoarena/Museu de Arte da Filadélfia, EUA

Retrato do Dr. Samuel D. Gross, tela do pintor realista estadunidense Thomas Eakins (1844-1916). Dr. Gross foi um cirurgião estadunidense do século XIX.

a) Quem acredita em Deus precisa mesmo acreditar que não podemos interferir no sofrimento? Em todas as religiões não há a recomendação de aliviar a dor do próximo? O que você pensa sobre a argumentação do autor ateu?

b) O autor afirma que, segundo o ponto de vista religioso, a punição e o sofrimento são condições do ser humano. Mas a dor, sem dúvida, faz parte da vida humana. Qual poderia ser a função da dor?

2) Faça o seu manifesto a respeito de Deus: teísta, ateu, panteísta, cristão, islâmico, judaico ou de outra corrente de que você fizer parte.

SESSÃO DE CINEMA

Contato

Direção de Robert Zemeckis. Warner Bros, 1997.

Após anos de pesquisa, a cientista Eleanor Arroway finalmente descobre supostas mensagens extraterrestres que dão instruções de como construir uma nave espacial. Ao embarcar no transporte construído conforme as orientações alienígenas, tem início uma viagem na qual ela tem um encontro consigo mesma.

Procure assistir ao filme indicado pensando nestas questões:

1) **Em relação à crença em Deus, quais as posições representadas no filme? Qual é a sua posição?**
2) **Se você tivesse a oportunidade de fazer uma viagem espacial como no filme, você aceitaria? Por quê?**

> A oração traz uma paz, uma força e um conforto que nada mais pode proporcionar. Mas ela deve ser feita com o coração. Quando não, é como o bater de um tambor ou o simples efeito sonoro das cordas vocais. Quando é feita com o coração, tem o poder de dissolver montanhas de aflições. Bem-vindos sejam aqueles que quiserem experimentar seu poder.

Mahatma Gandhi.

A roca e o calmo pensar. São Paulo: Palas Athena, 1991. p. 88-89.

E+/Getty Images

4

Para que vivemos?

O que nos motiva a viver? Uma das questões mais difíceis de serem respondidas é sobre o que dá sentido à vida. Na foto, recém-nascido segurando a mão da mãe. Foto de 2018, na Bósnia e Herzegovina.

Qual é o sentido da vida?

Todos buscamos o sentido da vida, mesmo sem saber que estamos nessa busca. O filósofo Blaise Pascal (1623-1662) dizia que essa era uma tendência natural do ser humano. Ver um sentido nas coisas significa achar que a vida tem um propósito, uma finalidade, uma razão. É ter um motivo para viver, algo para realizar. Ser feliz, construir um mundo melhor, amar as pessoas e promover a justiça entre elas podem ser profundas motivações para existirmos.

Mesmo assim, a pergunta é difícil e as respostas são muitas, às vezes contraditórias. Para uns, quem dá sentido à vida humana é Deus; para outros, é o próprio ser humano; alguns, ainda, acreditam que a vida simplesmente não tem um sentido, uma razão.

Mas a maioria das pessoas não consegue viver sem algum tipo de ideal ou sem buscar um sentido para a sua própria vida. As religiões procuram justamente explicar que sentido é esse. Com isso, elas tentam trazer conforto, esperança, bem-estar, felicidade, otimismo e ações positivas.

Hoje, muitos pensadores dizem que não adianta qualquer busca de sentido. E um grande vazio tem penetrado na mente das pessoas. O ser humano deixou de acreditar em si mesmo.

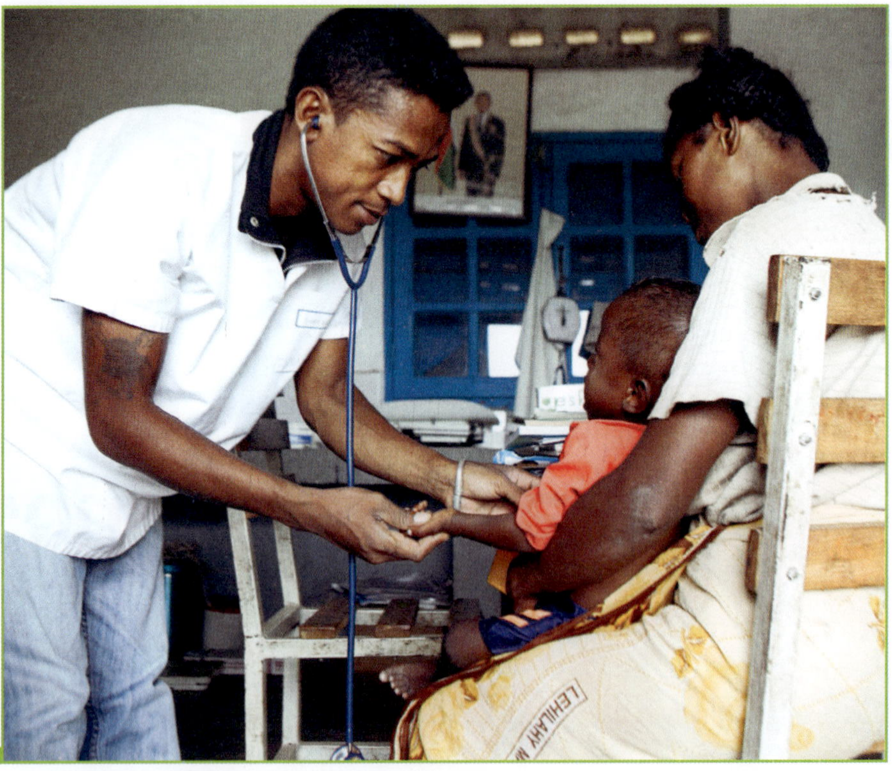

Rijasolo/Agência France-Presse

Diante do sofrimento humano, muitas pessoas afirmam que o verdadeiro sentido da vida consiste em se doar àqueles que mais sofrem. Minimizar o sofrimento humano seria então uma maneira de ajudar o próximo, mas, também, de ajudar a si mesmo. Na foto, um médico examinando uma criança desnutrida em um centro de saúde em Imongy, Madagascar, em 2015.

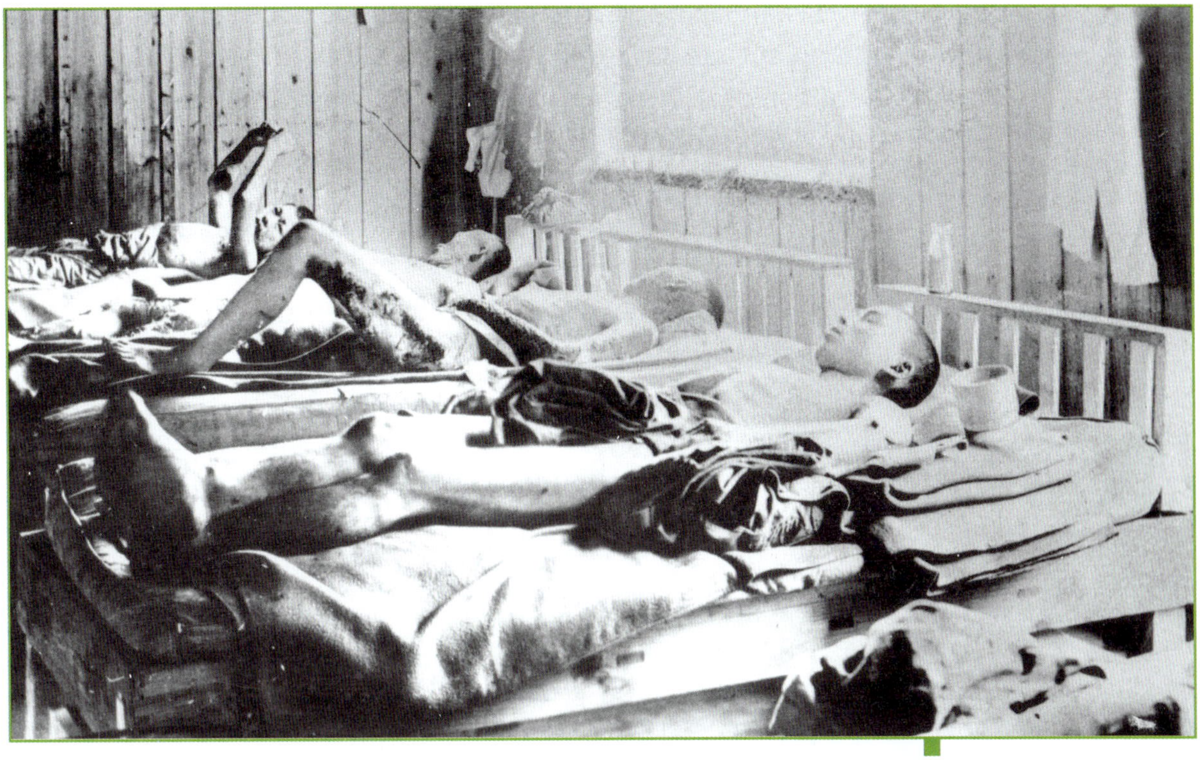

Universal History Archive/Getty Images

O mesmo ser humano que é capaz de aliviar os sofrimentos também é capaz de provocar tantos outros. Na imagem, sobreviventes da bomba atômica lançada sobre Hiroxima, Japão, em 6 de agosto de 1945. Além do efeito destrutivo imediato, a radiação da bomba produziu diversos efeitos colaterais naqueles que sobreviveram.

Depois de acontecimentos e situações trágicos no século XX, como a Segunda Guerra Mundial, a bomba atômica lançada pelos Estados Unidos sobre o Japão e a miséria de tantos povos, os grandes ideais e as utopias humanas foram colocados em xeque.

A ideia de construção de um mundo melhor esvaziou-se para muita gente. Cresceu também o número de pessoas que não acreditam em Deus e aumentou o índice de depressão e angústia. A confiança no futuro ficou abalada.

Será a vida apenas dor, infelicidade, pobreza, luta pela sobrevivência, tédio? Nada se pode fazer para mudar? Não há nenhuma esperança?

Vários filósofos foram responsáveis por essas ideias sobre o nada e a desesperança.

O principal deles foi Arthur Schopenhauer (1788-1860), que afirmou que os seres humanos têm dois inimigos difíceis a serem vencidos: a dor e o sofrimento.

Segundo o filósofo, o verdadeiro sentido da vida são a dor e o sofrimento; os seres humanos vivem abandonados a si mesmos, na incerteza profunda do que acontecerá, ansiosos e temerosos, cercados de ameaças terríveis. As desgraças humanas estão sempre por toda parte. É impossível ser otimista diante da vida, pois o que espera o ser humano são sempre doenças, perseguições, pobreza e morte.

Na opinião de Schopenhauer, o mundo pode ser comparado ao inferno, em que os seres humanos ora são as almas perdidas, ora são os demônios destruidores. Para ele, podemos amenizar as dores da vida de três formas:

1) por meio da experiência artística, que nos permitiria escapar do mundo, sair do tempo e entrar em outra dimensão, libertando-nos dos males da existência;

2) pelas dores dos outros, pois assim esqueceríamos as nossas dores, olhando e procurando ajudar fraternalmente nossos semelhantes;

3) vivendo uma vida de poucas necessidades, sem desejos de poder ou riquezas, assumindo voluntariamente a pobreza e vencendo a vontade de viver.

BEBENDO NA FONTE FILOSÓFICA

ullstein bild/Getty Images

Arthur Schopenhauer, pintura do alemão Ludwig Sigismund Ruhl (1794-1887).

Derrubando ídolos

Schopenhauer foi um filósofo que criticou duramente os valores, a sociedade e os ideais de seu tempo.

Se o sentido mais próximo e imediato de nossa vida não é o sofrimento, nossa existência é o maior contrassenso do mundo. Pois constitui um absurdo supor que a dor infinita, originária da necessidade essencial à vida, de que o mundo está pleno, é sem sentido e puramente acidental. Nossa receptividade para a dor é quase infinita, aquela para o prazer possui limites estreitos. Embora toda a infelicidade individual apareça como exceção, a infelicidade em geral constitui a regra.

Schopenhauer. 2. ed. São Paulo: Abril Cultural, 1985. p. 216. (Os pensadores).

O QUE VOCÊ ENTENDEU?

1) Você concorda com a posição de Schopenhauer? Explique.

2) De que outra forma, além das citadas pelo filósofo, o ser humano poderia sublimar o vazio?

Onde foram parar os ideais?

Sempre foram características dos jovens o entusiasmo e a vontade de mudança. Em vários momentos históricos, a juventude esteve à frente da construção de um mundo mais humano e feliz. Mas, com todo o esvaziamento de ideais que se deu no século XX, o que restou, para muitos, foi só alienação e consumismo.

Para muitas pessoas o sentido da vida passou a ser o dinheiro e o consumo. Na tentativa de preencher o vazio existencial, consome-se em excesso. Graças à tecnologia, uma quantidade imensa de bens materiais está à nossa disposição. Entretanto, comprar e consumir não satisfazem a busca do ser humano por um sentido. Aliás, o consumismo vai muito além do ato de adquirir bens materiais; ele influencia também as relações humanas, pois as pessoas passam a considerar umas às outras como objetos de consumo que são interessantes apenas enquanto têm alguma utilidade.

As pessoas ganham dinheiro e consomem (pelo menos as que não são excluídas desse mecanismo injusto), mas nunca houve tanta solidão, insatisfação e infelicidade.

É claro que há um consumo necessário à vida, mas a sociedade atual criou muitas "necessidades" que, no fundo, são dispensáveis, ou seja, são supérfluas.

Consumidores fazem fila durante a noite para lançamento de um celular em Moscou, Rússia. Foto de 2017.

Valery Sharifulin/TASS/Getty Images

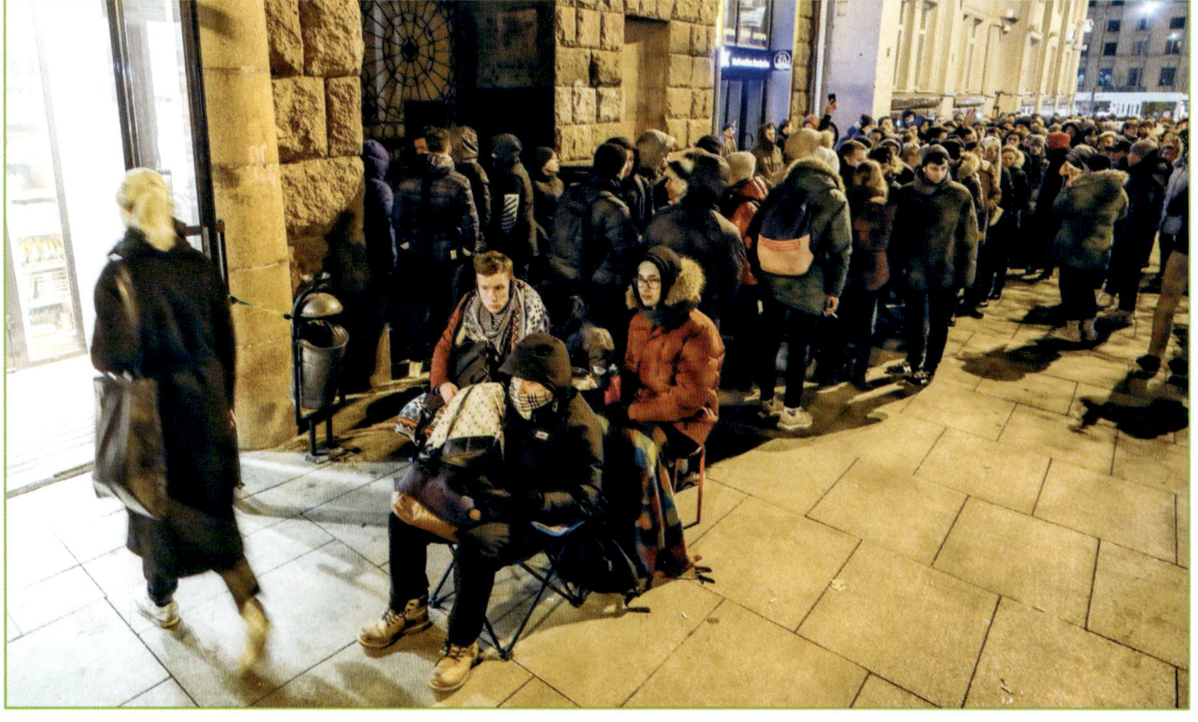

As redes sociais e a solidão

Nunca antes na história foi possível estar conectado com tantas pessoas ao mesmo tempo. Porém esse fenômeno, que poderia ser tão benéfico para aproximar as pessoas umas das outras, está se tornando um possível problema social, como vemos na reportagem a seguir.

Pelas redes sociais, como Twitter, Facebook e Instagram, internautas ficam a um clique de milhões de pessoas em todo o mundo, mas essa facilidade de conexão pode ser ilusória, alertam pesquisadores da Universidade de Pittsburgh. Um estudo realizado com quase 2 mil adultos americanos, com idades entre 19 e 32 anos, revelou que, quanto mais tempo as pessoas passam navegando por essas plataformas, maiores as chances de elas experimentarem a sensação de isolamento social.

— Essa é uma questão importante a ser estudada porque problemas de saúde mental e isolamento social estão em níveis epidêmicos entre adultos jovens — disse Brian A. Primack, diretor do Centro para Pesquisas em Mídia, Tecnologia e Saúde da Universidade de Pittsburgh e líder da pesquisa [...].

Em 2014, Primack e seus colegas aplicaram questionários a 1 787 adultos jovens americanos para determinar o tempo e a frequência de uso de redes sociais. Foram selecionadas as 11 plataformas mais populares na época: Facebook, YouTube, Twitter, Google Plus, Instagram, Snapchat, Reddit, Tumblr, Pinterest, Vine e LinkedIn.

Além disso, os pesquisadores realizaram testes para medirem a percepção de isolamento social dos participantes, e controlaram variáveis demográficas e sociais da amostra. Os resultados mostraram que os entrevistados que usavam redes sociais por mais de duas horas por dia tinham duas vezes mais chances de experimentarem o isolamento social em relação a pessoas que faziam uso por menos de meia hora por dia. E os que visitavam essas plataformas mais de 58 vezes por semana tinham quase três vezes mais chances de se sentirem solitários do que aqueles que visitavam menos de 9 vezes por semana.

— Nós não sabemos o que veio antes: o uso de redes sociais ou a percepção de isolamento social — disse Elizabeth Miller, diretora da Divisão de Medicina para Adolescentes e Jovens Adultos da Universidade de Pittsburgh e coautora da pesquisa. — É possível que adultos jovens que se sentiram isolados socialmente se voltaram para as rede sociais. Ou pode ser que o aumento no uso das redes sociais de alguma forma os levou ao sentimento de isolamento do mundo real. Também pode ser uma combinação. Mas, mesmo se o isolamento social veio primeiro, ele não parece ter sido aliviado pelo investimento de tempo on-line.

Mais tempo* on-line*, menos tempo no mundo real

Os pesquisadores levantaram algumas possíveis teorias para explicar como o au-

mento do uso de redes sociais pode alimentar a sensação de solidão. Uma delas é que a conexão por meio dessas plataformas, de alguma forma, acaba substituindo experiências sociais mais autênticas, porque, quanto mais tempo gasto on-line, menor o tempo disponível para interações no mundo real.

As redes sociais também possuem algumas características que facilitam o sentimento de exclusão, como mostrar fotos de amigos se divertindo em eventos para os quais a pessoa não foi convidada, ou pela exposição a representações idealizadas da vida de colegas nas redes sociais, o que pode alimentar o sentimento de inveja e a crença distorcida de que as outras pessoas são mais felizes e bem-sucedidas.

— Nós somos criaturas inerentemente sociais, mas a vida moderna tende a nos compartimentar em vez de nos reunir — disse Primack. — Pode parecer que as redes sociais apresentam oportunidades para preencher esse vazio social, mas eu acredito que esse estudo sugere que elas podem não ser a solução que as pessoas estavam esperando. [...]

— As pessoas interagem umas com as outras nas redes sociais de muitas formas diferentes — disse Primack. — Num estudo com grande amostra como esse, não relatamos tendências gerais que podem ou não ser aplicáveis a cada indivíduo. Eu não duvido que algumas pessoas usando algumas plataformas de formas específicas possam encontrar conforto e pertencimento. Entretanto, os resultados desse estudo nos lembram que, como um todo, o uso de redes sociais tende a estar associado com o aumento do isolamento social.

PSICÓLOGOS alertam que o uso de redes sociais pode alimentar a solidão. *O Globo*, 6 mar. 2017. Disponível em: <https://oglobo.globo.com/sociedade/tecnologia/psicologos-alertam-que-uso-de-redes-sociais-pode-alimentar-solidao-21016908>. Acesso em: 12 jul. 2018.

Christoph Hetzmannseder/Getty Images

Sozinho em meio a uma multidão de pessoas. Esse é o sentimento experimentado por muitas pessoas que, apesar de se manterem conectadas eletronicamente, não experimentam uma conexão com seus semelhantes que se encontram ao seu lado. O equilíbrio é a chave para a boa utilização de redes sociais e tecnologia. Foto de 2017.

Retrato de Albert Einstein em 1947.

Os ideais que fazem sentido

Sobre o sentido da vida, o físico Albert Einstein escreveu:

Tem um sentido a minha vida? A vida de um homem tem sentido? Posso responder a tais perguntas se tenho espírito religioso. Mas "fazer tais perguntas tem sentido?". Respondo: "Aquele que considera sua vida e a dos outros sem qualquer sentido é fundamentalmente infeliz, pois não tem motivo algum para viver.".

EINSTEIN, Albert. *Como vejo o mundo.* Rio de Janeiro: Nova Fronteira, 1981. p. 13.

Do ponto de vista das religiões, o ser humano se esqueceu de que a felicidade está num mundo mais fraterno e não apenas no consumo obsessivo de bens materiais. A vida, segundo alguém que tem espiritualidade, encontra como eixos o amor a Deus ou a um Ser Superior, o cultivo de si mesmo e a bondade para com todas as criaturas. Somente quando nos harmonizarmos espiritualmente, a felicidade habitará nosso coração. Quando isso acontecer, conseguiremos construir o sonhado mundo de justiça, solidariedade e amor. Também para Sócrates o sentido da vida está na busca da divindade, no autoconhecimento e na bondade.

Para a maioria das religiões, o sentido da vida não está em *ter* determinadas coisas, mas em *ser* melhor e mais humano. Quais são nossos ideais? O que buscamos construir na vida? O que fazemos por nossos semelhantes? Para nós, Deus constitui uma busca significativa e necessária? Como assumimos nossas responsabilidades diante do mundo? O que somos na verdade?

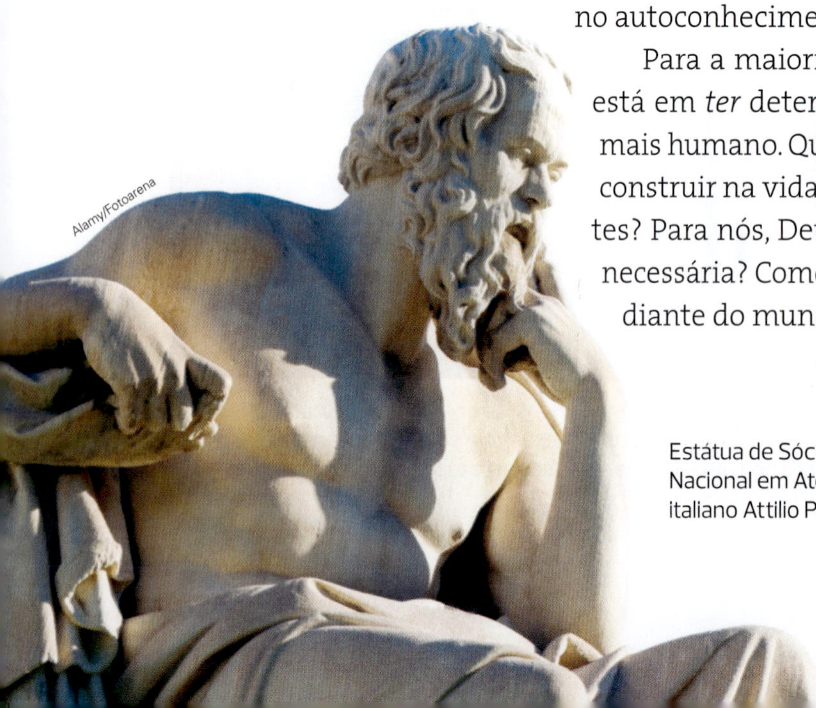

Estátua de Sócrates em frente à Academia Nacional em Atenas, Grécia, esculpida pelo italiano Attilio Picarelli (1866-1945).

Recuperar os ideais de amor, de cuidado para com a humanidade e a natureza, de paz e justiça, de fraternidade e liberdade é tarefa que cabe a todos. Minimizar as dores do próximo e as misérias humanas, lutar por um mundo mais feliz, assumir nossas responsabilidades para com Deus, se nele cremos, e para com a humanidade são os verdadeiros antídotos para os males humanos e a sensação de vazio que toma conta dos que perderam o sentido da vida.

O X DA QUESTÃO

1) Você sente, no seu cotidiano e no de outros jovens, que sua vida está esvaziada de ideais?

2) Você tem ideais? Quais os seus maiores ideais de vida? Justifique sua resposta.

3) Analise: Seus ideais são particulares, de consumo, humanitários ou se misturam?

Monkey Business Images/Shutterstock

Com o aumento da expectativa de vida e da correria do dia a dia, muitas famílias optam por contratar pessoas para cuidar de seus idosos. É preciso refletir até que ponto isso é por necessidade ou apenas por falta de amor e paciência com aqueles que tanto se doaram quando tinham forças e saúde. Foto de 2014 no Reino Unido.

FALANDO DE HISTÓRIA

O povo que não conhecia o consumismo

Quando os portugueses chegaram ao Brasil em 1500, encontraram uma economia de subsistência, ou seja, os indígenas produziam apenas o necessário para comer e sobreviver. Não produziam nada para vender e ter lucro. Eles não entendiam a mentalidade dos europeus. Este diálogo entre um índio Tupinambá e um francês demonstra isso:

[...] Uma vez um velho perguntou-me: Por que vindes vós outros, maírs e perôs [franceses e portugueses] buscar lenha de tão longe para vos aquecer? Não tendes madeira em vossa terra? Respondi que tínhamos muita, mas não daquela qualidade, e que não a queimávamos, como ele o supunha, mas dela extraíamos tinta para tingir, tal qual o faziam eles com os seus cordões de algodão e suas plumas.

Retrucou o velho imediatamente: e porventura precisais de muito? – Sim, respondi-lhe, pois no nosso país existem negociantes que possuem mais panos, facas, tesouras, espelhos e outras mercadorias que podeis imaginar e um só deles compra todo o pau-brasil com que muitos navios voltam carregados. – Ah! retrucou o selvagem, tu me contas maravilhas, acrescentando depois de bem compreender o que eu lhe dissera: Mas esse homem tão rico de que me falas não morre? – Sim, disse eu, morre como os outros.

Mas os selvagens são grandes discursadores e costumam ir em qualquer assunto até o fim, por isso perguntou-me de novo: e quando morrem para quem fica o que deixam? – Para seus filhos se os têm, respondi; na falta destes para os irmãos ou parentes mais próximos. – Na verdade, continuou o velho, que, como vereis, não era nenhum tolo, agora vejo que vós outros maírs sois grandes loucos, pois atravessais o mar e sofreis grandes incômodos, como dizeis quando aqui chegais, e trabalhais tanto para amontoar riquezas para vossos filhos ou para aqueles que sobrevivem! Não será a terra que vos nutriu suficiente para alimentá-los também? Temos pais, mães e filhos a quem amamos; mas estamos certos de que depois da nossa morte a terra que nos nutriu também os nutrirá, por isso descansamos sem maiores cuidados.

LÉRY, Jean de. In: RIBEIRO, Darcy. *O povo brasileiro:* a formação e o sentido do Brasil. São Paulo: Companhia das Letras, 1995. p. 46.

Jean de Lery/ Biblioteca Municipal Mario de Andrade, Sao Paulo

Dança de índios Tupinambás, xilogravura do pastor, missionário e escritor francês Jean de Léry (1536-1613).

BEBENDO NA FONTE CRISTÃ

A busca da perfeição

Jesus, em diversas ocasiões, demonstrou que acreditava na capacidade do ser humano de ser bom e de, na bondade, encontrar sentido, utilidade e felicidade.

Vós, portanto, sereis perfeitos, como é perfeito o vosso Pai celeste.

Mateus 5,48. *Bíblia:* tradução ecumênica. São Paulo: Edições Loyola, 1994. p. 1866.

Vós sois a luz do mundo. [...] Quando se acende uma lâmpada, não é para pô-la debaixo do alqueire, mas sobre a luminária, e ela brilha para todos os que estão na casa. Assim também brilhe a vossa luz aos olhos dos homens, a fim de que, vendo as vossas boas obras, eles glorifiquem o vosso Pai que está nos céus.

Mateus 5,14-16. *Bíblia:* tradução ecumênica. São Paulo: Edições Loyola, 1994. p. 1864.

Sputnik/Agência France-Presse/Museu Literário Estatal Tolstói, Moscou, Rússia

Leon Tolstói. Foto de 1908.

O pensador e escritor russo Leon Tolstói (1828-1910) reuniu em um livro várias citações de grande sabedoria, inspirando-se em Jesus para falar sobre o sentido da vida.

A força motriz de toda perfeição, tanto para o indivíduo como para nações inteiras, não é a compreensão do que existe neste mundo, mas a compreensão do que pode ser realizado.

Album/Fotoarena/Museu de Arte M. Kroshitsky, Sevastopol, Rússia

O sermão da montanha, do artista barroco italiano Giuseppe Bartolomeo Chiari (1654-1727). Jesus Cristo apresenta o projeto do Reino de Deus. Esse projeto de felicidade e sentido da vida implica a promoção da justiça e da paz.

Quanto mais fracas as minhas mãos, maior o esforço que devo fazer para alcançar a perfeição.

"Você deve ser tão perfeito quanto seu pai no céu."

A perfeição da mais alta bondade é o objetivo pelo qual toda a humanidade luta. Todo estudo cristão a respeito da perfeição é uma ferramenta para a humanidade.

Aquele que veleja para longe da praia pode ver a linha de algumas partes da costa ou colinas. Porém, quando os marinheiros se afastam mesmo da praia, eles só podem ser guiados pelas estrelas lá no alto, no céu, e pela bússola que lhes indica sua direção, e ambas as coisas nos foram dadas.

Não importa quão baixo alguém possa cair, ele sempre será capaz de vislumbrar aquela perfeição em direção à qual deveria caminhar.

TOLSTÓI, Leon. *Calendário da sabedoria*. Rio de Janeiro: Ediouro, 1999. p. 144.

O QUE VOCÊ ENTENDEU?

Compare as palavras de Jesus com as de Tolstói. O escritor russo interpretou bem os ensinamentos do Cristo? Por quê?

FALANDO DE PSICOLOGIA

The LIFE Picture Collection/Getty Images

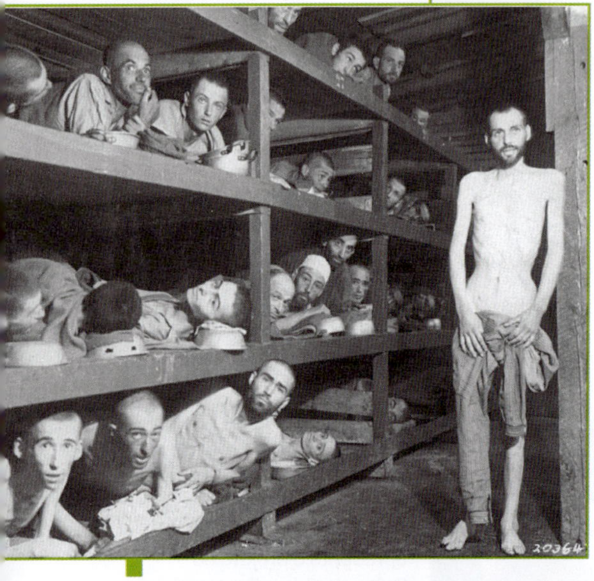

Momento em que trabalhadores escravos famintos e desnutridos estão sendo libertados pelas tropas dos Estados Unidos no campo de concentração nazista de Buchenwald, Alemanha, em 1945.

A Logoterapia

Um psiquiatra judeu nascido em Viena, Áustria, em 1905, criou uma linha terapêutica que trabalha com a ideia de sentido existencial. Viktor Frankl (1905-1997) começou a atuar na área de saúde mental, aderindo à Psicanálise, criada por outro judeu austríaco, Sigmund Freud (1856-1939).

Para Freud, todos temos um inconsciente (uma parte da nossa mente que nos é desconhecida), que nos fala por meio dos sonhos, dos lapsos (atos falhos – quando queremos dizer algo, dizemos outra coisa), dos chistes (brincadeiras)... Esse lado obscuro e oculto de nós mesmos é o objeto de investigação da Psicanálise, uma terapia que se faz através da associação livre. O paciente vai falando o que lhe vem à mente, sem censura, para deixar que, em algum momento, o inconsciente fale de seus desejos mais profundos e reprimidos.

Esse inconsciente freudiano é constituído de desejos recalcados, que não podem ser realizados, porque a moral social não nos permite. São impulsos sexuais, desejos de vida e desejos de morte.

Viktor Frankl começou estudando a Psicanálise, mas passou por uma experiência brutal em sua vida e acabou por criar uma nova corrente de terapia, chamada Logoterapia.

Viktor Frankl Institut/Getty Images

Viktor Frankl em 1946.

Vivendo em pleno regime nazista, que exterminou por volta de 6 milhões de judeus, Frankl perdeu os pais e a esposa em campos de concentração. Ele próprio passou por alguns campos, mas conseguiu sobreviver.

Com o fim da guerra, ao ser libertado, passou a escrever sua vivência traumática num livro que se tornou *best-seller* internacional: *Em busca de sentido: um psicólogo no campo de concentração*.

Frankl fez uma importante descoberta nessa experiência: as pessoas que conseguiam descobrir ou manter um sentido existencial, mesmo naquelas circunstâncias trágicas, tinham mais chances de aguentar aquele horror e sobreviver.

A Logoterapia, portanto, é uma proposta que leva o paciente a descobrir seu próprio sentido de vida. Frankl parte de uma premissa que vai além de Freud: para Frankl, temos também um inconsciente espiritual, e aí reside nosso desejo de sentido.

AGORA É COM VOCÊ

1) Que impressões você teve com essa experiência de Viktor Frankl e sua proposta terapêutica?

2) Sob a orientação do professor, formem grupos de quatro alunos e pesquisem por quais campos de concentração Viktor Frankl passou e fatos históricos relativos a esses campos. Depois, compartilhem com os outros grupos da sala o que descobriram.

BEBENDO NA FONTE FILOSÓFICA

Saber cuidar

Leonardo Boff (1938-) é professor de Teologia e Filosofia. Já fez parte da Ordem dos Franciscanos, no Rio de Janeiro, trabalhou muito pelos mais pobres e ajudou a conceber a Teologia da Libertação. É autor de vários livros sobre religião, espiritualidade e ecologia, entre outros assuntos. Leia, a seguir, o que ele diz a respeito da falta de cuidado com a vida como um todo.

O sintoma mais doloroso, já constatado há décadas por sérios analistas e pensadores contemporâneos, é um difuso mal-estar da civilização. Aparece sob o fenômeno do descuido, do descaso e do abandono, numa palavra, da falta de cuidado.

Há um descuido e um descaso pela vida inocente de crianças usadas como combustível na produção para o mercado mundial. [...]

Há um descuido e um descaso manifesto pelo destino dos pobres e marginalizados da humanidade, flagelados pela fome crônica, mal sobrevivendo da tribulação de mil doenças, outrora erradicadas e atualmente retornando com redobrada virulência.

Há um descuido e um descaso imenso pela sorte dos desempregados e aposentados, sobretudo dos milhões e milhões de excluídos do processo de produção, tidos como descartáveis e zeros econômicos. [...] Perderam o privilégio de serem explorados a preço de um salário mínimo e de alguma seguridade social.

Há um descuido e um abandono dos sonhos de generosidade [...] Menospreza-se a tradição de solidariedade. Faz-se pouco dos ideais de liberdade e de dignidade para todos os seres humanos. [...]

Há descuido e descaso pela dimensão espiritual do ser humano, pelo esprit de finesse *(espírito de gentileza) que cultiva a lógica do coração e do enternecimento por tudo o que existe e vive. [...] Todo tipo de violência e de excesso é mostrado pelos meios de comunicação com ausência de qualquer pudor ou escrúpulo.*

Há um descuido e um descaso pela coisa pública. Organizam-se políticas pobres para os pobres; os investimentos sociais em seguridade alimentar, em saúde, em educação e em moradia são, em geral, insuficientes. [...]

Teologia da Libertação: movimento religioso cristão, latino-americano, surgido na segunda metade da década de 1960 e caracterizado pelo engajamento social e político.

Erradicadas: eliminadas, extirpadas.

Virulência: poder de produzir dano ou lesão.

Escrúpulo: consciência, cuidado.

Leonardo Boff. Foto de 2016.

Celso Pupo/Fotoarena

Há um descuido e um descaso na salvaguarda de nossa casa comum, o planeta Terra. Solos são envenenados, ares são contaminados, águas são poluídas, florestas são dizimadas, espécies de seres vivos são exterminadas; um manto de injustiça e de violência pesa sobre dois terços da humanidade. Um princípio de autodestruição está em ação, capaz de liquidar o sutil equilíbrio físico-químico e ecológico do planeta e devastar a biosfera, pondo assim em risco a continuidade do experimento da espécie homo sapiens *e* demens. *[...]*

Moment Editorial/Getty Images

Jovens envolvidos com seus *smartphones*. Londres, Inglaterra, 2014.

Atulhados de aparatos tecnológicos vivemos tempos de impiedade e de insensatez. Sob certos aspectos regredimos à barbárie mais atroz.

Barbárie: crueldade.

BOFF, Leonardo. *Saber cuidar*: ética do humano – compaixão pela Terra. Petrópolis: Vozes, 1999. p. 18-20.

O QUE VOCÊ ENTENDEU?

1) Qual das faltas de cuidado citadas no texto você considera a mais prejudicial às pessoas? Por quê?

2) Além dessas faltas citadas no texto, quais outras estão presentes na sociedade? Se você pudesse corrigi-las, como faria?

O X DA QUESTÃO

Como vimos até aqui, para as religiões, fomos colocados no mundo com uma finalidade divina, seja para alcançar a perfeição pessoal, seja para construir um mundo de felicidade e uma vida melhor. Então, embora tenhamos objetivos particulares, todos temos uma mesma finalidade e precisamos nos unir para concretizá-la. Mas alguns filósofos discordam dessa opinião, dizendo que a vida não tem sentido nem finalidade alguma.

Sob a orientação do professor, debata o assunto com seus colegas e, depois, responda à seguinte questão:

A vida tem alguma finalidade ou estamos aqui por acaso, jogados, sem rumo e sem porquê?

John Giustina/Getty Images

Adolescentes em um *shopping*. Portland, Estados Unidos, 2008.

NO DIA A DIA

Muitos pesquisadores afirmam que o mal da busca de sentido por meio do consumo atinge mais fortemente os jovens, que cada vez mais deixam de buscar a felicidade nos grandes ideais para buscá-la nas coisas materiais. Felicidade passou a ser sinônimo de bem-estar material. A juventude de hoje quer, mais do qualquer outra coisa, consumir bens materiais, diversão, prazeres. E, num mundo em que consumir passou a ser o único objetivo de muitas pessoas, a quantidade de bens de consumo é impressionante.

A vida dos jovens passou a se organizar em torno dos *shopping centers* e dos centros de diversão. Segundo o pensador francês Edgar Morin, os jovens têm sido vítimas de uma onda de consumismo maníaco, pois se dedicam demais a frivolidades e à aquisição de bens supérfluos.

Nunca na história se consumiu tanto, e nunca a juventude esteve tão angustiada. Sócrates achava que o mais importante para ser feliz não é ter muitas coisas ou ter muitas necessidades, mas sim ter poucas coisas e poucas necessidades. Conta-se que, certa vez, ele teria exclamado, diante de um local onde estavam expostos muitos objetos à venda: "Vejam quantas coisas das quais não preciso para viver!".

Dê a sua opinião e argumente a respeito do assunto.

AGORA É COM VOCÊ

Os europeus vinham para cá em busca do acúmulo de riquezas, e os indígenas viviam apenas com o necessário. O modo de vida dos indígenas era considerado primitivo. Os europeus se consideravam civilizados, adiantados. Qual é sua opinião: Ter apenas o necessário para viver é ficar estagnado e não progredir ou seria uma forma mais sábia de viver? Explique sua posição.

Reprodução/Wolfgang Petersen/Warner Bros.

SESSÃO DE CINEMA

A história sem fim

Direção de Wolfgang Petersen. Warner Bros, 1984.

Bastian acabou de perder a mãe, além disso sofre com a incompreensão do pai e com os constantes *bullyings* no colégio. Um dia, ele entra em uma livraria onde o proprietário lhe apresenta um livro especial. Ao começar a ler, Bastian entra na história e encontra um jovem guerreiro chamado Atreyu, que tem a missão de salvar o mundo do Nada, que ameaça destruir todos os sonhos e esperanças da humanidade.

Procure assistir ao filme indicado pensando nesta questão:

Que relação você vê entre a história do filme e o que estamos estudando neste capítulo?

CONTANDO UM CONTO

A coisa mais importante

Certa vez, um famoso poeta chinês quis estudar a sabedoria do Buda. Viajou uma longa distância para encontrar um famoso mestre e lhe perguntou:

– Qual é a coisa mais importante dos ensinamentos de Buda?

– Não prejudique ninguém e só faça o bem – respondeu o mestre.

– Que bobagem! – exclamou o poeta. – O senhor é considerado um grande mestre, por isso viajei milhas e milhas para encontrá-lo. E é essa a resposta que me dá? Até uma criança de três anos seria capaz de dizer isso!

– Pode ser que uma criança de três anos seja capaz de dizer isso, mas o difícil é colocar em prática, mesmo para um homem muito velho, como eu – disse o mestre.

CHÖDZIN, Sherab; KOHN, Alexandra. *Contos budistas*. São Paulo: Martins Fontes, 2003. p. 14.

Album/Fotoarena/Museu Guimet, Paris, França

Buda sentado entre seus dois grandes discípulos, Cariputra e Maudgalyayana. Arte tibetana do século XVIII representando cenas da vida de Buda Sakyamuni.

E FAZENDO A PONTE

1) Segundo esse conto budista, qual seria o sentido da vida?

2) Você concorda com as palavras do mestre? O que você sentiu ao fazer o bem a alguma pessoa? Por quê?

E PARA TERMINAR

Leia o texto do filósofo argelino Albert Camus (1913-1960) e responda às questões.

Só existe um problema filosófico verdadeiramente sério: o suicídio. Julgar se a vida vale ou não vale a pena ser vivida é responder à pergunta fundamental da filosofia. O resto, se o mundo tem três dimensões, se o espírito tem nove ou doze categorias, vem depois. Trata-se de jogos; é preciso primeiro responder. [...]

Se eu me pergunto por que julgo que tal questão é mais premente que tal outra, respondo que é pelas ações a que ela se compromete. Nunca vi ninguém morrer por causa do argumento ontológico. Galileu, que sustentava uma verdade científica importante, abjurou dela com a

Albert Camus. Foto de 1959.

Ina/Agência France-Presse

maior tranquilidade assim que viu sua vida em perigo. Em certo sentido, fez bem. Essa verdade não valia o risco da fogueira. É profundamente indiferente saber qual dos dois, a Terra ou o Sol, gira em redor do outro. Em suma, é uma futilidade. Mas vejo, em contrapartida, que muitas pessoas morrem porque consideram que a vida não vale a pena ser vivida. Vejo outros que, paradoxalmente, deixam-se matar pelas ideias ou pelas ilusões que lhes dão uma razão de viver (o que se denomina razão de viver é ao mesmo tempo uma excelente razão de morrer). Julgo, então, que o sentido da vida é a mais premente das perguntas. [...]

CAMUS, Albert. *O mito de Sísifo*. 6. ed. Rio de Janeiro: Record, 2008. p. 17-18.

1) Na sua opinião, qual é a relação desse texto de Albert Camus e o conteúdo do capítulo?

2) Você acha que a questão mais importante a ser respondida pelos seres humanos seja a do sentido da vida? Por quê?

Senhor!
No silêncio deste dia que amanhece, venho pedir-Te a Paz, a Sabedoria e a Força.
Quero olhar, hoje, o mundo com os olhos cheios de amor; ser paciente, compreensivo, manso e prudente.
Quero ver os meus irmãos além das aparências, quero vê-los como Tu mesmo os vês e, assim, não ver senão o Bem em cada um.
Cerra, Senhor, os meus ouvidos a toda calúnia. Guarda a minha língua de toda a maldade.
Que só de bênçãos se encha o meu espírito.
Que eu seja tão bondoso e alegre, que todos os que se aproximarem de mim sintam a Tua presença. Reveste-me de Tua beleza, Senhor.
E que, no decurso deste dia, eu Te revele a todos.
Amém!

Oração do amanhecer.

Disponível em: <https://betoqueiroz.com/2008/03/25/oracao-do-amanhecer/>. Acesso em: 26 jun. 2018.

Grant Faint/Getty Images

Homenagem no Dia dos Mortos, no México. Foto de 2017.

5 O mistério da morte

A morte através dos tempos

Aqueles que morreram estão mortos para sempre ou a vida continua? Se continua, como é essa vida? Os mortos desaparecem ou continuam conosco? Influenciam nossa vida? Dependem de nós para sua felicidade? O que podemos fazer para que tenham paz?

Desde os povos mais antigos até os dias de hoje, a morte nunca foi encarada como um fato corriqueiro, sem maior importância. O ser humano sempre se fez perguntas e imaginou respostas sobre o mistério da morte.

Em todas as culturas estão presentes o cuidado com os mortos em ritos funerários e a ideia de que, de alguma maneira, a vida continua.

Os seres humanos na pré-história, há aproximadamente 25 mil anos, pintavam pessoas que haviam morrido durante caçadas. Hoje se discute muito o significado dessas pinturas – chamadas de rupestres –, pois suas origens e seu significado são desconhecidos. Mas de alguma forma elas preservam a memória dos mortos daquela época e possivelmente tinham alguma importância religiosa.

Entre os povos antigos, os ritos funerários eram um dever religioso. No Egito, os faraós eram embalsamados e, junto a seu corpo, eram colocados alimentos, joias e objetos pessoais para que eles pudessem fazer sua jornada para o reino dos mortos com todos os apetrechos necessários. As tumbas dos poderosos eram luxuosas, mas os pobres não tinham direito à imortalidade e não recebiam honras fúnebres.

Pintura rupestre em uma rocha representando uma cena de caça. Gate, Líbia. Foto de 2018.

Philippe Roy/Aurimages/Agência France-Presse

Na Grécia e em Roma, todas as pessoas tinham o dever de prestar homenagens e fazer o funeral dos seus familiares mortos. Se eles não fizessem isso, acreditava-se que a alma permaneceria em sofrimento. A prática de fazer honras aos mortos – chorar por eles, pedir aos deuses proteção para sua alma e cumprir os rituais do funeral, com enterro ou cremação – estava ligada à virtude da piedade. Assim, piedade não era entendida como compaixão, do modo como entendemos hoje na linguagem do dia a dia. Ser piedoso é manter a obediência às leis divinas e a reverência pela divindade. Piedade é a virtude da pessoa sinceramente religiosa.

BEBENDO NA FONTE ANTROPOLÓGICA

A morte na história humana

O sociólogo e filósofo contemporâneo Edgar Morin (1921-) fez um importante estudo sobre as diferentes concepções a respeito da morte no decorrer da História. Aqui transcrevemos uma conclusão a que chegou:

[...] o dado primeiro, fundamental e universal da morte humana é a sepultura.

Os mortos musterianos são enterrados; amontoam-se pedras sobre os seus despojos, cobrindo particularmente o rosto e a cabeça. Mais tarde, parece que o morto é acompanhado pelas suas armas, ossadas, alimentos. O esqueleto é besuntado com uma substância cor de sangue. As pedras funerárias estão lá para proteger o morto dos animais ou para impedir de reaparecer entre os vivos? O cadáver humano já suscita emoções que se socializam em práticas fúnebres e a conservação do cadáver implica um prolongamento da vida. O não abandono dos mortos implica a sua sobrevivência.

Não existe praticamente qualquer grupo arcaico, por muito "primitivo" que seja, que abandone os seus mortos ou que os abandone sem ritos. [...] por todo o lado, os mortos foram ou são alvo de práticas que correspondem, todas elas, a crenças respeitantes à sua sobrevivência (sob forma de espectro corpóreo, sombra, fantasma, etc.) ou ao seu renascimento. Frazer, a quem devemos o mais monumental catálogo das crenças respeitantes aos mortos, conclui uma das suas obras com estas palavras:

"É impossível não ficar impressionado pela força, talvez devêssemos dizer pela universalidade, da crença na imortalidade".

MORIN, Edgar. *O homem e a morte*. Lisboa: Publicações Europa-América, [s.d.] p. 24-25.

Margarida Neide/Agência A Tarde/Agência Estado

Edgar Morin, durante visita ao país, em Salvador (BA). Foto de 2008.

Musterianos: neandertalenses, variante extinta da espécie humana; viveram no período paleolítico.

Espectro: figura indefinida, fantasma.

Frazer: James G. Frazer (1854-1941), antropólogo inglês.

Cova com restos de neandertalense encontrada na França. Esses hominídeos habitaram a Europa entre 150 mil e 30 mil anos atrás.

Pascal Goetgheluck/Science Photo Library/Latinstock

O QUE VOCÊ ENTENDEU?

Como Edgar Morin interpreta o cuidado com a sepultura em todas as culturas?

Album/Fotoarena/Museu Arqueológico Nacional, Nápoles, Itália

Hades e Perséfone, deuses gregos do submundo. Detalhe de um vaso grego do século IV a.C.

As ideias de imortalidade

Ao que parece, nunca houve um povo que fosse descrente quanto à vida futura. Na verdade, a ideia de que morremos e acabamos é recente, nascida de alguns pensadores, mas nunca foi uma ideia popular, que brotasse da cultura de qualquer época. Ao contrário, as culturas humanas estão cheias de histórias de espíritos, almas de pessoas que voltam, além de orações pelos que morreram e sepulturas das mais diversas, em homenagem a uma alma que se foi, mas que continua existindo em algum lugar.

Alguns pensadores descrentes avaliam que o ser humano lida mal com a ideia de um fim para si mesmo, teme a morte e por isso *inventa* a imortalidade, como uma forma de consolo, de ilusão... Por outro lado, quem crê na imortalidade alega que não teríamos sequer a ideia de imortalidade se ela não fosse natural: o ser humano se acredita imortal porque de fato *é* imortal.

Mas o que se passa com a alma depois da morte é descrito de formas muito diversas nas várias religiões e filosofias. Os gregos antigos, por exemplo, acreditavam que a alma dos mortos ia para uma região inferior, dominada pelo sombrio deus Hades, que julgava as almas com justiça.

Alguns filósofos gregos, como Pitágoras, Sócrates e Platão, acreditavam na possibilidade de a mesma alma voltar à vida em outro corpo – o que hoje chamamos de reencarnação, ideia também aceita por algumas religiões, como o budismo, o hinduísmo e o espiritismo. Já Epicuro foi um dos fundadores do materialismo: para ele, a alma acabava com a morte do corpo.

Com o cristianismo, a ideia de imortalidade se modifica. Para a maioria dos cristãos, a morte, embora seja natural, ocorre neste mundo por causa do pecado. É uma espécie de punição pelo pecado original, praticado por Adão e Eva. Jesus veio, então, ao mundo para pagar esse pecado e dar-nos a vida eterna.

Os judeus, os cristãos e os muçulmanos acreditam na ressurreição da alma no mesmo corpo, no dia do Juízo Final. Entre os cristãos, algumas correntes do protestantismo creem que a alma dormirá até esse dia. No catolicismo, ao contrário, a alma que está no céu pode até mesmo pedir a Deus pelos vivos.

Album/Fotoarena/Museu Metropolitano de Arte, Nova York, EUA

Busto de Epicuro, em mármore, século II a.C.

A morte segundo a Igreja católica

A Igreja católica ensina, no catecismo, que temos dois tipos de julgamento depois da morte:

Ao morrer: cada homem recebe, na sua alma imortal, a sua retribuição eterna, num juízo particular feito por Cristo, Juiz dos vivos e dos mortos.

Nós cremos que as almas de todos os que morrem na graça de Cristo [...] constituem o povo de Deus no além da morte, a qual será definitivamente destinada no dia da ressurreição, quando estas almas forem reunidas aos seus corpos. [...] A santa Igreja Romana crê e firmemente confessa que, no dia do Juízo, todos os homens hão-de comparecer com o seu próprio corpo perante o tribunal de Cristo, para prestar contas dos seus próprios atos.

No fim dos tempos, o Reino de Deus chegará à sua plenitude. Então, os justos reinarão com Cristo para sempre, glorificados em corpo e alma; o próprio universo material será transformado. Deus será, então, "tudo em todos" (1 Cor 15, 28), na vida eterna.

Catecismo da Igreja católica. 1051-1060. Disponível em: <www.vatican.va/archive/cathechism_po/index_new/prima-pagina-cic_po.html>. Acesso em: 27 jun. 2018.

O QUE VOCÊ ENTENDEU?

Resuma e comente em poucas palavras a doutrina da Igreja católica a respeito da morte.

O *Juízo Final*, painel tríptico (em três partes) do alemão Hans Memling (1430-1494). No painel central, Jesus Cristo, ladeado por Maria e os apóstolos, é apresentado como o supremo juiz e, embaixo, o arcanjo Miguel aparece pesando as almas numa balança. No painel esquerdo, São Pedro, segurando as chaves do céu, recebe as almas dos justos para que entrem no Paraíso e gozem das alegrias eternas. Já no painel direito, aparecem os demônios levando as almas dos condenados para o tormento eterno no Inferno.

O momento da morte

Unção dos enfermos: conhecido antigamente como "extrema-unção", é o rito pelo qual o fiel deve passar quando se encontrar com alguma doença grave ou debilitado pela idade ou, ainda, antes de uma cirurgia em que corra risco de morte. Nele o sacerdote unge o doente com o óleo dos enfermos, para que a pessoa recobre as forças físicas e a disposição espiritual para continuar a enfrentar a enfermidade ou morrer em paz.

Muitas pessoas não têm medo do que virá depois da morte, mas do momento em que estiverem morrendo. Será um momento difícil, de dor, de desespero? Ou será sereno, uma visão do paraíso?

A Igreja católica recomenda o sacramento da unção dos enfermos para os fiéis e afirma que a pessoa que tiver vivido dentro dos mandamentos de Cristo poderá morrer tranquila e feliz.

Já outras doutrinas, como o budismo e o espiritismo, explicam que, dependendo do grau de apego às coisas materiais, a alma vai se libertar do corpo de maneira mais rápida ou mais lenta.

Os atuais estudos a respeito da hora da morte revelam que antigamente a morte era um acontecimento assistido por todos os familiares. Era comum morrer em casa, ao lado da família. Agora, com o desenvolvimento dos hospitais e principalmente de seus setores chamados UTIs (Unidades de Terapia Intensiva), muitas vezes a pessoa morre sozinha, sem o conforto da religião e da família, num ambiente estranho e frio.

Album/Fotoarena/Museu Leopoldo, Viena, Áustria

Morte e vida, obra do austríaco Gustav Klimt (1862-1918).

Um dos grandes pesquisadores do tema, o francês Philippe Ariès (1914-1984), analisa que a sociedade de hoje tenta esconder a morte: não se fala dela, não se chora por ela, não se está perto quando alguém morre. Não se encara, portanto, a morte como um fato natural, como era visto antigamente. É claro que isso gera angústia para os que ficam e para quem está morrendo, pois um dos fatores importantes para uma morte serena é a pessoa se sentir amada, na presença de amigos e familiares.

O X DA QUESTÃO

1) Você já pensou na morte? O que pensou?

2) Você considera importante refletir sobre isso? Por quê?

3) As religiões concordam numa coisa. Qual o ponto central dessa concordância?

4) Você considera importante a presença da família no momento da morte? Por quê?

Brasileiros não temem a morte, mas a dependência

Entre os muitos desafios enfrentados pela população brasileira em geral está justamente o de se manter saudável e independente até o fim da vida. Isso fica claro na pesquisa realizada pelo Datafolha, conforme texto a seguir.

Aos 83 anos, a aposentada Linete de Lima Machado cuida da casa sozinha. Há dois meses, virou também cuidadora do marido, de 85 anos, que levou um tombo. "Sinto-me cansada, mas ainda bem. Meu maior medo é ficar dependente, numa cama."

Linete não está sozinha. A maioria dos brasileiros não teme a morte ou a velhice, mas tem pavor de se tornar dependente física, mental ou financeiramente, mostra pesquisa inédita do Instituto Datafolha.

Foram ouvidos 2 732 brasileiros com 16 anos ou mais sobre assuntos como saúde, sociedade, família e finanças. O levantamento, realizado em todas as regiões do país, tem margem de erro de dois pontos percentuais para mais ou para menos.

Dos entrevistados, 84% têm medo de depender fisicamente de alguém, 83% temem a dependência mental e 78%, a financeira. Mulheres são mais medrosas que homens: 87% a 81%, 86% a 79% e 81% a 75%, respectivamente.

O temor faz sentido. Um estudo da USP, que corrobora pesquisas internacionais, demonstrou que os paulistanos estão vivendo mais, porém em piores condições.

Em dez anos, a taxa de incapacidade por doenças em São Paulo cresceu 78,5% entre os homens e 39,2% entre as mulheres acima de 60 anos. Entre 2000 e 2010, essa população ganhou, em média, dois anos a mais de expectativa de vida, mas perdeu até três de vida saudável.

O estudo usou dados do Sabe, um projeto da Faculdade de Saúde Pública da USP que acompanha diferentes gerações de idosos na capital paulista desde 2000.

"Há uma perda de capacidades em todas as faixas etárias, especialmente entre as mulheres. Elas desenvolvem mais doenças articulares, motivadas, muitas vezes, pela obesidade", diz Yeda Duarte, professora associada da USP e coordenadora do Sabe.

[...]

COLLUCCI, Cláudia; PINTO, Ana Estela de Sousa. Brasileiros não temem a morte, mas a dependência, mostra Datafolha. *Folha de S.Paulo*, 29 jan. 2018. Disponível em: <www1.folha.uol.com.br/>. Acesso em: 12 jul. 2018.

João Prudente/Pulsar Imagens

Casal de idosos contemplando a vista do alto do morro do Cristo, em Poços de Caldas (MG). Foto de 2014.

FALANDO DE CIÊNCIA

Tanatologia, a ciência da morte

Ken Ross/Fundação Elisabeth Kübler-Ross

Elisabeth Kübler-Ross. Foto da década de 1980.

Em meados do século XX, nasceu uma nova ciência para estudar a morte: a Tanatologia. O nome vem do deus grego Tânatos, considerado o deus da morte. Trata-se de uma ciência interdisciplinar, que procura reunir elementos de várias áreas do conhecimento, por exemplo, medicina, psicologia, história, antropologia, religiões, filosofia, arte, etc., para entender o fenômeno da morte e as suas repercussões no ser humano – que é o único ser que tem consciência de sua morte.

Uma das iniciadoras dessa ciência foi a psiquiatra suíça radicada nos Estados Unidos Elisabeth Kübler-Ross (1926-2004). Durante anos, ela trabalhou ao lado de doentes terminais (que não têm expectativa de cura), estudando suas reações diante da morte. Essa pesquisadora e outros estudiosos do assunto propõem que a medicina se humanize, que os médicos, psicólogos, enfermeiros e demais profissionais da saúde aprendam a encarar a morte e falar sobre ela com mais naturalidade, respeitando as crenças do paciente e ajudando-o a ter forças no momento final.

BEBENDO NA FONTE ESPÍRITA

A morte na visão espírita

O espiritismo, fundado por Allan Kardec (1804-1869), pretende ser ao mesmo tempo uma ciência, uma filosofia e uma religião. A ciência espírita estuda as relações dos seres humanos com os espíritos e o processo da vida e da morte. Para Kardec, quando a alma se desprende do corpo no momento da morte, ela não se transforma numa chama indefinida. Ela tem um corpo espiritual, semelhante ao nosso corpo físico, porém é um corpo que não morre, chamado perispírito. Em *O livro dos espíritos*, estão algumas das principais ideias a esse respeito.

154. A separação da alma e do corpo é dolorosa?

– Não; o corpo, frequentemente, sofre mais durante a vida que no momento da morte; neste, a alma nada sente. [...]

155. Como se opera a separação da alma e do corpo?

Perispírito: de acordo com os espíritas, corpo espiritual ou fluídico que serve de ligação entre o corpo e o espírito e sobrevive à morte. Os espíritos, quando se apresentam aos vivos, aparecem com seu perispírito, um corpo semelhante ao nosso, porém menos denso.

– Desligando-se os liames que a retinham ela se desprende.

155a. A separação se verifica instantaneamente, numa transição brusca? Há uma linha divisória bem marcada entre a vida e a morte?

– Não; a alma se desprende gradualmente e não escapa como um pássaro cativo que fosse liberto. [...]

159. Que sensação experimenta a alma no momento em que se reconhece no mundo dos Espíritos?

– Depende. Se fizeste o mal com desejo de fazê-lo, estarás, no primeiro momento, envergonhado de o haver feito. Para o justo, é muito diferente: ele se sente aliviado de um grande peso, porque não receia nenhum olhar perquiridor.

160. O Espírito encontra imediatamente aqueles que conheceu na Terra e que morreram antes dele?

– Sim, segundo a afeição que tenham mantido reciprocamente. Quase sempre eles o vêm receber na sua volta ao mundo dos Espíritos, e o ajudam a libertar-se das faixas da matéria. [...]

KARDEC, Allan. *O Livro dos Espíritos*. Tradução de J. Herculano Pires. 8. ed. São Paulo: Edições FEESP, 1995. p. 103-105.

Liames: que prendem ou ligam uma coisa a outra.
Perquiridor: investigador, pesquisador.

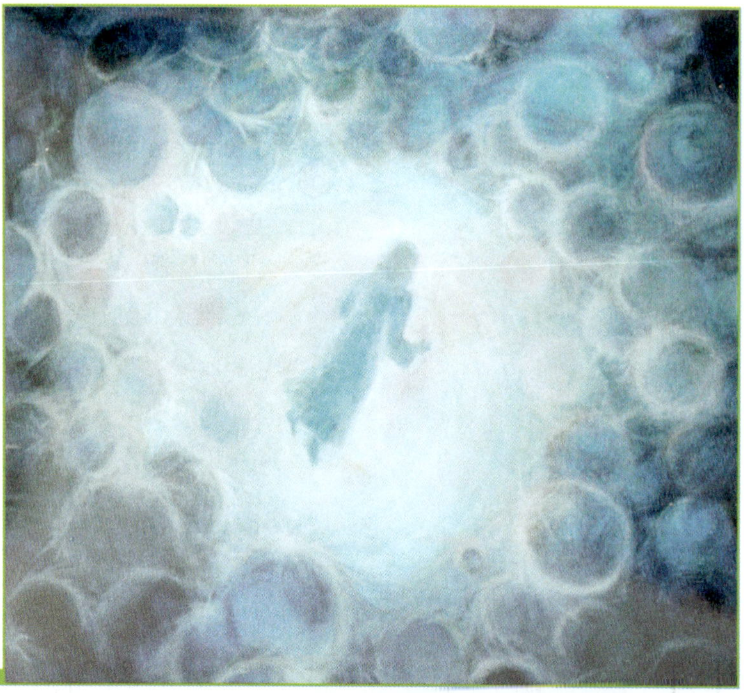

Eneide Armanda di Santis Bastos/Acervo da artista

Tela da pintora espírita Eneide Armanda di Santis Bastos, de Santos (SP).

O X DA QUESTÃO

Há duas posições essenciais sobre a questão da morte. A primeira, das religiões e de muitos filósofos espiritualistas, é a de que existe alguma forma de continuidade da existência depois da morte do corpo. A segunda, partilhada por materialistas, é a de que, com o fim da vida física, o ser não mais existe.

Sob a orientação do professor, debata esse assunto com seus colegas e, depois, responda à questão:

Existe vida após a morte ou tudo não passa de fantasia humana?

FALANDO DE ARTE

Album/Fotoarena/Gliptoteca Ny Carlsberg, Copenhague, Dinamarca

A morte e o lenhador. Obra do pintor realista francês Jean-François Millet (1814-1875).

A arte e a morte

Os artistas de todos os tempos sempre representaram a morte das mais diferentes maneiras. As artes visuais, a poesia, a música, o teatro e, mais recentemente, o cinema muitas vezes trataram esse tema de modo sombrio e triste; outras, de modo bonito e elevado.

Uma representação tradicional da morte é como uma caveira, montada num cavalo também esquelético. Outra é como um anjo assustador. Trata-se de figuras poéticas, mas negativas, que acabam por associar a morte a algo terrível. Na literatura e no cinema, também se explorou o medo e o terror da morte, como se houvesse algo de trágico em morrer. Isso acabou por criar nas pessoas uma sensação sombria quando se pensa na morte.

Album/Fotoarena/Museu Gustave Moreau, Paris, França

A morte representada por um anjo. *A Parca e o Anjo da Morte*, do francês Gustave Moreau (1826-1898).

Um gênero de música erudita, o réquiem, que é um culto aos mortos, tem por sua vez um caráter imponente, mostrando a morte como o momento do julgamento divino, da relação final do ser humano com Deus. Há réquiens belos e famosos, como o de Mozart, o de Verdi e o de Brahms.

Há também belas passagens da literatura mundial que mostram o momento da morte como uma experiência de paz e reconciliação, de bênção e de nova vida. É o caso do final do romance *Os miseráveis*, de Victor Hugo, em que o personagem principal, Jean Valjean, depois de uma vida de sacrifícios e esforços no bem, vê a morte como um quebrar de correntes, uma libertação.

AGORA É COM VOCÊ

Elabore uma representação artística da morte: pinte algo, faça uma poesia ou, ainda, escreva uma cena de teatro para retratar a concepção que você tem dela.

NO DIA A DIA

Que coisa contraditória hoje em dia! A morte nunca é discutida, ninguém gosta de falar sobre o assunto. Mas quantas pessoas morrem antes do tempo por causa de drogas, alcoolismo, excesso de velocidade no trânsito – formas indiretas de se matar – ou mesmo por suicídio! Teme-se a morte, mas procura-se a morte sem necessidade, num total desrespeito à vida. As religiões ensinam que acreditar que há vida depois da morte não é desprezar esta vida de agora, pois a vida é para ser vivida da melhor maneira possível. É um presente divino – e devemos aproveitá-la para o bem.

O que você pensa de tudo isso? Que lógica é essa do mundo atual: ter tanto medo da morte e, ao mesmo tempo, acontecer tanta morte que poderia ser evitada?

CONTANDO UM CONTO

A morte de Ivan Ilitch

Num dos contos mais famosos da literatura mundial, o escritor russo Leon Tolstói analisa o que se passa na cabeça de uma personagem que está à beira da morte e não quer morrer, pois tem medo. Mas, no final, algo acontece:

[...] Repentinamente, acalmou-se.

Isto sucedeu ao fim do terceiro dia, uma hora antes de sua morte. Seu filho acabara de entrar, aproximando-se da cama, nas pontas dos pés. O moribundo gritava, agitando os braços. Uma de suas mãos tropeçou com a cabeça do rapaz, que a pegou e, levando-a aos lábios, começou a chorar. Era aquele o instante preciso em que Ivan Ilitch mergulhava naquela profundidade, via aquela luz e revelava a si mesmo que sua vida não fora o que devia ser, mas ainda poderia consertar isso. Perguntou a si mesmo: "Que é aquilo?*" E guardou silêncio, para prestar atenção. Sentiu que alguém lhe beijava a mão. Abriu os olhos e viu seu filho. Teve pena dele. Sua mulher se aproximou. Ivan Ilitch fitou-a. Tinha a boca aberta e sinais de lágrimas nas faces e no nariz. Contemplava o marido com expressão desesperada. Também sentiu pena dela.*

"Faço com que sofram – pensou. – Têm pena de mim; mas estarão melhor quando eu morrer". Ivan Ilitch quis dizer isto, mas não teve forças. [...]

De repente, foi-lhe evidente que o problema que o atormentava se resolvera de súbito. "Tenho pena deles. É preciso evitar que sofram. Livrá-los e livrar-me a mim mesmo desses sofrimentos. Como é bom e simples! E a dor?" – perguntou a si mesmo. – "Que faço com ela? Onde estás, dor?"

Prestou atenção.

"Ah, sim, aqui está. Bom, continua. E a morte? Onde está?"

Procurou seu antigo terror à morte, mas não o encontrou. Onde estava? Que era a morte? Não sentia terror nenhum, pois a morte não existia.

Estertores: movimento respiratório rouco e irregular dos moribundos.

Em lugar da morte, havia a luz.

– Ah, é isto! – exclamou de repente, em voz alta. – Que alegria!

Von Pasternak/L.Tolstoi Staatsmuseum, Moscou

O escritor Leon Tolstói em seu leito de morte. Desenho do russo Leonid Pasternak (1862-1945).

Para ele, tudo isso sucedeu num instante. E seu significado já não podia variar. Para os presentes, porém, sua agonia durou ainda duas horas. Algo se agitava em seu peito e seu corpo extenuado estremecia. Depois, os ruídos de seu peito e os estertores se tornaram menos frequentes.

– Acabou-se – disse alguém.

Ivan Ilitch ouviu estas palavras e repetiu-as no fundo da alma. "Acabou-se a morte. Já não existe."

Aspirou um pouco de ar, deteve-se na metade da aspiração, estirou-se e morreu.

TOLSTÓI, Leon. *Obra completa*. Rio de Janeiro: José Aguilar, 1962. v. 3. p. 948-949.

E FAZENDO A PONTE

1) Antes do final, Ivan Ilitch nunca pensou nos que o cercavam e só o que fazia era reclamar e ter pena de si mesmo. Na sua opinião, por que tudo mudou em seu coração nos últimos instantes?

2) *Eutanásia* é a prática de abreviar a vida quando não há mais esperança de salvá-la. As religiões são contrárias a ela, porque a vida é um dom divino e nenhum ser humano pode tirá-la. Algumas religiões alegam que os últimos momentos de uma pessoa podem ser importantíssimos, como foram para Ivan Ilitch, e ninguém tem o direito de abreviá-los. O que você pensa a respeito?

AGORA É COM VOCÊ

O médico estadunidense Raymond Moody (1944-) publicou há alguns anos um livro que teve grande sucesso internacional: *Vida depois da vida – o que acontece quando uma pessoa morre*. Pesquise mais a respeito!

E PARA TERMINAR

Leia o soneto abaixo, escrito por J. Herculano Pires, filósofo, escritor e jornalista, e responda às questões.

Vida e morte

Não procures no túmulo vazio
a alma querida que deixou a Terra.
A morte encerra a vida e a vida encerra
a morte — como eterno desafio.

Ninguém fica no túmulo sombrio
onde somente o corpo é que se enterra.
A alma se eleva além da vida e erra
em mares de bonança e de amavio.

Busca no céu, nos ares, no infinito,
na quinta dimensão, no firmamento,
o ser querido que te deixa aflito.

Hás de encontrá-lo quando, num momento,
rompendo as ilusões do teu conflito,
possas falar-lhe pelo pensamento.

PIRES, José Herculano. Disponível em: <www.4estacoes.com/lit22.htm>. Acesso em: 27 jun. 2018.

Vida e morte fazem parte da existência humana. É preciso encará-las com respeito; viver tendo esperança de que a morte não é um fim, mas apenas o início de uma nova realidade. Wat Pha Tak Suea, Tailândia, 2016.

thanongsak kongtong/Shutterstock

Bonança: calmaria, tranquilidade.

Amavio: encanto.

1) Como é a visão da morte que o autor nos transmite?

2) Você concorda com ela? Por quê?

SESSÃO DE CINEMA

Sonhos

Direção de Akira Kurosawa. Warner Bros, 1990.

O filme se compõe de vários episódios independentes, todos como se fossem sonhos.

Procure assistir ao último episódio do filme indicado pensando nesta questão:

Por que a morte era encarada de maneira tão natural e bonita naquela aldeia?

Reprodução/Akira Kurosawa/Ishirô Honda/Warner Bros.

Escuta Deus:
Jamais falei contigo.
Hoje quero saudar-Te, bom dia! Como vais?
Sabes? Disseram-me que Tu não existes,
E eu, tolo, acreditei que era verdade.
Nunca havia reparado nas Tuas obras.
Ontem à noite, da trincheira rasgada por granadas, vi teu céu estrelado, e compreendi então que me enganaram.
Não sei se apertarás a minha mão.
Vou Te explicar e hás de compreender.
É engraçado: nesse inferno hediondo.
Achei a luz para enxergar o teu rosto.
Dito isto, já não tenho muita coisa a Te contar.
Só que... Que... Tenho muito prazer em conhecer-Te.
Faremos um ataque à meia-noite.
Não sinto medo.
Deus, sei que Tu velas...
Ah! é o clarim! Bom Deus devo ir embora.
Gostei de Ti... Vou ter saudades... Quero dizer: será cruenta a luta, bem o sabes, e esta noite pode ser que vá bater-te à porta!
Muito amigo não fomos, é verdade.
Mas... Sim, estou chorando!
Vê, Deus, penso que já não sou tão mau.
Bem, Deus, tenho de ir.
Sorte é coisa bem rara: juro, porém, já não receio a morte!

Oração de um soldado desconhecido.
Disponível em: <https://www.recantodasletras.com.br/oracoes/2636656>. Acesso em: 12 jul. 2018.

Album/Fotoarena/Museu de Belas Artes, Lille, França

6

Viveremos no mesmo corpo?

A ressurreição dos mortos, do pintor francês Victor-Louis Mottez (1809-1897). A obra representa o momento em que os anjos anunciam a ressurreição e os mortos saem dos túmulos e reencontram seus entes queridos.

A ressurreição

O que é o ser humano? É uma alma que tem um corpo, é apenas um corpo ou é um composto de corpo e alma? Os reencarnacionistas acham que o corpo não dá identidade ao espírito, pois morremos e voltamos em outro corpo, e continuamos sempre nós mesmos. Os materialistas afirmam que somos apenas corpo e não há nada além. As três grandes religiões monoteístas – o judaísmo, o cristianismo (católicos e protestantes) e o islamismo – defendem a ideia de que aquilo que somos é tanto nosso espírito como nosso corpo, pois um dia vamos ressuscitar no mesmo corpo, embora transformado.

Esta é a ideia da ressurreição: reviver no mesmo corpo. Como e quando isso acontecerá, segundo essas religiões? Imediatamente após a nossa morte ou no dia do Juízo Final?

A ressurreição de Cristo, do italiano Rafael Sanzio (1483-1520). Para os cristãos, ao ressuscitar, Jesus Cristo apresenta o destino último dos seres humanos.

A ideia da ressurreição parece ter surgido na tradição judaica. Sabe-se que, no tempo de Jesus, havia uma discussão entre o grupo dos fariseus e o grupo dos saduceus (duas correntes do judaísmo na época). Os fariseus acreditavam na ressurreição dos mortos, na alma imortal e na existência dos anjos. Os saduceus eram o que hoje chamamos de materialistas: eles acreditavam que, com a morte, tudo estaria acabado, e almas e anjos não existiam. Ainda hoje, permanece a mesma discussão dentro do judaísmo.

Bridgeman Images/Easypix Brasil

Anjo da Morte, da artista britânica Evelyn de Morgan (1855-1919).

BEBENDO NA FONTE JUDAICA

A polêmica judaica

O texto a seguir está no importante livro do judaísmo *A ética dos Pais*. Nele se afirma a ressurreição dos mortos.

[...] Aqueles que nasceram estão destinados a morrer. Aqueles que estão mortos estão destinados a viver. Aqueles que vivem estão destinados a ser julgados e que os homens saibam e façam saber e entender que Ele é Deus, Ele é o construtor, Ele é o criador [...]

Ethics of the Fathers. 4:22. Disponível em: <www.chabad.org/library/article_cdo/aid/2032/jewish/Chapter-Four.htm>. Acesso em: 5 jun. 2018. Tradução dos autores.

Entretanto, na religião judaica, no decorrer dos séculos, houve o desenvolvimento de três tendências a respeito da morte: uma que considera a ressurreição da carne, outra que aceita a reencarnação e ainda uma mais recente que não considera nenhum tipo de sobrevivência da alma. Vejamos o que nos explica o rabino Alexandre Leone:

[...] A crença na imortalidade da alma basicamente refere-se à noção de que há algo no ser humano que, por não ser material, sobrevive à morte do corpo. Essa visão dualista do ser humano não é encontrada no texto bíblico. [...] os três termos hebraicos usados para designar a alma humana: nefesh, ruah *e* neshamá *poderiam ser traduzidos apenas como ser vivo. No entanto, sob influência do pensamento grego, nos últimos séculos do período do Segundo Templo, essa crença também tornou-se popular entre vários grupos judeus. Pensadores judeus do primeiro século, como Filon de Alexandria, eram partidários desta crença segundo a qual a alma humana após a morte deixa o corpo e vai para o mundo espiritual onde continua sua existência independentemente do corpo. Notemos que essa crença não é necessariamente incompatível com a crença na ressurreição, porém muitos partidários desta crença tendiam a opor esta crença à ideia de um retorno à vida física considerada como uma prisão para a alma.*

Segundo o historiador judeu do primeiro século Flávio Josefo, os principais grupos judaicos na Terra de Israel (Palestina) durante o primeiro século se diferenciavam entre outras coisas segundo suas crenças sobre o destino do ser humano depois da morte. Os saduceus mantinham a crença mais antiga de que os mortos não retornam e negavam, portanto, a ressurreição e a imortalidade da alma. Os essênios acreditavam na imortalidade da alma e negavam a ressurreição. E os fariseus, os precursores do judaísmo rabínico, mantinham a crença na ressurreição e na imortalidade da alma, crença esta partilhada com os primeiros cristãos. Com a destruição do Segundo Templo de Jerusalém no ano 70 EC, o judaísmo rabínico se tornou em pouco tempo a via principal por onde se desenvolveu o judaísmo desde então.

Os primeiros rabinos mantinham a crença na ressurreição física dos mortos e na imortalidade da alma e esta crença aparece em vários textos rabínicos do final da Antiguidade. [...]

Hillel (séc. I) e sua escola têm, porém, uma posição muito diferente. Para este sábio, a ressurreição é semelhante ao processo de nascimento. Na sua linguagem de época ele diz que na nova vida o corpo

Album/Fotoarena/Museu do Prado, Madri, Espanha

No Antigo Testamento, no livro do profeta Ezequiel (37, 1-14) há uma das profecias a respeito da ressurreição dos mortos. Nessa profecia Ezequiel vê um vale cheio de ossos ressecados que, após a ação de Deus, se reúnem formando corpos que revivem. *A visão de Ezequiel*, do espanhol Francisco Collantes (1599-1656).

novo começa a se formar como um embrião com "pele e carne" e só depois crescem os ossos e nervos. Para Shamai então a ressurreição é um evento miraculoso e único do futuro messiânico, enquanto que, para Hillel, o milagre está na volta à vida por parte daquele que morreu, porém segundo o modo natural como nascem os bebês. Não é difícil ler no pensamento de Hillel indícios de uma outra crença que começará a se delinear nos meios místicos judaicos a partir da Idade Média: a ideia da reencarnação. Não que Hillel já tivesse no século I uma clara ideia da reencarnação, mas sua visão da ressurreição se parece muito com a crença na reencarnação. Essa interpretação é corroborada por alguns estudiosos que leem nas afirmações de Flávio Josefo passagens como em Antiguidades Judaicas (18:1-3) e em As Guerras dos Judeus (2:8-14) alusões à crença na reencarnação já no período dos primeiros rabinos do primeiro século.

*A crença na reencarnação (*guilgul neshamot*) tem sido altamente controversa na literatura judaica. Tendência predominante na mística judaica desde a Idade Média, ela não era aceita por muitos filósofos que preferiam a crença mais simples na imortalidade da alma sem volta ao mundo físico. Tal era a opinião de pensadores medievais como Saadia Gaon, Maimônides e Yehudá Levi. Em oposição a essas opiniões contrárias à crença na reencarnação, muitos textos místicos judaicos discutem a questão. Além disso, em contraste com a evidente oposição da filosofia judaica, a reencarnação é considerada uma das doutrinas centrais na Kabala. O* Bahir *(século XII), um dos primeiros livros sobre Kabala, se refere à reencarnação. No século XIV aparece uma vasta literatura mística que faz referência à reencarnação, buscando interpretar textos bíblicos à luz desta crença. [...]*

A partir da Haskalá, o Iluminismo Judaico, no século XVIII, grandes transformações ocorreram entre os judeus ocidentais com relação às crenças sobre o pós-morte e o além. Muitos pensadores modernos começaram a rejeitar as crenças na ressurreição dos mortos e na reencarnação. Somente em círculos ortodoxos é mantida a crença na ressurreição física dos mortos saindo dos túmulos. Na modernidade as correntes do judaísmo reformista e liberal e pós-iluminista tendem a desenfatizar qualquer visão sobrenatural sobre a morte. Seu argumento é o de que na Bíblia não há nenhuma crença específica sobre a morte, além da comparação da morte ao sono no pó. Esse ponto de vista tem pouca relação com os textos rabínicos antigos e medievais e de certo modo são uma ruptura com a tradição medieval. Porém no quadro judaico da coexistência de muitas crenças elas encontram uma legitimidade por serem hoje sustentadas por diversos rabinos e pensadores nos tempos modernos. [...]

LEONE, Alexandre. Judaísmo: ritos de passagem e visão pós-morte. In: SANTOS, Franklin Santana; INCONTRI, Dora (Org.). *A arte de morrer*: visões plurais. Bragança Paulista: Comenius, 2009. p. 255-258.

O QUE VOCÊ ENTENDEU?

Na maioria das religiões, a ideia do que acontece depois da morte é um princípio fundamental da fé. No judaísmo, porém, parece tratar-se de uma ideia discutida mais livremente e não aceita de forma igual por todos. Como você vê isso?

Cemitério Nacional, em Terezín, República Tcheca, onde inúmeros judeus foram enterrados. A pequena cidade, construída no século XVIII, foi palco de um dos momentos mais tristes da humanidade, ao ser transformada em um campo de concentração nazista durante a Segunda Guerra Mundial. Ao todo, mais de 155 mil prisioneiros passaram pelo local, que atualmente se tornou um museu. Foto de 2017.

iStock/Getty Images

A fé na ressurreição de Jesus

Contam os evangelhos que, durante a missão de Jesus, deu-se uma série de fatos inexplicáveis, entre os quais a ressurreição de pessoas mortas. Houve uma ocasião, por exemplo, em que um homem importante da época, Jairo, foi buscar Jesus para que curasse sua filha muito doente. Mas, quando Jesus chegou à casa, a menina já havia morrido. Então, ele tomou sua mão e ela voltou a viver. Outro caso, muito conhecido, foi o da ressurreição de Lázaro. Essas pessoas que Jesus ressuscitou morreriam depois normalmente, mas, naquele momento, elas voltaram à vida.

Album/Fotoarena/Museu Estatal de Arte A. Radishchev, Saratov, Rússia

A ressurreição da filha de Jairo, obra do russo Mikhail Mikhailovich Zelensky (1843-1882).

Os cristãos, entretanto, acreditam na ressurreição dos mortos não apenas por causa desses acontecimentos, mas pela ressurreição do próprio Cristo. Segundo narram os evangelistas, depois que Jesus morreu na cruz e foi sepultado, seu corpo desapareceu do túmulo e ele reapareceu – primeiro a Maria Madalena, depois a todos os discípulos. Católicos e protestantes não acreditam que ele tenha aparecido em espírito, mas em corpo ressuscitado, com o qual subiu aos céus.

Para os cristãos, a crença de que Jesus ressuscitou dos mortos representa a fé numa promessa de ressurreição para todos, de acordo com as palavras dele próprio: "Eu sou a ressurreição e a vida". O corpo ressuscitado com o qual Jesus se mostrou aos amigos, porém, não é exatamente como o nosso corpo, que envelhece, adoece e morre. Trata-se de um corpo glorificado, ou seja, transformado num corpo eterno e perfeito.

Album/Fotoarena/Palácio Sanssouci, Potsdam, Alemanha

A incredulidade de São Tomé, de Caravaggio (1570-1610). Apesar de ter um corpo ressuscitado, Jesus preserva as marcas da paixão, mostrando que aquele é o mesmo corpo que ele já tinha.

BEBENDO NA FONTE CRISTÃ

A ressurreição de Lázaro

Um dos episódios mais impressionantes dos evangelhos é a ressurreição de Lázaro, irmão de Maria e Marta. Os três eram muito amigos de Jesus, que se hospedava na casa deles quando passava por Betânia, a aldeia onde moravam:

As irmãs mandaram dizer a Jesus: "Senhor, aquele que tu amas está doente". [...]

Ao chegar, Jesus encontrou Lázaro no túmulo; ele estava lá fazia já quatro dias. Como Betânia dista de Jerusalém cerca de quinze estádios, muitos judeus tinham vindo à casa de Marta e Maria para consolá-las pela perda de seu irmão. Quando Marta soube que Jesus chegava, foi ao seu encontro, enquanto Maria continuou sentada

Estádio: antiga unidade de distância, equivalente a 125 passos (206,25 m).

em casa. Marta disse a Jesus: "Senhor, se tivesses estado aqui, o meu irmão não teria morrido. Mas mesmo agora, eu sei que tudo o que pedires a Deus, Deus te dará". Jesus lhe disse: "O teu irmão ressuscitará". "Eu sei, respondeu ela, que ele ressuscitará, por ocasião da ressurreição no último dia." Jesus lhe disse: "Eu sou a Ressurreição e a Vida: aquele que crê em mim, mesmo que morra, viverá; e todo aquele que vive e crê em mim não morrerá jamais. Crês nisto?" "Sim, Senhor, respondeu ela, eu creio que tu és o Cristo, o Filho de Deus, Aquele que vem ao mundo." Dito isso, ela partiu para chamar sua irmã, Maria, e lhe disse baixinho: "O Mestre está aí e te chama". A essas palavras, Maria se levantou imediatamente e foi ter com ele. [...] Quando Maria chegou ao lugar onde Jesus se achava, logo que o avistou, caiu a seus pés e lhe disse: "Senhor, se tivesses estado aqui, o meu irmão não teria morrido". Ao vê-los lamentar-se, ela e os judeus que a acompanhavam, ele teve um frêmito interior e se perturbou. Ele disse: "Onde o depusestes?" Eles responderam: "Senhor, vem ver". Então Jesus chorou; e os judeus diziam: "Vede como ele o amava!" Mas alguns dentre eles disseram: "Este, que abriu os olhos ao cego, não podia impedir que Lázaro morresse?" Então, Jesus estremeceu de novo interiormente e foi ao sepulcro; era uma gruta cuja entrada fora coberta por uma pedra. Jesus disse então: "Retirai esta pedra". Marta, a irmã do defunto, lhe disse: "Senhor, ele já deve estar cheirando mal... Pois faz quatro dias..." Mas Jesus lhe respondeu: "Eu não te disse que, se creres, verás a glória de Deus?" Tiraram, pois, a pedra. Então Jesus ergueu os olhos e disse: "Pai, eu te dou graças por me teres atendido. Por certo, eu bem sabia que tu me atendes sempre, mas falei por causa desta multidão que me cerca, a fim de que eles creiam que tu me enviaste". Tendo assim falado, gritou com voz forte: "Lázaro, vem para fora!" E aquele que tinha estado morto saiu, com os pés e as mãos atadas com as faixas e o rosto envolto num pano. Jesus lhes disse: "Desatai-o e deixai-o ir!"

Album/Fotoarena/Cappella degli Scrovegni, Pádua, Itália

A ressurreição de Lázaro da morte. Afresco do arquiteto e pintor italiano Giotto di Bondone (1267-1337).

Frêmito: estremecimento.

João 11,3-44. *Bíblia:* tradução ecumênica. São Paulo: Loyola, 1994. p. 2068-2070.

O QUE VOCÊ ENTENDEU?

Coloque-se no lugar de Marta e Maria: O que elas podem ter sentido ao presenciar esse fato extraordinário?

O Juízo Final

Tanto no judaísmo como no cristianismo e no islamismo, há a afirmação da ressurreição no Juízo Final. O dia do juízo é aquele em que Deus julgará toda a humanidade definitivamente e estabelecerá o seu reino de justiça e de amor. Segundo a concepção cristã e a islâmica, os maus permanecerão eternamente excluídos dessa felicidade, e os bons receberão sua recompensa e ressuscitarão num corpo glorioso, sem mais dor e morte, sem mais pecado e corrupção. Esse corpo não mais sofrerá doenças nem morrerá. Será perfeito.

Quando será esse dia do juízo? Nenhuma religião afirma. Trata-se de uma promessa aceita pela fé. Será o dia da justiça, o dia da redenção, o dia da manifestação de Deus – e só Ele sabe quando.

O dia do Juízo Final, tela do artista belga Marten de Vos (1532-1603). O artista mostra todas as pessoas ressuscitando no dia do Juízo Final, porém aqueles considerados justos sendo levados pelos anjos para o Paraíso, e os outros sendo levados pelos demônios para o Inferno.

Album/Fotoarena/Museu de Belas Artes, Convento da Merced Calzada, Sevilha, Espanha

BEBENDO NA FONTE ISLÂMICA

Aquele dia

O Juízo Final é descrito com imagens fortes em vários trechos do Alcorão.

Eis aqui alguns deles:

Quando as estrelas forem apagadas,
Quando o céu for rachado,
Quando as montanhas forem espalhadas em pó,
Quando os Mensageiros forem reunidos na data predeterminada por teu Senhor.

O Alcorão: livro sagrado do islã. 77:8-11. Tradução de Mansour Challita. 12. ed. Rio de Janeiro: BestBolso, 2017. p. 461.

Esse dia chegará com certeza. Quem quiser, procure um refúgio junto a seu Senhor.

Advertimo-vos do castigo iminente, do dia em que o homem verá o que tiver feito, e o descrente dirá: "Que não fosse pó!"

O Alcorão: livro sagrado do islã. 78:39-40. Tradução de Mansour Challita. 12. ed. Rio de Janeiro: BestBolso, 2017. p. 463.

Album/Fotoarena/Instituto de Estudos Orientais, Moscou, Rússia

O arcanjo Israfil (literalmente, "Aquele que está queimando"). Na tradição islâmica, Israfil é o responsável por anunciar o dia do Juízo Final. Miniatura árabe do século XIII, feita por Zakariya ibn Muhammad al-Qazvini (1200-1283).

No dia em que a trombeta lançar seu primeiro toque,
Seguido por outro toque,
Juro que os corações estarão palpitando,
E os olhos, cheios de pavor.
E os descrentes dirão: "Vede! Estamos sendo restaurados à nossa vida anterior
Quando já somos ossos cariados!"
Dirão: "Este é um retorno no qual está nossa perdição."
Haverá um Grito, um só.
E ei-los sobre a face da terra, acordados.

O Alcorão: livro sagrado do islã. 79:6-14. Tradução de Mansour Challita. 12. ed. Rio de Janeiro: BestBolso, 2017. p. 464.

O X DA QUESTÃO

1) Qual é a ideia principal da ressurreição?

2) Você acredita no Juízo Final? Por quê?

3) Alguns intérpretes das religiões judaica e cristã consideram a ideia do Juízo Final uma metáfora. Qual sua opinião? O Juízo Final pode ser uma metáfora de que haverá um mundo melhor no futuro ou deve ser tomado ao pé da letra? Por quê?

O X DA QUESTÃO

Eis uma antiga questão filosófica e religiosa: O que somos? Somos corpo ou somos alma? *Temos* um corpo ou *somos* um corpo? *Temos* uma alma ou *somos* uma alma? Ou somos apenas corpo, sem nada espiritual? Ou somos corpo e alma? Valorizar apenas a alma, valorizar apenas o corpo, valorizar a ambos... O que fazer?

Em épocas de grande religiosidade, muitas vezes os crentes de diferentes religiões chegavam ao fanatismo e puniam o corpo, faziam longos jejuns, flagelavam-se com chicote. Em épocas de materialismo, como a nossa, cultua-se o corpo; dá-se mais importância ao hábito de malhar numa academia, por exemplo, que ao de orar.

Sob a orientação do professor, debata esse assunto com seus colegas e, depois, responda às questões:

O que nós somos, na sua opinião? E qual deve ser nossa relação com o corpo e com o espírito?

DE OLHO NO BRASIL

Experiência de Quase Morte (EQM)

A vida após a morte sempre foi um mistério, mas algumas pessoas têm a experiência de chegar muito próximo dessa realidade e retornar para contar sua experiência. A seguir lemos o relato de uma brasileira que vivenciou isso.

Uma experiência extrema, de quase morte, muda a vida das pessoas para sempre e contagia até quem nunca passou por isso. É quase impossível ficar indiferente depois de ouvir o relato de quem visitou a fronteira entre a vida e a morte. O coração parado, o cérebro sem oxigênio. Na hora da morte, o corpo é como uma máquina desligada. Pelo menos é o que estamos acostumados a ver do lado de fora.

O tempo passou, mas não apagou nenhum detalhe da Experiência de Quase Morte (EQM) da professora Rita Isabel Rohr. O que ela passou durante o parto da filha ainda é muito vivo. Foi 32 anos atrás, como se fosse ontem.

"Eu me ergui e fui puxada por essa luz", descreve a professora. "Tinha um túnel, bem longe, e aquela luz me puxava. Era uma luz tipo um sol, não era uma luz qualquer, era uma luz muito forte, que soltava raios para tudo que era lado, e tinha muita força aquela luz. Eu cheguei no fim do túnel, e atrás da luz tinha um espaço muito grande, com uma luminosidade tão estranha, tão bonita, que não dá para explicar. Eu não consigo comparar com uma coisa bonita que tem aqui na Terra hoje para dizer como era bonito lá."

"Não tinha ninguém infeliz. Estava todo mundo andando, conversando, aparentemente conversando", acrescenta Rita. "Eu não ouvia nada, mas era como se fosse um lugar, como é que eu vou explicar? Não vou dizer Paraíso porque eu não sei, mas uma coisa assim, porque o paraíso para a gente é aquele lugar lindo que você quer ficar para sempre. E atrás daquela luz, então, é que saiu aquela voz que disse que era para eu voltar, que não era hora de eu ir, porque eu tinha filhos para criar. Ao mesmo tempo, quando essa voz parou de falar, esse ímã que me puxou me empurrou de volta. Do jeito que eu saí daquele corpo, da massa-corpo que ficou, eu voltei para dentro."

O momento da morte permanece um grande mistério. Apesar disso inúmeras pessoas continuam a testemunhar experiências muito parecidas em todo o mundo.

Foi um parto de muito risco. Rita caiu da escada no oitavo mês de gravidez. O bebê precisava ser retirado com fórceps, mas a mãe não queria. A hemorragia se agravou tanto que ela chegou a morrer, como contou depois a enfermeira que fazia parte da equipe médica.

"Ela começou a contar isso para mim. Que eu tinha morrido, que eles achavam que eu tinha morrido, que eu fiquei sem pulso e que eles começaram a trabalhar em mim para ver se eu voltava de novo. Aí eu comecei a viver, a ter vida de novo, a reagir, e aí que eu comecei a pensar: 'então eu fui, eu realmente morri', quer dizer, semimorri", destaca a professora. "Fui até lá. Fui até lá. É muito bom morrer, se é assim, é muito bom. Se for assim, tranquilo", ri. [...]

RAIMUNDO, José. Brasileiros que quase morreram contam ter visto luzes e até Jesus. *G1*, 16 set. 2011. Disponível em: <http://g1.globo.com/globo-reporter/noticia/2011/09/brasileiros-que-quase-morreram-contam-ter-visto-luzes-e-ate-jesus.html>. Acesso em: 11 jul. 2018.

FALANDO DE SAÚDE

Cuidar do corpo

Seja qual for a possibilidade que consideremos de outra vida – em outro corpo, no mesmo corpo ou sem corpo algum – é fato que, enquanto estamos nesta vida na Terra, *temos* ou *somos* um corpo. Esse corpo tem necessidades, exige cuidados e poderá sobreviver por mais ou menos tempo, de maneira melhor ou pior, dependendo de como o tratamos.

É claro que quem só pensa em cuidar do corpo pode ficar alienado ou com a mente “oca”, sem conteúdo. Afinal, é preciso também cuidar do espírito, da inteligência – apenas músculos e uma forma corporal perfeita não trazem felicidade e realização ao ser humano.

Por outro lado, precisamos dar atenção ao corpo. Não o maltratar com excesso de trabalho e de comida, com consumo de bebidas alcoólicas, fumo ou outras drogas é importante para evitar doenças ou a morte precoce.

A medicina atual está se tornando cada vez mais preventiva. Ela já é capaz de indicar o estilo de vida que pode afastar enfermidades e retardar o envelhecimento: atividades físicas relaxantes para alívio do estresse, alimentação saudável e equilibrada, exames médicos periódicos.

Leia a reportagem abaixo, que aborda a questão do cuidado do corpo e da importância da atividade física:

[...] A importância da atividade física para a saúde e para a qualidade de vida é enorme – e isso pode ser visto por meio dos benefícios que a prática traz.

Quer saber quais são? Continue a leitura e veja cinco motivos para começar a se exercitar – além de entender o que é preciso fazer antes de começar uma atividade. Confira:

Uma das maneiras de cuidar da saúde é se alimentando de maneira equilibrada e saudável. Uma opção pode ser consumir alimentos orgânicos, ou seja, alimentos em que não foram utilizados agrotóxicos durante o cultivo. Esses alimentos podem ser comprados em supermercados, feiras ou diretamente com os produtores. Na foto, Feira Orgânica em São José dos Campos (SP), em 2018.

Rodolfo Moreira/Futura Press

1. Aumenta a disposição

Essa é a primeira mudança que um novo praticante de atividades físicas vai perceber: o aumento significativo da disposição durante as tarefas rotineiras. Ou seja, quem pratica exercícios físicos acorda mais disposto e não se cansa facilmente ao longo do dia.

E o melhor: para conseguir essa energia, não é preciso passar horas na academia. Comece com algo simples e que não leve o seu corpo ao extremo. Um alongamento seguido de uma caminhada ou de uma corrida leve durante meia hora por dia já é o bastante para perceber o resultado!

2. Melhora o condicionamento

Além de queimar gordura, quem se exercita regularmente começa a notar uma definição gradual dos músculos trabalhados. Isso, é claro, com uma bateria de exercícios mais puxados e direcionados, como as aulas de spinning *para a definição das pernas ou o levantamento de halteres para os braços.*

Vale salientar, também, que há uma melhora no condicionamento mental quando passamos a gastar mais energia com exercícios. Assim, fica mais fácil se concentrar nas tarefas do dia a dia – e a produtividade no trabalho e nos estudos aumenta consideravelmente.

3. Previne doenças

Muitas pessoas relacionam diretamente algumas doenças, como a diabetes e o aumento de colesterol, à obesidade. No entanto, mesmo uma pessoa magra não está imune a esses problemas. Isso acontece, pois essas doenças estão associadas ao sedentarismo – e não ao peso.

Agora, se você não suporta a ideia de frequentar uma academia, considere, então, começar a praticar um esporte – seja futebol, vôlei ou natação, por exemplo. O importante é se movimentar!

4. Fortalece o organismo

A importância da atividade física também diz respeito ao fortalecimento do nosso organismo.

Além de deixar tendões e ligamentos mais flexíveis e a musculatura mais forte, é possível perceber, também, o fortalecimento no funcionamento do coração, do sistema respiratório e da imunidade.

Alexandre Cappi/Pulsar Imagens

Pessoas praticando exercícios no Parque Villa--Lobos, em São Paulo (SP). Cada vez mais pessoas de todas as faixas etárias descobrem o prazer e os benefícios das práticas esportivas que podem proporcionar bem-estar e longevidade. Foto de 2016.

5. Contribui para o bom humor

Quando você se exercita, há a liberação de substâncias neurotransmissoras, como a dopamina e a serotonina, responsáveis pela sensação de prazer e felicidade.

Isso não somente ajuda a combater a ansiedade e a depressão, como contribui para a melhora do nosso humor – e esse é um benefício que não pode ser ignorado.

Que a atividade física é capaz de trazer muitas vantagens, isso já deu para notar, certo? No entanto, é preciso salientar a importância de realizar uma avaliação médica antes de começar a praticar qualquer exercício.

Além de avaliar o sistema cardiovascular, o exame médico é capaz de detectar patologias que possam dificultar ou interferir na realização das atividades – seja um problema de natureza óssea, muscular ou respiratória. [...]

DR. CONSULTA. Entenda a importância da atividade física para a saúde. *Guia da saúde*, 3 jul. 2017. Disponível em: <https://blog.drconsulta.com/2017/07/entenda-a-importancia-da-atividade-fisica-para-a-saude/>. Acesso em: 28 jun. 2018.

AGORA É COM VOCÊ

1) Como você cuida do seu corpo? Quais atividades físicas pratica?

2) De que forma você contribui para a saúde das pessoas no meio em que você vive?

3) Sob a orientação do professor, reúna-se em grupo com seus colegas e pesquisem em livros ou na internet, ou entrevistem médicos, nutricionistas, professores de educação física, para encontrar respostas à pergunta: "Como viver bem?". Depois, elaborem em classe um livreto de boa saúde, com dicas de como se cuidar.

NO DIA A DIA

Cuidar do corpo nem sempre é uma questão de querer, mas de poder. Quem precisa trabalhar em excesso, para sustentar a família, com um salário mínimo; quem não tem o que comer; quem precisa ficar o dia inteiro diante de um computador, forçando os olhos e a coluna; quem faz serviço pesado e sobrecarrega a coluna; quem não tem nem tempo nem dinheiro para escolher uma alimentação saudável, mas tem de comer o que é possível, quando possível; quem trabalha em lugares insalubres, cujo ar vai contaminando os pulmões; quem dorme só um pouco de dia para trabalhar à noite – essas situações e muitas outras são comuns em sociedades como a nossa, que não respeitam nem o corpo nem a alma das pessoas, porque a injustiça social é grande e a exploração no trabalho é o mais frequente.

Na sua opinião, como mudar a situação descrita acima?

DE OLHO NO MUNDO

A Felicidade Interna Bruta (FIB)

Encravado na Cordilheira do Himalaia, o pequeno reino budista é um laboratório vivo de experiências sociais, ambientais e espirituais.

*O **Butão** é um país que se abriu relativamente tarde para o mundo. Ao contrário do que aconteceu com seus vizinhos Índia e Nepal, invadidos por um turismo barato que causou – e ainda causa – um grande **impacto ambiental e social**, o governo procurou controlar o número de turistas que entram no país. Algumas atividades óbvias em outros países que possuem cordilheiras nevadas – como fazer alpinismo ou* rafting *nos rios – **não são permitidas** no Butão. A proposta é evitar que os recursos naturais sejam degradados ou até mesmo ultrajados.*

*Chegamos a Paro durante o **Tsechu**, festival que dura cerca de cinco dias e culmina na lua cheia. O evento atrai pessoas de várias regiões do país. Vestindo máscaras coloridas, diferentes grupos dançam durante horas para celebrar a vida de **Guru Rimpoche** ou **Buda Padmasambava**, um iluminado que, a caminho do Tibete, trouxe o budismo da Índia ao Butão no século VIII.*

*Os dançarinos portando **máscaras coloridas** das divindades dançam sem parar. Com movimentos que nem sempre fazem sentido para os ocidentais, rodopiam, movem suas cabeças para cima e para baixo e correm como se perseguidos por um **demônio**. Os monges tocam instrumentos musicais utilizados nos rituais religiosos, como tambores, sinos e cornetas.*

Dança das Máscaras no Festival Tsechu em um monastério localizado na região do Himalaia, no Butão. Foto de 2018.

Os butaneses acreditam que as danças com máscaras atenuam ou diminuem o carma das pessoas. A mais expressiva é a ***Dança das Divindades Aterrorizantes****, chamada Tungam. Nela, as divindades mascaradas prendem os maus espíritos e, com uma faca, eliminam esses seres que trazem sofrimento aos humanos. A finalidade do ritual é contribuir com a* ***felicidade do povo****, motivo que nos trouxe ao país.*

Há mais de quatro décadas, o Reino do Butão tem desafiado a noção convencional e materialista de desenvolvimento humano com o conceito da ***Felicidade Interna Bruta (FIB)****. Essa noção surgiu nos anos 1970 quando o então rei do Butão,* ***Jigme Singye Wangchuck****, respondeu a um jornalista que o progresso de seu país seria medido pela* ***felicidade do povo*** *e não pelo nível de seu consumo. Esse era nosso verdadeiro interesse: buscar compreender um pouco mais como funciona o conceito da Felicidade Interna Bruta.*

O conceito ainda gera certa confusão. Muitos questionam se as pessoas no Butão são verdadeiramente felizes. Outros perguntam como um país "não desenvolvido" pode ser feliz. Mas a questão principal está longe desse embate.

Ainda que o pequeno país do ***Himalaia****, com uma população que alcança apenas* ***750 mil habitantes****, não tenha os problemas sociais e ambientais de seus gigantescos vizinhos, como China e Índia, os desafios sempre existem.*

O FIB, na verdade, é um ***índice de desenvolvimento*** *que busca trazer dados para orientar o governo a* ***desenhar políticas*** *que possam* ***garantir a felicidade*** *ou o bem-estar da população. Pautado por* ***valores budistas*** *e* ***espirituais****, o índice está baseado em quatro pilares, que são 1) desenvolvimento socioeconômico sustentável e equitativo, 2) conservação ambiental, 3) preservação e promoção do patrimônio cultural e 4) boa governança. Como desdobramento, existem outros* ***nove domínios*** *e* ***dúzias de indicadores*** *que envolvem esferas jamais consideradas pelos índices de desenvolvimento tradicional como* ***PIB*** *ou* ***IDH****.*

A avaliação do FIB questiona, por exemplo, quantas vezes na semana a pessoa teve sentimentos negativos como inveja e raiva ou quantas vezes teve ***sentimentos positivos*** *como compaixão e perdão. O índice ainda leva em conta a "convivência na comunidade" e o "tempo passado na natureza", fatores que, para o butanês, são considerados importantes para ser feliz. [...]*

PAULINO, Giselle; CASTRO, Haroldo. Jornada pelos vales e montanhas do Butão busca a Felicidade Interna Bruta. *Época*, 17 out. 2017. Disponível em: <https://epoca.globo.com/sociedade/viajologia/noticia/2017/10/jornada-pelos-vales-e-montanhas-do-butao-busca-felicidade-interna-bruta.html>. Acesso em: 10 jul. 2018.

Alamy/Fotoarena

O Monastério Ninho do Tigre, fundado em 1692, é considerado um dos locais sagrados mais importantes do Butão. Ele foi construído em um penhasco acima de uma floresta de pinheiros azuis em Taktsang, Butão. Foto de 2016.

Reprodução/Kevin Reynolds/Sony Pictures

SESSÃO DE CINEMA

Ressurreição

Direção de Kevin Reynolds. Sony Pictures, 2016.

O soldado romano Clavius investiga o desaparecimento do corpo de Jesus após a crucificação. Ele vai até Jerusalém, com a missão de desmentir a ressurreição de Jesus. Mas, à medida que a investigação evolui, Clavius passa a ter muitas dúvidas.

Procure assistir ao filme indicado pensando nesta questão:

Na sua opinião, quais motivos levam o soldado do filme a ter dúvidas sobre a ressurreição de Jesus?

E PARA TERMINAR

Leia a letra da canção a seguir e responda às questões.

Get happy
Forget your troubles
Come on, get happy
You better chase all you cares away
Shout hallelujah
Come on, get happy
Get ready for the judgement day

The sun is shining
Come on, get happy
The Lord is waiting to take your hand
Shout hallelujah
Come on, get happy
We're going to the Promised Land

We're heading across the river
Wash your sins away in the tide
It's all so peaceful on the other side

Forget your troubles
Come on, get happy
You better chase all you cares away
Shout hallelujah
Come on, get happy
Get ready for the judgement day.

Fique feliz
Esqueça seus problemas
Venha, fique feliz
É melhor espantar todas as preocupações
Grite aleluia
Venha, fique feliz
Esteja preparado para o dia do juízo

O sol está brilhando
Venha, fique feliz
O Senhor está esperando para pegar sua mão
Grite aleluia
Venha, fique feliz
Estamos indo para a Terra Prometida

Estamos atravessando o rio
Lave seus pecados na correnteza
Do outro lado há tanta paz

Esqueça seus problemas
Venha, fique feliz
É melhor espantar todas as preocupações
Grite aleluia
Venha, fique feliz
Esteja preparado para o dia do juízo

ARLEN, Harold (música); KOEHLER, Ted (letra). *A friend of Judy Garland*. Ouver Records, 2001. 1 CD. Disponível em: <www.vagalume.com.br/judy-garland/get-happy.html>. Acesso em: 28 jun. 2018. Tradução dos autores.

1) Como é essa visão do Juízo Final? Em que se parece ou em que é diferente da visão muçulmana?

2) Para você, qual é a mensagem principal da música?

Picture Press/Getty Images

A felicidade muitas vezes está nas coisas simples da vida, como esses amigos se divertindo em uma praia de Fortaleza (CE). Foto de 2017.

Pai celeste! Tu, que nos amaste primeiro, ajuda-nos a nunca esquecer que és amor, para que essa certeza triunfe em nosso coração contra a sedução do mundo, contra a inquietude da alma, contra a ansiedade do futuro, contra o medo do passado, contra a angústia do presente. Todavia, permite também que essa convicção discipline nossa alma, para que nosso coração permaneça fiel e sincero no amor para com todos os que nos ordenaste amar como a nós mesmos.
Tu nos amaste primeiro, ó Deus! Falamos disso em termos de história, como se tivesses apenas nos amado uma única vez, em vez de incessantemente nos amar primeiro muitas vezes, todos os dias e por toda a nossa vida. Quando acordamos de manhã e buscamos a Ti – Tu és o primeiro –, Tu nos amaste primeiro. Se me levanto de madrugada e no mesmo instante volto minha alma para Ti em oração, Tu estás ali antes de mim; Tu me amaste primeiro. Quando me desvio das distrações do dia e me volto para Ti, Tu és o primeiro, e assim sempre. Contudo, sempre expressamos ingratidão, como se nos tivesses amado primeiro uma única vez.

Sören Kierkegaard.

Tu nos amaste primeiro. In: FOSTER, Richard; SMITH, James Bryan (Org.). *Clássicos devocionais*. São Paulo: Vida, 2009. p. 462-463. Disponível em: <https://bibliotecadamemorial.wordpress.com/category/soren-kierkegaard/>. Acesso em: 10 jul. 2018.

Album/Fotoarena/Museu Metropolitano de Arte, Nova York, EUA

Varaha, o Avatar do Javali, matando Banasur, um demônio general. Ilustração encontrada em um manuscrito do século XIX. Segundo a tradição hindu, Vahara é uma das dez formas em que Vishnu já encarnou.

7

Podemos nascer de novo?

A reencarnação

A crença na reencarnação é uma das mais antigas e universais da humanidade. Faz parte da cultura tanto dos povos ocidentais como dos orientais. No Ocidente essa ideia muitas vezes encontrou resistência, pois as religiões de raízes judaico-cristãs não a aceitam. Já no Oriente, isso não acontece, pois lá essa crença é comum.

A reencarnação é a teoria do retorno da alma à vida terrena. Reencarnar significa encarnar (revestir-se de corpo) mais de uma vez. Embora se encontre essa ideia em muitos povos e religiões, ninguém sabe ao certo como surgiu. Antigamente, recebia outros nomes, como renascimento, transmigração das almas ou metempsicose.

Todos esses conceitos, comuns na Antiguidade, afirmam que a alma de alguém que morreu volta a viver em outro corpo. Mas esse retorno pode ser na condição humana ou na condição de animal. Por exemplo, no mito de Er, Platão narra que os espíritos humanos, num mundo espiritual, escolhem às vezes renascer no corpo de animais por estarem cansados das injustiças humanas ou, então, são condenados a nascer em forma animal por terem agido de maneira desumana.

O filósofo francês Charles de Montesquieu, em seu romance *História verdadeira*, conta a trajetória de uma alma que, ao longo de sucessivas reencarnações, pratica o bem e o mal, sofre injustiças e passa pelas misérias da vida. Por causa de seus erros, a personagem recebe o castigo de reencarnar na pele de inúmeros animais, inclusive insetos. Entre as religiões orientais, como o hinduísmo ou o budismo, essa crença é comum.

Album/Fotoarena/Museu Guimet, Paris, França

Seis caminhos de renascimento e os dez reis Bodhisattva Ksitigarbha, século X, pintura sobre seda, China.

BEBENDO NA FONTE LITERÁRIA

História verdadeira

Charles de Montesquieu (1689-1755) foi um dos mais importantes filósofos do movimento iluminista. Foi um crítico da sociedade de sua época e da intolerância religiosa. Escreveu importantes obras, entre as quais *O espírito das leis*, no qual ele defende a separação dos poderes (legislativo, executivo e judiciário) – que é até hoje praticada nas democracias. Suas ideias tiveram grande influência na Revolução Francesa. Em seu romance *História verdadeira*, Montesquieu fez uso da sátira (ironia) para divulgar sua crítica social.

Leia este trecho:

De princípio, foi-me necessário suportar quatrocentas ou quinhentas transmigrações, de inseto em inseto. Durante todo esse tempo, minhas vidas nada tiveram de notável. Quando era gafanhoto, devorei parte de uma região de vinte léguas; noutra transmigração, tendo baixado num formigueiro, carreguei provisões o verão inteiro, como um camelo. Enfim, ocupei meu lugar num batalhão de vespões contra um exército de vespas, e fui um dos primeiros a cair morto.

Nasci papagaio; vivia nos bosques e ali passava agradavelmente a minha vida. Tiraram-me de lá para pôr-me entre os homens. Primeiro aprendi a falar como eles; mas não tinham queda para cantar como eu: por isso muito os desprezava. Prenderam-me numa gaiola de ferro, e nos primeiros dias fiquei muito aflito. Mas gostava do vinho, este não me faltava, e nele afoguei todas as minhas mágoas. [...]

Logo me vi transformado num cachorrinho. Era tão bonito que minha dona me estropiava durante o dia e me sufocava a noite toda. Fazia-me ficar sobre as patas traseiras e não mais me permitia o uso das dianteiras. Sacudia-me as orelhas; eu tinha todos os músculos contraídos e, quando lhe redobravam os transportes de amor, minha vida estava sempre em risco. Para cúmulo da infelicidade, imaginou que eu ficaria mais amável se me fizesse morrer de fome. Eu estava desesperado, e invejava a sorte do desprezível mastim que vivia esquecido na cozinha [...]

Iluminista: relativo ao Iluminismo, movimento filosófico francês do século XVIII que discutia projetos políticos, sociais e religiosos para proporcionar ao ser humano mais liberdade de pensamento e ação. Caracterizou-se pela crença na razão e no progresso e pelo desafio às tradições. Essas ideias resultaram no lema "Liberdade, Igualdade e Fraternidade" da Revolução Francesa.

Estropiava: cansava, aborrecia.

Mastim: cão para guarda de gado.

Youngtae/Leemage/Agência France-Presse

Escultura em mármore do filósofo Montesquieu, esculpida por Dominique Maggesi (1807-1892). Localizada na praça de Quinconces, em Bordeaux, França.

Assaz: bastante.

Ápis: divindade egípcia encarnada em um touro. Encarnava, a um só tempo, os deuses Osíris e Ptá e simbolizava a força vital da natureza.

Sucedeu-me um dia uma aventura assaz extraordinária. Eu era um boi no Egito e não pensava senão em remoer uns caniços ordinários quando alguns sacerdotes, que passavam perto do meu pasto, exclamaram que eu era Ápis, adoraram-me e me conduziram em triunfo até um templo magnífico. Com não pouca frequência, depois que me reconverti em homem, fiz grandes fortunas sem havê-las merecido mais do que dessa vez.

MONTESQUIEU, Charles de. *História verdadeira*. São Paulo: Scrinium, 1996. p. 17-20.

O QUE VOCÊ ENTENDEU?

Em que ponto do texto você identifica a maior crítica à sociedade? Por quê?

Orfismo: culto religioso e filosófico que, acredita-se, foi criado por Orfeu, poeta mitológico, e que se difundiu na Grécia a partir dos séculos VII e VI a.C. Incluía a crença na imortalidade, conquistada por meio de cerimônias purificadoras e regras de conduta, as quais permitiam a libertação da alma das sucessivas transmigrações (reencarnações).

O Ocidente

Muita gente pensa que a ideia da reencarnação é oriental. No entanto, na Grécia, berço da cultura ocidental, a reencarnação era uma crença aceita. O sistema religioso órfico, adotado por muitos pensadores gregos, tinha por base a reencarnação. O orfismo afirmava a necessidade de a pessoa conhecer a si própria para se aperfeiçoar em longos processos reencarnatórios.

Album/Fotoarena/Museu Arqueológico de Trípoli, Líbia

Orfeu encanta os animais selvagens com sua canção. Mosaico romano do século III em Trípoli, Líbia.

O filósofo Pitágoras, por exemplo, dizia ter lembranças de suas vidas passadas. A filosofia de Platão também está profundamente ligada a essa ideia. Na *República*, conta-se o mito de Er e, nos diálogos de Sócrates no *Fédon*, fala-se claramente da transmigração das almas. Após uma longa discussão sobre o assunto com Cebes, Sócrates, segundo Platão, conclui:

[...] Por este motivo nos persuadiremos de que os vivos nascem dos mortos, como estes daqueles, prova incontestável de que as almas dos mortos existem em algum lugar, de que retornam à vida.

PLATÃO. *Diálogos*. São Paulo: Nova Cultural, 1999. p. 134.

Posteriormente, Plotino (205-270 a.C.), fundador do neoplatonismo, e Orígenes (184-254 a.C.), um dos principais pensadores do início do cristianismo, também defenderiam a reencarnação. A tradição celta, na Europa, foi outra a aceitar as vidas sucessivas. Para os druidas, sacerdotes da religião celta, a alma deveria se aperfeiçoar em muitas vidas – e quando atingisse um grau elevado não precisaria mais reencarnar.

Mais tarde, quando o cristianismo se tornou a religião oficial do Estado, essa crença foi combatida e os seus adeptos, considerados hereges, chegaram a ser perseguidos e mortos. Já em plena Idade Média, em torno de 1200, entre os hereges reencarnacionistas estavam os cátaros, ao sul da França, que foram perseguidos pelas Cruzadas e também pelos tribunais do início da Inquisição.

Inquisição: instituição também chamada de Santo Ofício, criada pela Igreja católica na Idade Média para combater as heresias e demais manifestações consideradas contrárias à fé cristã. Teve início em 1231 por decisão do papa Gregório IX. Atuava constituindo tribunais eclesiásticos que investigavam, detinham e julgavam os suspeitos de heresia. Os condenados podiam sofrer várias penas, entre elas a morte na fogueira.

Dentro da tradição ocidental, o espiritismo de Allan Kardec fundamenta suas ideias na teoria das vidas sucessivas. O aperfeiçoamento dos espíritos se dá por seu trabalho e sua boa vontade, e, quando chegam à perfeição, após longo tempo de ciclo reencarnatório, não necessitam mais voltar em novo corpo, exceto por escolha própria para ajudar o progresso dos outros espíritos. Para os espíritas, porém, a reencarnação só se dá em corpos humanos, jamais em corpos de animais.

Bridgeman Images/Fotoarena

Gravura de cátaros na fogueira, na época da cruzada contra os albigenses na França do século XIII. Ilustração de autor desconhecido do século XIX.

O Oriente

Carma: segundo as religiões hinduísta e budista, é o conjunto das ações humanas – boas e más – e suas consequências: o passado determina o presente, assim como o presente determinará o futuro. De acordo com essa ideia, cada pessoa é responsável por seu próprio destino, e o conjunto de suas boas ações terá influência benéfica sobre suas vidas futuras.

Dharma: nas filosofias indianas, os preceitos morais e religiosos, a virtude, a obediência à lei.

Livre-arbítrio: possibilidade de se decidir sobre algo, de escolher pela própria vontade, sem nenhum condicionamento ou causa determinante. Segundo a maioria das religiões, é a liberdade de escolha entre o bem e o mal.

Nas religiões orientais, a crença na reencarnação é predominante. Podemos citar várias correntes que a aceitam no Oriente: a cabala (uma corrente do judaísmo), o xintoísmo (a religião tradicional japonesa) e as novas religiões do Japão, como a Igreja messiânica ou a Seicho-no-Iê. Mas ela está presente sobretudo nas duas religiões orientais que contam com maior número de adeptos: o budismo e o hinduísmo.

Tanto no hinduísmo como no budismo, a lei do carma é aceita por quase todas as correntes: o bem e o mal que a pessoa faz determinarão de que maneira e em que condições ela virá numa próxima vida. A ideia do carma é um traço comum à maioria das religiões reencarnacionistas.

Mas o carma não é uma fatalidade absoluta. Segundo essas religiões, as pessoas têm liberdade para mudar as coisas: podem agir no bem e melhorar seu carma, ou podem agir no mal e piorar a determinação cármica. Os hindus consideram que essa liberdade está contida no dharma; outros a chamam de livre-arbítrio.

Os orientais acreditam que as almas devem reencarnar diversas vezes até alcançar a purificação. Os budistas colocam o objetivo das encarnações na iluminação: a busca dessa iluminação determinará a felicidade em outra vida. Quando se atinge o estágio de iluminado não é preciso mais renascer, exceto por escolha própria. O hinduísmo diz que o objetivo da alma é se purificar e voltar ao Brahma, Deus supremo.

Album/Fotoarena/Biblioteca Britânica, Londres, Inglaterra

À direita, Shiva, Vishnu e outros seres celestiais conversando com Brahma. No lado esquerdo e acima, Ravana, o rei demônio de dez cabeças e múltiplos braços, subjugando alguns sábios celestiais, e abaixo, com Brahma. Imagem do século XVII.

O X DA QUESTÃO

1) A reencarnação pretende explicar o porquê de certas injustiças terrenas, pois alguns sofrimentos presentes seriam consequência de certas ações negativas em outras vidas. Você concorda com essa visão? Por quê?

2) Platão, no mito de Er, afirma que certas pessoas escolhiam retornar à vida como animais porque estavam cansadas de viver as injustiças humanas. Você consideraria uma boa opção as almas escolherem vidas de animais para fugir dos problemas humanos? Justifique sua resposta.

3) Algumas ideias são comuns entre as várias teorias da reencarnação. Cite duas ideias semelhantes.

BEBENDO NA FONTE HINDU

A busca da perfeição

No *Bhagavad Gita* está escrito:

Como a gente tira do corpo as roupas usadas e as substitui por novas e melhores, assim também o habitante do corpo (que é o Espírito), tendo abandonado a velha morada mortal, entra em outra, nova e recém-preparada para ele.

Bhagavad-Gîtâ: a mensagem do mestre. 2,22. Tradução de Francisco Valdomiro Lorenz. 22. ed. São Paulo: Pensamento, 2006. p. 31.

StanislavBeloglazov/Shutterstock

Um corpo sendo carregado pelas ruas de Varanasi, Índia, para ser cremado. Foto de 2015.

Na sua nova existência, o homem recupera novamente toda a organização espiritual que tinha adquirido na vida passada, e, assim, fica preparado para continuar os estudos e as tarefas que conduzem à Perfeição.

Com a morte, não se perde nada daquilo que a alma adquiriu. As experiências que o homem fez nas vidas passadas tornam-se instintos e incitam-no ao progresso [...].

Bhagavad-Gîtâ: a mensagem do mestre. 6,43-44. Tradução de Francisco Valdomiro Lorenz. 22. ed. São Paulo: Pensamento, 2006. p. 82.

O QUE VOCÊ ENTENDEU?

Qual a sua impressão sobre a ideia de nosso corpo como uma veste, da qual nossa alma faz uso e depois se desfaz? Você é "uma alma usando um corpo" ou você é alma e corpo?

FALANDO DE PSICOLOGIA

Terapia de vidas passadas

Há mais ou menos quatro décadas, psicólogos e psiquiatras vêm desenvolvendo a polêmica terapia de vidas passadas e é cada vez maior o número de terapeutas que a utilizam. No entanto, a TVP, como é chamada, não é novidade, já que desde o século XIX é realizada. Por meio de hipnose ou de outro tipo de indução, pesquisadores conseguiam fazer o paciente voltar à memória de uma vida passada. Naquela época, porém, a intenção era pesquisar a reencarnação. Hoje, o objetivo é curar as pessoas de traumas que podem ter vindo de outras vidas.

Os psicólogos tradicionais usam a regressão de memória apenas com acontecimentos da vida presente. Não aceitam que exista uma vida passada acessível pela memória. A regressão feita por esses psicólogos chega apenas até as memórias da infância ou da vida dentro do útero.

Bettmann Archive/Getty Images

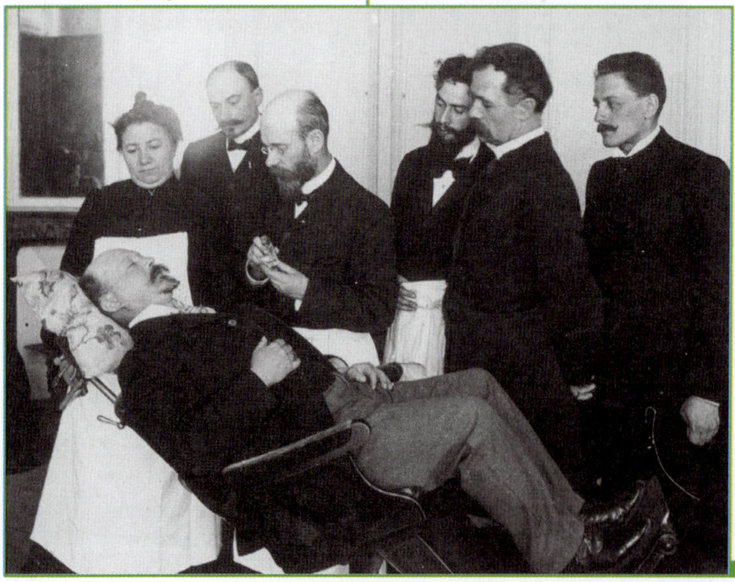

Grupo de médicos franceses observa sessão de hipnose. França, meados de 1890.

Alguns psicólogos e pesquisadores, porém, ao realizarem a regressão de memória em seus pacientes, se surpreenderam com relatos de acontecimentos de outra vida que não a atual. Sem querer, regrediram a vidas passadas.

Nas regressões a outras vidas, as lembranças são induzidas por médicos psiquiatras ou psicólogos, que devem ser muito competentes e confiáveis. Em outros casos, as lembranças são naturais: a pessoa se lembra espontaneamente de outra encarnação e de problemas passados. Isso acontece também com crianças.

Reprodução/Escola de Medicina da Universidade de Virgínia, Estados Unidos

Ian Stevenson. Data da foto desconhecida.

O psiquiatra Ian Stevenson (1918-2007), nos Estados Unidos, estudou e catalogou inúmeros casos de crianças que nasceram em determinado lugar e se recordavam de uma vida passada em outro lugar, desconhecido delas e da família. As lembranças eram cheias de detalhes – e a existência dessas vidas narradas pelas crianças foi evidenciada pelo pesquisador.

AGORA É COM VOCÊ

Os terapeutas de vidas passadas afirmam que não se pode procurar essa terapia por mera curiosidade, mas apenas para resolver algum problema. Você se sentiria à vontade para fazer uma terapia dessas? Por quê?

O X DA QUESTÃO

Muita gente afirma que a ideia da reencarnação e da lei do carma leva ao comodismo. Segundo essas pessoas, se acharmos que tudo é carma, não faremos nada para mudar o mundo, principalmente no que diz respeito às questões sociais. Por exemplo: a condição de miséria de muitas pessoas é fruto do carma de outras vidas ou da injustiça social? Os reencarnacionistas não aceitam essa crítica e alegam que é justamente a ideia de que voltaremos a este mundo que nos incentiva a melhorá-lo.

Sob a orientação do professor, debata o assunto com seus colegas e, depois, responda à seguinte questão:

Será que a ideia da reencarnação é realmente um fator de alienação social e comodismo ou pode servir para estimular a ação? Ou, ainda, isso depende da pessoa ou da crença?

A religiosidade brasileira

No Brasil, boa parte da população acredita na reencarnação. A agência de pesquisa Vox Populi aponta que mais de 50% dos brasileiros creem nessa ideia, mesmo sendo adeptos de religiões que não a aceitam. Ninguém sabe ao certo por que isso acontece, mas há algumas hipóteses. Dizem, por exemplo, que isso se deve às nossas raízes africanas, já que certas religiões africanas aceitam a reencarnação.

Segundo o antropólogo francês Roger Bastide (1898-1974), os bantos, que vieram para o Brasil no tempo da escravidão, aceitavam a reencarnação dos antepassados. Segundo ainda o professor Fernandez Portugal Filho (1950-), estudioso dos iorubás, outro povo africano trazido ao Brasil, estes também acreditavam na reencarnação.

Mais tarde, o espiritismo de Kardec também ajudou a divulgar essa crença, hoje bastante difundida.

O brasileiro acredita em muitas ideias diferentes, aparentemente contraditórias entre si. Exemplos: católicos que acreditam em reencarnação; adeptos de outras religiões que se casam na Igreja católica.

Numa pesquisa realizada pelo médico Mario Peres em 2017, fica claro como se dá esse sincretismo no Brasil e também se confirma a crença muito arraigada da reencarnação:

Em um altar num cantinho da casa da funcionária pública Anelise Roque, dividem espaço uma imagem de Nossa Senhora Aparecida, outra de São Francisco de Assis, alguns cristais, um Buda e um Ganesha. Até Frida Kahlo e Maria Bonita foram ali colocadas — como representação do sagrado feminino. Católica até por volta dos 20 anos de idade, Anelise, hoje aos 32, considera-se muito religiosa, mas sem seguir uma doutrina específica.

— Deixei de ser católica quando parou de fazer sentido para mim. Hoje, minha fé assimila elementos de várias religiões e figuras inspiradoras que não necessariamente têm a ver com religião. Eu me considero espiritualizada: acredito em Deus, oráculo, signo, no sagrado feminino — lista ela. — E acho que isso é geracional. Enquanto minha mãe e minha vó são muito católicas, por exemplo, conheço várias pessoas da minha idade que creem a seu próprio modo.

Esse cenário de fé múltipla é sinalizado em uma pesquisa inédita [...] apresentada no XI Congresso de Medicina e Espiritualidade (Mednesp) [...]. O estudo, que avaliou o comportamento religioso e espiritual do brasileiro, revela que 44% das pessoas se consideram seguidoras de duas ou mais religiões, e 49% nasceram em uma religião diferente da que têm hoje. E o número de pessoas que se dizem espiritualistas é, pela primeira vez, significativo: se no Censo 2010 esse índice era de apenas 0,03% da população, na atual pesquisa chega a 4,4%.

Em relação a crenças, metade das pessoas entrevistadas acreditam em reencarnação. Mas ainda é maior o percentual das que acreditam em extraterrestres: 53%. A astrologia é defendida por 42% das pessoas, e 70% delas afirmaram já ter tido intuição pelo menos uma vez na vida.

Autor do estudo, o psiquiatra Mario Peres, pesquisador do Programa de Saúde, Espiritualidade e Religiosidade (ProSER) da Universidade de São Paulo (USP), destaca que os dados comprovam a fama de que o brasileiro tem um lado espiritual forte, e, em quase metade das vezes, pratica o sincretismo — mistura de diferentes cultos, com reinterpretações de seus elementos. [...]

PAINS, Clarissa. Pesquisa revela que 44% dos brasileiros seguem mais de uma religião. *O Globo*, 7 jun. 2017. Disponível em: <https://oglobo.globo.com/>. Acesso em: 11 jul. 2018.

Rogério Reis/Pulsar Imagens

A religiosidade brasileira sofreu influência dos diversos povos que para cá vieram ao longo da História. Na foto, romeiros participam de uma missa na Basílica Santuário de Nossa Senhora das Dores, em Juazeiro do Norte (CE). Foto de 2015.

AGORA É COM VOCÊ

Sob a orientação do professor, forme grupo com seus colegas e façam uma pesquisa em duas fases. Na primeira, na escola, conversem com os colegas da sala e das outras turmas; na segunda, cada um conversará com parentes, vizinhos e amigos. Perguntem-lhes se aceitam a reencarnação, que religião seguem e se, nessa religião, a crença existe ou não. Depois, reúnam os resultados, elaborem um gráfico, pedindo ajuda ao professor de Matemática, e discutam em classe.

CONTANDO UM CONTO

A visão de Er

[O guerreiro Er morreu numa batalha e, dez dias depois, voltou à vida e contou o que tinha visto, enquanto estava morto.]

Disse que, depois de sair do corpo, sua alma se pusera a caminho com muitas outras, chegando por fim a um lugar maravilhoso onde apareciam na terra duas aberturas que comunicavam entre si e, em frente a elas e no alto, outras duas no céu. No espaço intermediário estavam sentados uns juízes que, depois de pronunciar suas sentenças, escreviam-nas em rótulos que penduravam sobre o peito dos justos, e os mandavam subir através do céu, pelo caminho da direita; e aos injustos ordenavam que descessem pelo caminho da esquerda, levando também, mas às costas, o sinal de tudo quanto haviam feito. Ao aproximar-se Er, disseram-lhe que seria ele o mensageiro encarregado de relatar aos homens as coisas do outro mundo e convidaram-no a olhar e escutar tudo que ali sucedia; e assim viu como, depois de julgadas, as almas se retiravam por uma das aberturas do céu e outra da Terra [...]. Disse ele que cada uma pagava décuplo a pena de todas as injustiças e ofensas feitas aos demais, e cada vez pelo espaço de cem anos, que é a duração computada para a vida humana – um total, pois, de mil anos por delito. Se, por exemplo, alguns dentre eles houvessem causado grande número de mortes, atraiçoado ou reduzido à escravidão cidades e exércitos, ou, enfim, fossem responsáveis por qualquer calamidade semelhante, expiavam cada um desses crimes com padecimentos dez vezes maiores; e a recompensa das boas obras, da justiça e da piedade era na mesma proporção. [...] Mais um dia de jornada e estavam lá, no meio da luz; [...] uma vez chegados ali, deveriam dirigir-se para Láquesis; um certo profeta os colocava previamente em fila e, depois de apanhar no regaço da própria Láquesis umas sortes e uns modelos de vida, subia a uma alta tribuna e dizia:

"Esta é a palavra da virgem Láquesis, filha da Necessidade. Almas efêmeras, eis que começa para vós um novo ciclo de vida mortal. Não é o Fado que vos escolhe, e sim vós que escolheis o vosso fado. Que o primeiro indicado pelo sorteio seja o primeiro a eleger seu gênero de vida, ao qual ficará inexoravelmente unido. A virtude é livre, e cada um participará mais ou menos dela

Láquesis, Cloto e Átropos: as três moiras, divindades gregas que cuidavam do destino e da vida. Cloto fiava, Láquesis enovelava e Átropos cortava o fio da vida, no momento da morte. Os romanos as chamavam de parcas.

O filósofo Platão, que conta o mito de Er em seu livro *A República*. Estátua localizada em Atenas, Grécia. Foto de 2016.

Alamy/Fotoarena

conforme a estima ou o menosprezo em que a tiver. A responsabilidade é de quem escolhe: Deus está inocente nisso."

[...] Então o profeta colocou no chão, diante deles, os modelos de vidas; e eram estes de todos os tipos, e em número muito maior que o das almas presentes: as vidas de cada animal e de cada condição humana. [...] todas as outras qualidades apareciam misturadas entre si e com elementos variados de pobreza e riqueza, de saúde e doença, havendo também condições intermediárias. [...] [Era preciso sabedoria para escolher a virtude, numa] vida média entre os extremos e evitar tanto quanto possível os excessos em um ou outro sentido, tanto nesta vida como numa futura, pois é esse o caminho da felicidade. [...]

Album/Fotoarena/Museu Victoria e Albert, Londres, Inglaterra

Átropos, Láquesis e Cloto, as três moiras, segurando o fio da vida de uma mulher. Tapeçaria europeia do século XVI.

E, depois de haverem todas as almas escolhido suas vidas, aproximavam-se de Láquesis conforme a mesma ordem que lhes tocara; e ela dava a cada uma, como guardião de sua vida e executor de sua escolha, o fado que elegera. Este conduzia então a alma para junto de Cloto e a colocava sob o giro do fuso impelido pela mão desta, ratificando assim o destino de cada um. Uma vez presa ao destino, era levada a Átropos, que torcia os fios e os tornava irreversíveis; daí, sem se virarem para trás, passavam sobre o trono da Necessidade e, tendo chegado todas ao outro lado, encaminhavam-se para o Campo do Esquecimento [...]. Ao cair da tarde acampavam junto ao Rio da Despreocupação, cuja água não há vasilha alguma que possa conter. Dessa água eram todos obrigados a beber certa quantidade, e os que não se continham pela prudência bebiam mais do que o necessário; e, ao beber, cada qual se esquecia de todas as coisas. E pela meia-noite, quando estavam todos deitados a repousar, sobreveio uma tro-

voada e um tremor de terra, e num instante foram arrastados para cima em todas as direções, cada qual rumo ao lugar de seu nascimento, deslizando à maneira das estrelas. A Er, todavia, não foi permitido beber daquela água; mas por que caminho ou de que modo retornara ao seu corpo, não o sabia, só que pela manhã, acordando subitamente, dera consigo estendido na pira.

Pira: fogueira onde se queimavam os cadáveres.

PLATÃO. *Diálogos III:* A República. 24. ed. Rio de Janeiro: Ediouro, 1996. p. 232-236.

E FAZENDO A PONTE

1) Você acha que tem liberdade de escolha para construir a sua vida? Como você vê isso?

2) Platão diz que devemos refletir sobre os diversos modelos de vida a fim de decidir a melhor condição para a próxima existência. Imagine que você estivesse prestes a escolher seu nascimento e as condições de sua próxima vida. Como gostaria que ela fosse? Por quê?

Reprodução/Marcus Cole/Versátil Home Video

SESSÃO DE CINEMA

Minha vida na outra vida

Direção de Marcus Cole. WGA, 2000.

Baseado em fatos reais, conta a história de uma mulher que se lembra de uma vida passada, na Irlanda, em que morreu deixando os filhos pequenos. Decide, então, reunir esses filhos, agora já velhinhos.

Procure assistir ao filme indicado pensando nesta questão:

Como eu reagiria se vivesse uma situação como a da personagem? Acreditaria em mim mesmo?

Reprodução/Editora Sextante

SESSÃO DE LEITURA

Crianças e suas vidas passadas

Carol Bowman. Rio de Janeiro: Sextante, 1999.

Neste livro, a autora narra a experiência de muitos pais cujos filhos se lembram espontaneamente de outras vidas.

Leia pensando nesta questão:

Na sua opinião, por que as crianças narram essas experiências, e não adultos?

E PARA TERMINAR

Leia este poema de Carlos Drummond de Andrade (1902-1987) e responda às questões.

Balada do amor através das idades

Eu te gosto, você me gosta
desde tempos imemoriais.
Eu era grego, você troiana,
troiana mas não Helena.
Saí do cavalo de pau
para matar seu irmão.
Matei, brigamos, morremos.

Virei soldado romano,
perseguidor de cristãos.
Na porta da catacumba
encontrei-te novamente.
Mas quando vi você nua
caída na areia do circo
e o leão que vinha vindo,
dei um pulo desesperado
e o leão comeu nós dois.

Depois fui pirata mouro,
flagelo da Tripolitânia.
Toquei fogo na fragata
onde você se escondia
da fúria do meu bergantim.
Mas quando ia te pegar
e te fazer minha escrava,
você fez o sinal da cruz
e rasgou o peito a punhal...
Me suicidei também.

Depois (tempos mais amenos)
fui cortesão de Versailles,
espirituoso e devasso.
Você cismou de ser freira...
Pulei muro de convento
mas complicações políticas
nos levaram à guilhotina.

Hoje sou moço moderno,
remo, pulo, danço, boxo,
tenho dinheiro no banco.
Você é uma loura notável,
boxa, dança, pula, rema.
Seu pai é que não faz gosto.
Mas depois de mil peripécias,
eu, herói da Paramount,
te abraço, beijo e casamos.

DRUMMOND DE ANDRADE, Carlos. *Poesia completa*. Rio de Janeiro: Nova Aguilar, 2002. p. 29-30.

Fragata: embarcação menor que o bergantim.
Bergantim: embarcação à vela, esguia e veloz.
Boxo: luto boxe.

Album/Fotoarena/Museu Belvedere, Viena, Áustria

Amor. Obra do austríaco Gustav Klimt (1862-1918).

1) O poema de Drummond pode ser interpretado de forma reencarnacionista ou não. Como você o interpreta e por quê?

2) Identifique os principais períodos históricos citados pelo autor ao longo do poema.

Mestre, Mestre Cantor,
Mestre das palavras não ditas,
Sete vezes eu nasci e sete vezes eu morri
Desde a Tua apressada visita e nossa breve acolhida.
E vê, novamente eu vivo,
Relembrando um dia e uma noite entre as colinas,
Quando Tua maré cheia nos ergueu.
Desde então, muitas terras e muitos mares eu cruzei,
E em toda parte em que foi levado pela sela ou a vela
Teu nome era prece ou discussão. [...]

Teus amigos ainda estão entre nós para nosso conforto e apoio,
E também Teus inimigos para nossa força e segurança.
Tua mãe está conosco;
Tenho visto o brilho de Sua face no semblante de todas as mães;
Sua mão embala berços com suavidade. [...]

Mas Mestre, Coração Celestial, Paladino de nosso sonho mais belo,
Tu ainda teces este dia;
Nem arcos nem lanças deterão Teus passos,
Tu caminhas entre todas as nossas flechas,
Tu sorris para nós, [...]

Poeta, Cantor, Grande Coração,
Que nosso Deus abençoe Teu nome,
E o ventre que Te abrigou e o seio que Te aleitou.
E que Deus perdoe a todos nós.

Gibran Khalil Gibran.

Jesus, o Filho do Homem. São Paulo: Martin Claret, 2007. p. 175-180.

Paraíso, tela do italiano Jacopo Robusti (1518-1594), mais conhecido como Tintoretto.

8

O Paraíso, onde fica?

O Paraíso perdido

Desde épocas imemoriais, nos mitos mais antigos da Terra, existe a ideia de um paraíso. Pode ser um paraíso terreno, de alguma forma perdido; um paraíso futuro, que se espera encontrar depois da morte; um paraíso que se faz aqui mesmo na Terra, com o esforço humano. Sonho? Lembrança? Ideia humana ou divina? Mito ou intuição? Afinal, o ser humano ainda acredita em algum paraíso?

Os gregos falavam de uma "idade de ouro", perdida no tempo, em que os deuses andavam sobre a Terra e as pessoas viviam felizes. Platão, em seu livro *As Leis*, descreve esse tempo como governado pela divindade. Não eram os seres humanos que se estabeleciam como reis, mas os deuses. Vivia-se em plena harmonia, pela inspiração direta da lei divina.

A Bíblia também fala de um Paraíso perdido: o jardim do Éden, que Deus criara e onde pusera o homem e a mulher para viverem em paz.

Na mitologia afro-brasileira há uma ideia semelhante, de um tempo em que o céu e a Terra não eram separados, os orixás podiam andar no mundo e os humanos podiam passear no céu.

Mas esses paraísos ancestrais, de que o ser humano tem falado em diversas culturas e religiões, sempre acabam se perdendo por alguma desobediência humana ou por algum erro cometido.

Album/Fotoarena/Biblioteca Real, Bruxelas, Bélgica

O paraíso terrestre, iluminura do século XV, de autor anônimo, publicada no livro *As sete eras do mundo*.

BEBENDO NA FONTE AFRO-BRASILEIRA

Obatalá separa o Céu da Terra

Segundo a mitologia afro-brasileira, Obatalá foi o orixá que criou o ser humano. Na tradição africana, Orum é o Céu e Aiê é a Terra. Veja o que aconteceu.

No início não havia a proibição de se transitar entre o Céu e a Terra.
A separação dos dois mundos foi fruto de uma transgressão,
do rompimento de um trato entre os homens e Obatalá.
Qualquer um podia passar livremente do Orum para o Aiê.
Qualquer um podia ir sem constrangimento do Aiê para o Orum.

Certa vez um casal sem filhos procurou Obatalá
implorando que desse a eles o filho tão desejado.
Obatalá disse que não, pois os humanos que no momento fabricava
ainda não estavam prontos.
Mas o casal insistiu e insistiu,
até que Obatalá se deu por vencido.
Sim, daria a criança aos pais, mas impunha uma condição:
o menino deveria viver sempre no Aiê
e jamais cruzar a fronteira do Orum.
[...]
Acontece que o pai tinha uma plantação
que avançava para dentro do Orum.
Sempre que ia trabalhar em sua roça,
o pai saía dizendo que ia para outro lugar,
temeroso de que o menino o acompanhasse.
Mas o menino andava muito desconfiado.

Fez um furo no saco de sementes que o pai levava para a roça
e, seguindo a trilha das sementes que caíam no caminho,
conseguiu finalmente chegar ao Céu.

Ao entrar no Orum,
foi imediatamente preso pelos soldados de Obatalá. [...]
Com o rebuliço, Obatalá veio saber o que estava acontecendo.
Reconheceu o menino que dera para o casal de velhos
e ficou furioso com a quebra do tabu.
O menino tinha entrado no Orum!

Daniela Scartezini e Bianca Kovach/Acervo das ilustradoras

Oxalá, ilustração da brasileira Dani Scartezini. Oxalá é um outro nome para Obatalá.

Tabu: proibição de natureza ritual ou religiosa.

Báculo (opaxorô): bastão usado por Oxalá (Obatalá).

Que atrevimento!
Em sua fúria, Obatalá bateu no chão com seu báculo,
ordenando a todos que acabassem com aquela confusão.
Fez isso com tanta raiva que seu opaxorô
atravessou os nove espaços do Orum.
Quando Obatalá retirou de volta o báculo,
tinha ficado uma rachadura no universo.
Dessa rachadura surgiu o firmamento,
separando o Aiê do Orum para sempre.
Desde então, os orixás ficaram residindo no Orum
e os seres humanos, confinados no Aiê.
Somente após a morte poderiam os homens ingressar no Orum.

PRANDI, Reginaldo. *Mitologia dos orixás.* São Paulo: Companhia das Letras, 2001. p. 514-516.

O QUE VOCÊ ENTENDEU?

Compare o texto acima com o texto bíblico (Gênesis 2 e 3). O que há de semelhante e o que há de diferente entre as duas histórias?

O Paraíso futuro

Outra ideia de Paraíso é a de que ele se projeta para além da morte: muitas religiões pregam que, ao morrermos – e se tivermos cumprido os preceitos recomendados –, iremos para um mundo ideal, perfeito, sem dores.

A batalha de Carbala, litografia colorida do século XX, de autor anônimo. A batalha ocorreu no ano 680 d.C. entre alguns grupos de muçulmanos. O local é considerado sagrado, pois Husayn, um membro da família de Maomé, foi martirizado lá. Segundo a crença xiita, Husayn está no Paraíso.

Fine Art Images/Heritage Images/Getty Images

Album/Fotoarena/Galeria Tretyakov, Moscou, Rússia

O justo louvando ao Senhor diante das portas do Paraíso, painel central do tríptico pintado pelo russo Viktor Vasnetsov (1848-1926).

As características desse Paraíso dependem muito da cultura e da religião em questão. Os *vikings*, por exemplo, eram um povo guerreiro, corajoso, cuja glória era morrer com a espada na mão, em batalha. Para eles, o Paraíso se chamava Valhala. As valquírias, deusas guerreiras, vinham buscar a alma dos *vikings* para conduzi-la ao Valhala, onde os guerreiros iriam guerrear eternamente e participar de banquetes magníficos.

Já o Paraíso dos muçulmanos é cheio de belas mulheres e de bebidas deliciosas, e se pode alcançá-lo cumprindo as virtudes recomendadas pelo islamismo em submissão à lei de Alá, mas também morrendo como mártir numa guerra santa.

Para os cristãos, o Paraíso é a visão direta de Deus. É estar em companhia dos anjos e na presença de Cristo, gozando da felicidade eterna.

Nas diversas religiões, o Paraíso depois da morte representa sempre uma recompensa por uma vida bem vivida e pode ser mais ou menos material. O mais imaterial possível é o nirvana, no budismo. O nirvana que os iluminados atingem não é parecido com o Paraíso descrito por outras religiões: trata-se de um estado puro de consciência, em que todos os desejos morreram, as ilusões desvaneceram-se e o *eu* se desfez.

Nas tradições judaico-cristã e islâmica, no entanto, há uma visão de Paraíso que não se dá imediatamente depois da morte, mas apenas quando chegar o dia do Juízo Final e Deus julgar todas as pessoas. Então se restabelecerá o Paraíso na Terra – aquele de que o ser humano foi expulso, com a queda de Adão e Eva.

BEBENDO NA FONTE ISLÂMICA

O Paraíso muçulmano

Diz o Alcorão, em uma de suas passagens sobre o dia do Juízo Final e o advento do Paraíso:

[...] os tementes de Deus terão

Jardins e vinhedos,

Donzelas de seios firmes, da mesma idade,

E taças cheias.

Lá não ouvirão nem futilidades nem falsidades:

Uma recompensa de teu Senhor – uma dádiva e uma prestação de contas [...]

Naquele dia, os espíritos e os anjos formarão filas diante do Senhor, e nenhum deles falará a menos que o Misericordioso lhe permita e à condição de que fale a verdade.

O Alcorão: livro sagrado do islã. 78:31-37. Tradução de Mansour Challita. 12. ed. Rio de Janeiro: BestBolso, 2017. p. 463.

Album/Fotoarena/Museu Bonnat, Bayonne, França

O sonho de um crente, tela do pintor francês Achille Zo (1826-1901) representando o Paraíso a partir da crença islâmica.

O reverso do Paraíso

Nem todas as visões do além são belas e iluminadas. Há as que fazem tremer. Na Grécia antiga, Hades era o deus do mundo inferior, para onde iam as almas, tanto as boas como as más. As almas eram sombras que Hades recebia em seu mundo, mais sombrio que paradisíaco. Os piores criminosos eram precipitados no Tártaro, um abismo infernal, onde sofriam suplícios terríveis.

Album/Fotoarena/St Andrews Chapel, Villa Manin, Passariano, Udine, Itália

As almas no purgatório, detalhe de um relevo em mármore no altar da sacristia da Capela de Santo André, em Passariano, Itália. Obra de Giuseppe Bernardi (1694-1774).

No cristianismo, durante muitos séculos, fez-se forte pregação a respeito do inferno. Ainda hoje, algumas correntes cristãs enfatizam essa ideia; mas de maneira geral ela foi bastante amenizada.

Antes, o inferno era descrito como um lugar de tormentos incríveis, com fogo, gelo, flagelações, fome, sede, trevas e horrores de toda espécie. Atualmente, no caso do catolicismo, não há mais uma descrição material do inferno. O catecismo católico menciona o inferno como a ausência eterna de Deus: estar longe da presença divina constitui o tormento da alma. Mas ainda acredita-se que essa condição será eterna para os condenados.

Algumas interpretações dizem que tanto o paraíso como o inferno são estados da consciência; podemos experimentá-los desde já. Isso significa que quem vive consumido pela inveja, pela maldade e pelo crime já está no inferno. Quem vive para o bem, em comunhão com Deus, já está no Paraíso.

Segundo a doutrina católica, há ainda um estado intermediário entre o céu e o inferno. Quem não foi tão mau a ponto de merecer o inferno, mas ainda tem pequenos pecados a pagar, fica algum tempo no purgatório para se purificar antes de atingir o céu.

O X DA QUESTÃO

1) O que seria para você o Paraíso?

2) Você acredita no inferno? De que forma? Temporário ou eterno?

3) Em seu ponto de vista, por que a ideia de Paraíso é tão universal nas culturas humanas?

FALANDO DE HISTÓRIA

À procura do Paraíso

Nas Grandes Navegações da virada do século XV para o XVI, os desbravadores do oceano buscavam riqueza, glória e fama, além de expandir os impérios europeus. Mas o que pouca gente sabe é que eles também procuravam o Paraíso.

Acreditava-se que o Éden estava ainda em algum lugar da Terra – uma região perdida, desconhecida, que era preciso ser reencontrada para restabelecer o Paraíso neste mundo. Sonhava-se com uma sociedade sem guerras, sem disputas, sem hierarquias. Imaginava-se a possibilidade de uma vida mais natural, sem as complicações da civilização europeia, antiga, cansada e com tanto sangue. Quem procurava o Novo Mundo ia em busca de um sentimento de alívio, de restauração da pureza original perdida com a expulsão do Paraíso.

Quando Cristóvão Colombo (1451-1506) e, depois, seus sucessores chegaram às praias paradisíacas da América e viram indígenas nus e pacíficos, vivendo de maneira tão ingênua e integrada com a natureza, realmente pensaram ter encontrado o Paraíso.

O historiador brasileiro Sérgio Buarque de Holanda (1902-1982) escreveu uma grande obra em que analisa essa ideia de Paraíso dos descobridores da América. Diz ele, a respeito de Colombo:

Mas Colombo não estava tão longe de certas concepções correntes durante a Idade Média acerca da realidade física do Éden [...]. E nada o desprendia da ideia, verdadeiramente obsessiva em seus escritos, de

Cristóvão Colombo desembarcando pela primeira vez na América, tela do espanhol Dióscoro Teófilo Puebla Tolín (1851-1901). Colombo chegou ao território que hoje conhecemos como América Central pela primeira vez em 1492.

Album/Fotoarena/Museu de Almería, Excmo Ayuntamiento, Espanha

Vista aérea de uma ilha do Haiti. Foto de 2014.

que precisamente as novas Índias, para onde o guiara a mão da Providência, se situavam na orla do Paraíso Terreal. [...] desde o começo de suas viagens de descobrimento, a tópica das "visões do paraíso" impregna todas as suas descrições daqueles sítios de magia e lenda.

O espetáculo que mais fortemente o impressionara no Haiti, por exemplo, a formosura, única na terra, daquela ilha coberta de árvores de mil maneiras, tão altas que parecem tocar o céu, e que, tudo leva a crer, jamais perdem as folhas [...] é um traço inseparável da paisagem edênica. Diante do Cabo Hermoso exclama, extasiado: "Y llegando yo aqui a este cabo vino el olor tan bueno y suave de flores ó árboles de la tierra, que era la cosa mas dulce del mundo" [E chegando eu aqui a este cabo, veio o odor tão bom e suave de flores ou árvores da terra, que era a coisa mais doce do mundo]. [...]

HOLANDA, Sérgio Buarque de. *Visão do paraíso:* os motivos edênicos do descobrimento e colonização do Brasil. São Paulo: Brasiliense/Publifolha, 2000. p. 19.

Orla: margem, beira.

Tópica: relativa a um tema, um assunto.

Edênica: relativa ao Éden.

AGORA É COM VOCÊ

Façam uma breve pesquisa sobre a época imediata após a descoberta da América: as guerras, os massacres, o início da escravização dos indígenas. Leiam, por exemplo, trechos do livro *Diários da descoberta da América*, de Cristóvão Colombo (Porto Alegre, L&PM, 1991), ou assistam ao filme *1492, a conquista do paraíso* (direção de Ridley Scott, Paramount Pictures, 1992). Resumam o que descobriram e, depois, respondam:

Os exploradores europeus pensavam ter achado o Paraíso, que logo se transformou num inferno, pois começaram as guerras, a ambição e o massacre das populações indígenas. O próprio Colombo, a princípio, não desejava isso. Mas por que se deram tais fatos? Procure as possíveis razões históricas e morais desses acontecimentos.

O X DA QUESTÃO

Um paraíso no passado ou no futuro? Um paraíso na Terra ou no céu? Um paraíso material ou um paraíso interior, como estado de consciência? Ou, ainda, como defendem os descrentes, tudo isso não passa de uma ilusão? Ou, ainda, poderemos construir por nós mesmos um paraíso na Terra?

Sob a orientação do professor, debata o assunto com seus colegas e, depois, responda à seguinte questão:

Entre as diferentes visões expostas, qual você escolhe? Ou você julga que todas elas, ou algumas, são conciliáveis entre si?

CONTANDO UM CONTO

A divina comédia

O italiano Dante Alighieri (1265-1321), um dos maiores poetas de todos os tempos, escreveu *A divina comédia*, em que conta ter sido levado para um passeio pelo inferno, pelo purgatório e pelo céu, segundo a visão católica medieval de sua época. Toda escrita em versos, essa é uma das obras-primas da literatura universal. Leia um resumo da obra:

A divina comédia *é a obra-prima de Dante Alighieri, que a iniciou provavelmente por volta de 1307, concluindo-a pouco antes de sua morte (1321). Escrita em italiano, a obra é um poema narrativo rigorosamente simétrico e planejado, que narra uma odisseia pelo* Inferno, Purgatório e Paraíso, *descrevendo cada etapa da viagem com detalhes quase visuais. Dante, o personagem da história, é guiado pelo inferno e purgatório pelo poeta romano Virgílio, e no céu por Beatriz, musa em várias de suas obras. [...]*

Síntese: Inferno

Quando Dante se encontra no meio da vida, ele se vê perdido em uma floresta escura, e sua vida havia deixado de seguir o caminho certo. Ao tentar escapar da selva, ele encontra uma montanha que pode ser a sua salvação, mas é logo impedido de subir por três feras: um leopardo, um leão e uma loba. Prestes a desistir e voltar para a selva, Dante é surpreendido pelo espírito de Virgílio – poeta da antiguidade que ele admira – disposto a guiá-lo por um caminho alternativo. Virgílio foi chamado por Beatriz, paixão da infância de Dante, que o viu em apuros e decidiu ajudá-lo. Ela desceu do céu e

Album/Fotoarena/Museu do Louvre, Paris, França

Dante e Virgílio, pintura do francês Eugène Delacroix (1798-1863). A obra apresenta a jornada de Dante pelo rio Estige, no Inferno.

foi buscar Virgílio no Limbo. O caminho proposto por Virgílio consiste em fazer uma viagem pelo centro da terra. Iniciando nos portais do inferno, atravessariam o mundo subterrâneo até chegar aos pés do monte do purgatório. Dali, Virgílio guiaria Dante até as portas do céu. Dante então decide seguir Virgílio que o guia e protege por toda a longa jornada através dos nove círculos do inferno, mostrando-lhe onde são expurgados os diferentes pecados, o sofrimento dos condenados, os rios infernais, suas cidades, monstros e demônios, até chegar ao centro da terra, onde vive Lúcifer. Passando por Lúcifer, conseguem escapar do inferno por um caminho subterrâneo que leva ao outro lado da terra, e assim voltar a ver o céu e as estrelas.

Síntese: Purgatório

Saindo do inferno, Dante e Virgílio se veem diante de uma altíssima montanha: o Purgatório. *A montanha é tão alta que ultrapassa a esfera do ar e penetra na esfera do fogo chegando a alcançar o céu. Na base da montanha encontram o ante-purgatório, onde aqueles que se arrependeram tardiamente dos seus pecados aguardam a oportunidade para entrar no purgatório propriamente dito. Depois de passar pelos dois níveis do ante-purgatório, os poetas atravessam um portal e iniciam sua nova odisseia, desta vez subindo cada vez mais. Passam por sete terraços, cada um mais alto que o outro, onde são expurgados cada um dos sete pecados capitais. No último círculo do purgatório, Dante se despede de Virgílio e segue acompanhado por um anjo que o leva através de um fogo que separa o purgatório do paraíso terrestre. Finalmente, às margens do rio Letes, Dante encontra Beatriz e se purifica, banhando-se nas águas do rio para que possa prosseguir viagem e subir às estrelas.*

Sete pecados capitais: segundo a Igreja, os pecados da soberba (orgulho, arrogância), da avareza, da inveja, da ira, da luxúria, da gula e da preguiça.

Rosa Mística: em *A divina comédia*, de Dante, símbolo relacionado à Virgem Maria.

Síntese: Paraíso

O Paraíso *de Dante é dividido em duas partes: uma material e uma espiritual (onde não há matéria). [...] Ainda no paraíso terrestre, Beatriz olha fixamente para o sol e Dante a acompanha até que ambos começam a elevar-se, "transumanando". Guiado por Beatriz, Dante passa pelos vários céus do paraíso e encontra personagens como São Tomás de Aquino e o imperador Justiniano. Chegando ao céu de estrelas fixas, ele é interrogado pelos santos sobre suas posições filosóficas e religiosas. Depois do interrogatório, recebe permissão para prosseguir. No céu cristalino Dante adquire uma nova capacidade visual, e passa a ter visão para compreender o mundo espiritual, onde ele encontra nove círculos angélicos, concêntricos, que giram em volta de Deus. Lá, ao receber a visão da Rosa Mística, se separa de Beatriz e tem a oportunidade de sentir o amor divino que emana diretamente de Deus, "o amor que move o Sol e as outras estrelas".*

ROCHA, Helder da. *A divina comédia:* poema épico de Dante Alighieri. Disponível em: <www.stelle.com.br/pt/index_comedia.html>. Acesso em: 11 jul. 2018.

E FAZENDO A PONTE

1) Que impressão você teve da viagem de Dante?

2) Como você descreveria uma viagem ao "mundo do além"?

NO DIA A DIA

Antigamente, os seres humanos tinham saudade de um paraíso perdido e sonhavam com um paraíso futuro. Depois passaram a achar que esse paraíso poderia ser construído na Terra. Socialistas, comunistas e anarquistas pregaram a possibilidade de um mundo ideal aqui mesmo, feito pelos seres humanos. Ainda hoje há os que creem num paraíso do passado e do futuro e ainda há os que estão convencidos de que podemos fazer aqui o nosso paraíso. Mas cada vez há mais pessoas descrentes de que exista algum paraíso. Acham que tudo isso é uma grande ilusão e que nunca haverá paraíso – nem aqui, nem no além.

Qual é a sua posição diante disso? Você acha que precisamos de uma ideia de Paraíso?

AGORA É COM VOCÊ

Sob a orientação do professor, elabore, individualmente ou em grupo, pinturas, desenhos ou colagens que exprimam sua ideia de Paraíso. Depois, com os colegas e o professor, montem painéis na sala de aula.

Papa Francisco explica o que é o Paraíso

Com o tema "O Paraíso, meta de nossa esperança", o Papa Francisco concluiu [...] sua série de catequeses sobre a esperança cristã.

[...] o Papa começou recordando que "Paraíso é uma das últimas palavras pronunciadas por Jesus na cruz, dirigidas ao bom ladrão". Diante de sua morte iminente, faz um pedido humilde a Jesus: "Jesus, lembra-te de mim quando entrares no teu reino".

Essas palavras eram o reconhecimento humilde de alguém que sabia não ter feito nada de bom, mas se confia à misericórdia de Jesus. Ele se compadece e promete que, naquele mesmo dia, o ladrão arrependido estaria com Ele no Paraíso:

"É lá, no Calvário, que Jesus tem o último encontro com um pecador, para escancarar também a ele as portas de seu Reino. É a única vez que a palavra 'Paraíso' aparece nos Evangelhos. Jesus o promete a um 'pobre diabo' que no lenho da cruz teve a coragem de dirigir a ele o mais humilde dos pedidos: 'Lembra-te de mim quando entrares no teu reino'."

Deus sempre tem compaixão dos seus filhos e, mesmo que não tenhamos nada de bom para apresentar diante d'Ele, devemos sempre nos confiar à sua misericórdia.

O bom ladrão nos recorda nossa verdadeira condição diante de Deus: que somos seus filhos e que ele vem a nosso encontro, tendo compaixão de nós, que Ele está desarmado cada vez que manifestamos a ele a nostalgia de seu amor:

"Nos quartos de tantos hospitais e nas celas das prisões, este milagre se repete inúmeras vezes: não existe pessoa, por pior que tenha sido em sua vida, a quem reste somente desespero e seja proibida a graça. Diante de Deus, nos apresentamos todos de mãos vazias."

"E cada vez que um homem, fazendo o último exame de consciência da sua vida, descobre que as faltas superam em muito as obras de bem, não deve desencorajar-se, mas confiar-se à misericórdia de Deus. Isto nos dá esperança, abre o nosso coração."

"Deus é Pai, e até o fim espera o nosso retorno. E ao filho pródigo que retornou, que começa a confessar as suas culpas, o Pai fecha a boca com um abraço."

O Paraíso – disse Francisco – "não é um lugar de fábula, e tampouco um jardim encantado. O Paraíso é o abraço com Deus, Amor infinito". [...]

PAPA: o Paraíso é o abraço com Deus. *Vatican News*, 25 out. 2017. Disponível em: <www.vaticannews.va/pt.html>. Acesso em: 11 jul. 2018.

Papa Francisco. Foto de 2018.

Alberto Pizzoli/Agência France-Presse

E PARA TERMINAR

O poeta baiano Goulart Gomes (1965-) criou um poema, em forma de cordel (literatura popular nordestina), que narra uma visita sua ao inferno, ao purgatório e ao céu, guiado pelo próprio Dante. No céu ele mostra a cooperação entre todas as religiões. Assim ele descreve a sua visita ao céu:

[...]
Ele disse: — Boa tarde
O meu nome é Gabriel
Sou um Anjo do Senhor,
Amigo de Rafael
E estou encarregado
De mostrar-lhes todo o céu
[...]
Aqui não há o Nada,
Tudo aqui é positivo,
É vibrante, é energético,
É bom, é lindo, é ativo,
A morte aqui não existe
Tudo é Amor, tudo é vivo.
[...]
Os prédios abrigavam
Os maiores humanistas
Que elevaram a Humanidade
Gênios, sábios artistas
Os que foram religiosos
Católicos, Islâmicos, Budistas
Pois que lá não havia
Mil e uma religiões
Agora só havia o interesse
De fazer com que milhões
De religiosos da Terra
Fortalecessem uniões

Religião só há uma
Como um único Deus
Contradições são bobagens
Disputas de fariseus,
Todos somos iguais
Budistas, cristãos, judeus
[...]
Ali estavam, entre outros
Arquimedes e Platão
Gandhi e Rui Barbosa,
O Evangelista João
Que procuravam enaltecer
As virtudes do coração
[...]
Perguntei a Gabriel
Quem é que dirigia
Toda a organização
Que por ali eu via
Ele disse: — Tinha certeza
Que essa pergunta farias

Em todo o imenso Universo
O Maestro é o Senhor
A Ele tudo obedece
Pois que é o Criador
Dentro das leis da Ciência

O arcanjo Gabriel, tela do pintor italiano Gaudenzio Ferrari (1475-1546).

Album/Fotoarena/Palazzo dei Musei, Pinacoteca de Varallo e Museu Calderini, Itália

Da bondade e do Amor.
Mas como todo líder
Tem o seu Ministério
O Pai coloca seus filhos
Maiores no magistério
De ensinar o Amor
Em vários hemisférios.
[...]
No Hemisfério cristão
Onde a Terra se localiza
É Cristo o mestre maior
Que as graças do pai enfatiza
Lidera a Evolução
E as lutas do Bem organiza

Mas não faz tudo sozinho
O que não lhe falta é ajuda
Tem diversos assistentes:
Maomé, Confúcio, Buda,
Ajudantes permanentes
Nunca sujeitos a muda

Krishna, Lutero, São Paulo,
Kardec, Abraão e Jacó
São outros que nunca deixam
O Mestre a lutar só
São Francisco de Assis
Amenhotep, o faraó

Cada um em sua área
Cada qual em seu setor
Todos ligados a Deus
Pelos laços de amor
Com o mesmo objetivo
De acabar com a Dor.
[...]

Album/Fotoarena/Museu Metropolitano de Arte, Nova York, EUA

O encontro de uma família no Céu, gravura do inglês Willian Blake (1757-1827).

GOMES, Goulart. *A divina comédia no cordel*. Virtualbooks. p. 24-31. Disponível em: <www.goulartgomes.com/ebooks.php>. Acesso em: 2 jul. 2018.

1) Qual a sua opinião sobre essa visão de céu?

2) Qual a mensagem principal do poema?

Reprodução/Guel Arraes/ Globo Filmes/Columbia Tristar

SESSÃO DE CINEMA

O auto da Compadecida

Direção de Guel Arraes. Globo Filmes, 2000.

O filme, baseado na obra homônima do escritor nordestino Ariano Suassuna (1927-2014), conta as aventuras dos amigos João Grilo e Chicó que, para sobreviver, passam a vida aplicando golpes pela cidade. Com a invasão da cidade por Severino, um temido cangaceiro, vários personagens são mortos e enfrentam o julgamento divino.

Procure assistir ao filme indicado pensando nestas questões:

1) A ideia de pós-morte apresentada no filme vem de que religião?

2) Como você se sentiria se estivesse no lugar de um dos personagens?

“

Senhor, deste aos homens leis plenas de sabedoria e que lhes dariam a felicidade, se eles as cumprissem. Com essas leis, fariam reinar entre si a paz e a justiça e mutuamente se auxiliariam, em vez de se maltratarem, como o fazem. O forte sustentaria o fraco, em vez de o esmagar. Evitados seriam os males, que se geram dos excessos e dos abusos. Todas as misérias deste mundo provêm da violação de Tuas leis, porquanto nenhuma infração delas deixa de ocasionar fatais consequências. [...]
Dia virá em que, segundo a Tua promessa, todos as praticarão. Desaparecido terá, então, a incredulidade. Todos Te reconhecerão por soberano Senhor de todas as coisas, e o reinado das Tuas leis será o Teu reino na Terra.
Digna-Te, Senhor, de apressar-lhe o advento, outorgando aos homens a luz necessária, que os conduza ao caminho da verdade.

Allan Kardec.

O Evangelho segundo o espiritismo. 131. ed. Brasília: FEB. p. 328.

”

Alamy/Fotoarena/Igreja de São Sulpício, Paris, França

São Miguel matando o dragão, obra do francês Eugène Delacroix (1798-1863). Afresco no teto da igreja de São Sulpício, em Paris, França. Na tradição judaico-cristã, Lúcifer muitas vezes é chamado de dragão, antigo inimigo, tentador, entre outros nomes.

9

O bem e o mal são para sempre?

De onde vêm o bem e o mal?

Todos devem se perguntar o que é o bem e o que é o mal. A resposta não é fácil, pois há diferentes ideias a respeito. Mas podemos começar por dizer que o bem é uma ação humana positiva, um agir virtuoso, um comportamento justo. A conduta humana pode ser tanto boa quanto má. É nesse sentido moral que vamos analisar a questão: O bem e o mal estão relacionados ao comportamento das pessoas? O problema é: o que é bem ou mal para alguém pode não ser para outro, e assim as coisas se complicam. As religiões e as filosofias buscam respostas a essa questão.

A forma como Santo Agostinho (354-430), filósofo cristão, tentou responder é interessante. Seu argumento era de que o Universo é inteiramente bom e que o mal é apenas a ausência ou a privação do que é bom. Onde o bem não existe, forçosamente existe o mal. Mas de onde vem o bem? O bem vem de Deus e é a marca do Criador dentro dos seres humanos. Agostinho afirmava que Deus era o supremo Bem; nada poderia ter mais bondade do que Ele. O mal é obra dos próprios seres humanos; resulta da sua liberdade, do seu livre-arbítrio.

Album/Fotoarena/Antiga Pinacoteca, Munique, Alemanha

O Diabo mostrando o Livro dos Vícios para Santo Agostinho, pintura do austríaco Michael Pacher (1435-1498). Segundo Agostinho, os vícios tornam o ser humano estulto e escravo, enquanto as virtudes o tornam sábio, livre e ajudam-no a praticar o bem.

Agostinho, porém, afirma a realidade do pecado original como uma herança que todos carregamos, uma vez que somos herdeiros de Adão. Essa semente do mal, provinda do pecado, da liberdade humana diante das leis divinas, só poderá ser curada pela graça de Deus.

Outro filósofo cristão, Santo Tomás de Aquino (1225-1274), afirmava o mesmo que Agostinho: de Deus vem a emanação de todo o bem, e o fim último da conduta humana é buscar Deus. Toda ação boa e virtuosa é a que busca Deus.

Já Sócrates (470-399 a.C.), muitos séculos antes de Agostinho, dizia que o bem provém da natureza divina da alma; praticamos o bem quando respeitamos esse princípio divino em nós. O mal é fruto da ignorância dos seres humanos em relação a si mesmos. Portanto, a ideia do bem nos é inata. Agimos bem quando respeitamos a natureza divina em nós e mal quando a desrespeitamos ou a ignoramos. Na visão socrática, o mal não é pecado, é ignorância do bem, próprio das pessoas que não se conhecem e não sabem a felicidade de serem o que são.

Album/Fotoarena/Catacumba de Marcelino e Pedro, Roma, Itália

O pecado original, afresco do século IV nas Catacumbas de Marcelino e Pedro, em Roma, Itália.

Outra visão importante da origem do mal considera que existe uma luta entre dois princípios. O modelo dessa concepção está na antiga religião persa, o zoroastrismo. Zaratustra (ou Zoroastro), seu fundador, acreditava que no Universo há duas forças oponentes em eterna disputa: a divindade, origem do bem, e uma antidivindade, origem do mal. Segundo ele – contrariando Agostinho e Sócrates –, o mal não é a ausência do bem nem ignorância das leis divinas: ele tem uma existência e é tão real quanto o bem.

Album/Fotoarena/Coleção particular

Sócrates discutindo filosofia com seus discípulos. Miniatura árabe do século XIII presente em um manuscrito turco.

Maniqueísmo: doutrina criada pelo persa Mani (ou Manes), no século III, que daria origem a uma seita religiosa segundo a qual o Universo é dominado por dois princípios antagônicos e irredutíveis: Deus (o bem absoluto) e o diabo (o mal absoluto).

As ideias de Zaratustra exerceram muita influência no mundo e em outras religiões. Depois dele, Mani (216-277), profeta também persa, fundou o maniqueísmo, justamente a ideia de que existem um bem e um mal absolutos.

Universal History Archive/Getty Images

Jacob Boehme. Ilustração do século XVIII de autoria desconhecida.

Album/Fotoarena/Coleção particular

O profeta Mani. Afresco chinês pintado entre os séculos VIII e IX na Caverna dos Mil Budas, em Turfan, China.

Mais tarde, Jacob Boehme (1575-1624), teólogo alemão influenciado pela tese de Zaratustra, defendeu que, na realidade das coisas e do Universo, havia mesmo dois princípios em luta: o bem e o mal. Mas esses princípios antagônicos estão no próprio Deus. Eles estão unidos a Deus de forma conflitante, e isso pode ser observado na realidade. Assim, esse antagonismo aparece nas criaturas de Deus – na natureza e no ser humano.

Existe ainda outra visão, que podemos chamar de evolucionista. Segundo ela, o objetivo final de todos nós é sermos bons. O mal é apenas um engano passageiro, enquanto não aprendemos a ser bons. Essa é, por exemplo, a visão espírita e de outras correntes espiritualistas.

BEBENDO NA FONTE CRISTÃ

O único bem

Santo Agostinho escreveu um livro que se tornou um clássico da literatura cristã: *Confissões*. Nele, o autor confessa suas faltas diante dos seres humanos e de Deus. Fala sobre sua conturbada existência e exalta a obra e a misericórdia divinas. E o faz com uma beleza incomparável.

Album/Fotoarena/Coleção particular

Santo Agostinho. Afresco do mestre renascentista italiano Sandro Botticelli (1445-1510) na Igreja de Todos os Santos, em Florença, Itália.

[...] Nós somos agora levados a praticar o bem, depois que o nosso coração o concebeu, inspirado pelo teu Espírito, enquanto antes éramos impelidos a fazer o mal, porque te abandonávamos. Mas tu, meu Deus, que és o único bem, não cessaste de fazer o bem. Por tua graça, realizamos algumas boas obras, mas não são eternas. Depois de as termos praticado, esperamos repousar na tua imensa santidade. Mas tu, que és o bem que não precisa de nenhum outro bem, estás sempre em repouso, porque tu mesmo és o repouso.

Que homem será capaz de fazer que outro homem compreenda essas verdades? Que anjo a outro anjo? Que anjo a um homem? É a ti que devemos pedir, é em ti que devemos buscar, é à tua porta que devemos bater. Assim, somente assim receberemos, somente assim encontraremos, somente assim nos será aberta a porta.

SANTO AGOSTINHO. *Confissões*. 4. ed. São Paulo: Paulus, 2011. p. 450. (Patrística).

O QUE VOCÊ ENTENDEU?

1) Qual é a visão de Santo Agostinho sobre o bem e o mal?

2) Com qual visão apontada pelos filósofos você concorda? Explique.

A visão contemporânea

As filosofias contemporâneas também pensam sobre o bem e o mal, mas discordam que se deva buscar seus fundamentos na religião. O bem e o mal são próprios dos seres humanos: não existem independentes da sociedade nem têm relação com algum ser superior; só podem ser determinados de acordo com os desejos, o julgamento e a necessidade das pessoas.

Segundo essa visão, uma ação que prejudica a vida, os meios de subsistência e o bem-estar da humanidade é um mal. A guerra é um mal porque destrói a vida e traz infelicidade. O bem e o mal são medidos pelo prejuízo ou pela vantagem trazidos à vida e à sociedade.

Para que não surjam esses conflitos, as sociedades criam normas que todas as pessoas devem seguir, um modo de ação que garanta as condições de sobrevivência e a felicidade de todos. A humanidade precisa se conformar com tais regras e não pode agir de outro modo para manter a vida.

Pessoas abandonando suas casas e fugindo das ações dos membros do grupo extremista Estado Islâmico em Mosul, Iraque. Foto de 2016.

Thaier Al-Sudani/Reuters/Fotoarena

A questão dos refugiados – um colapso humanitário

Diante dos males tanto das guerras quanto dos regimes autoritários, as pessoas fogem e migram, deparando com situações desesperadoras:

O movimento emigratório que abala a Europa nos dias atuais tem sido interpretado por alguns como um "colapso humanitário", por outros como um "grupo de risco". Milhares de refugiados e imigrantes têm entrado clandestinamente na Europa através da Grécia, Macedônia e Itália, fugindo da Síria, Iraque e Afeganistão. Movidos pelo desespero, tentam alcançar a Alemanha, Suécia, França e Inglaterra.

Critica-se a passividade de alguns países da União Europeia diante das milhares de mortes no Mediterrâneo, sendo raras as soluções para o acolhimento das centenas de crianças, jovens, adultos e idosos. Muitos morrem em pleno mar, sem conseguir chegar em terra firme, dadas as péssimas condições dos barcos clandestinos que comercializam "promessas de salvamento".

Para as autoridades dos países de destino os refugiados são considerados como "grupo de risco", pois colocam em perigo a economia, a composição étnica da população e a segurança nacional abaladas pelo terrorismo. Desta vez, os refugiados não são judeus, como aconteceu entre 1933-1945 sob a ocupação nazista, e sim cidadãos que fogem das violências perpetradas pelos regimes ditatoriais, principalmente no caso dos sírios. Eles querem entrar na Europa; enquanto os judeus expulsos pela ocupação nazista queriam sair da Europa.

Tradicionais estereótipos racistas e de discriminação são ainda hoje acionados pelas autoridades, que não aprenderam a lidar com as diferenças e a expressar solidariedade, valores tão caros aos Direitos Humanos. [...]

CARNEIRO, Maria Luiza Tucci. A questão dos refugiados – um colapso humanitário. *Jornal da USP*, 16 set. 2016. Disponível em: <https://jornal.usp.br/artigos/a-questao-dos-refugiados-um-colapso-humanitario/>. Acesso em: 11 jul. 2018.

Nesta foto, tirada em 2016 no mar Mediterrâneo, próximo à costa da Líbia, um barco de resgate da ONG espanhola Proactiva aproxima-se de uma embarcação precária superlotada com migrantes provenientes da Eritreia, país localizado na África oriental.

Giorgos Moutafis/Reuters/Fotoarena

Como chegar ao bem

Segundo as religiões e as filosofias que acreditam em Deus, existe no Universo um Ser muitíssimo bom, que é a medida do bem. Ele é o princípio de todas as coisas, da bondade, da justiça, da sabedoria, do amor, e não poderia ter produzido o mal. O bem, portanto, é de origem divina. O mal, de origem humana.

Os seres humanos, sendo criaturas de Deus, são naturalmente bons. Para encontrar a bondade, basta buscá-la dentro de si mesmo. As religiões pretendem ajudar nessa busca. Os ensinamentos da maioria das religiões dizem que o bem é tudo o que está de acordo com as leis de Deus. O mal é tudo o que é contrário às suas leis. Assim, fazer o bem é seguir as leis de Deus e fazer o mal é desrespeitar essas leis. Seguir essas leis, porém, não é algo desagradável. Ao contrário, como faz parte da nossa natureza, é algo que nos faz felizes. Aliás, só podemos ser felizes sendo bons.

Entretanto, é importante que os seres humanos distingam o bem do mal. Existe um parâmetro para saber se uma ação é boa ou má: somos seres inteligentes e essencialmente bons, e, por meio da inteligência, conseguimos fazer essa distinção. Temos leis interiores de bondade que podem ser alcançadas também pela inteligência e que nos guiam naturalmente ao bem. Basta, para isso, como dizia Sócrates, conhecer a si mesmo e seguir a voz da consciência.

John Moore/Getty Images

Dividir o alimento com aqueles que passam por dificuldades é uma das maneiras efetivas de fazer o bem ao próximo. Na foto, criança ajudando a família a carregar as doações de alimentos recebidas em um momento em que a economia agrícola havia decaído e a população estava necessitada. Hugo, Colorado, Estados Unidos, 2009.

As ideias de Confúcio e Mêncio

Segundo o grande mestre chinês Confúcio – assim como para Sócrates –, a ideia de bem e de mal está ligada ao comportamento humano:

[...] Quem ama verdadeiramente a bondade nunca poria nada acima dela; quem odeia verdadeiramente o mal praticaria a bondade de tal forma que nenhum mal pudesse penetrar nele. Haverá alguém que tenha dedicado todas as suas forças à bondade durante um único dia? Ninguém nunca o fez e, no entanto, não foi por falta de forças – pode ser que haja pessoas que não tenham nem a pequena quantidade de força que isso exige, mas nunca conheci nenhuma.

CONFÚCIO. *Os analectos*. 4,6. São Paulo: Martins Fontes, 2000. p. 17.

[...] Quanto ao homem bom: o que deseja alcançar para si ele ajuda os outros a alcançar; o que deseja obter para si ele possibilita que os outros obtenham – a habilidade de simplesmente tomar as próprias aspirações como guia é a receita da bondade.

CONFÚCIO. *Os analectos*. 6,30. São Paulo: Martins Fontes, 2000. p. 31.

Mêncio, um dos discípulos de Confúcio, afirmava que a natureza humana é boa:

A tendência da natureza do homem para o bem é como a tendência da água em fluir para baixo. Não há quem não tenha essa tendência para o bem, como toda água tende a fluir para baixo.

Ao batermos na água fazendo-a espirrar para cima, podemos conseguir que ela respingue acima da nossa cabeça e, ao represá-la e conduzir o seu curso, podemos forçá-la a subir, morro acima – mas estariam tais movimentos de acordo com sua natureza? É a força exercida que os causa. Quando os homens são forçados a fazer o que não é o bem, sua natureza está sendo manipulada de maneira semelhante. [...]

O discípulo Kung-too disse:

– Todos são igualmente homens; mas alguns são grandiosos e outros, insignificantes: como se dá isso?

Confúcio e Mêncio. Gravura de 1837 de autor anônimo.

Mêncio retrucou: – Aqueles que seguem o que neles é grandioso são grandiosos; aqueles que seguem o que neles é insignificante são insignificantes. À mente cabe o ofício de pensar. Pensando, ela obtém a visão correta das coisas; negligenciando o pensamento, ela fracassa nesse intento. Apegue-se o homem à supremacia da parte mais nobre de sua constituição, e a parte inferior não será capaz de lhe tomar essa posição. É simplesmente isso que faz o homem grandioso.

MÊNCIO. A natureza do homem é boa. In: MACHADO, Luiz Raul (Org.). *O livro das virtudes:* uma antologia de William J. Bennett. Rio de Janeiro: Nova Fronteira, 1995. p. 521-523.

O QUE VOCÊ ENTENDEU?

Você concorda com o critério de Confúcio para reconhecer o homem bom? E quanto à ideia de Mêncio sobre o que torna um homem grandioso? Justifique.

Anjos e demônios

A ideia de seres perfeitamente bons e de seres que representam o mal é antiga na humanidade. Mas, segundo a tradição judaico-cristã, houve um drama cósmico que desencadeou o mal no mundo. Havia anjos de luz que eram perfeitos e adoravam a Deus, mas um deles, um príncipe angelical, o arcanjo chamado Lúcifer (cujo nome vem da palavra "luz"), liderou uma rebelião contra Deus. Tomado de orgulho e revolta, abandonou sua perfeição, junto com outros anjos. Passou, então, a ser o príncipe das trevas, mais conhecido como Satanás; e os anjos caídos, os demônios.

Foi Lúcifer que, na forma de serpente, tentou Eva no jardim do Éden. Adão e Eva viviam tranquilos no Paraíso criado por Deus até que a serpente lhes inspirou a desobediência. Aí começou o mal no mundo. Então, segundo as religiões judaico-cristãs, o mal teve sua origem cósmica na queda dos anjos, e sua origem terrestre se deu na queda do primeiro ser humano.

Segundo essa mesma crença, os demônios e aqueles que lhes derem ouvidos permanecerão eternamente no inferno, afastados do amor divino; os que seguirem Deus serão salvos para ficar eternamente no céu com os anjos.

Album/Fotoarena/Antiga Pinacoteca, Munique, Alemanha

A queda dos anjos, do belga Peter Paul Rubens (1577-1640). Na obra vemos o combate entre São Miguel Arcanjo, auxiliado por outros anjos de Deus, e Lúcifer, com seus anjos caídos.

Album/Fotoarena/Museu do Prado, Madri, Espanha

O Pecado Original. Tela do belga Frans Francken II, o Jovem (1581-1642). Na obra podemos ver desde a criação de Eva, à esquerda, até a expulsão de ambos após desobedecerem a Deus, à direita.

O X DA QUESTÃO

1) Qual concepção de bem e mal parece lhe fazer mais sentido? Justifique sua resposta.

2) Faça uma crítica à concepção que lhe pareceu menos satisfatória. Reúna argumentos para justificar sua resposta.

3) Sob a orientação do professor, forme, com seus colegas, quatro grupos: dois pesquisarão a vida de Zaratustra; dois, a de Mani. Levantem suas principais ideias e influências. Depois apresentem para os outros grupos o que descobriram.

FALANDO DE TEOLOGIA

O demônio tem salvação?

O demônio foi muito temido durante séculos, atribuindo-se a ele grandes poderes de dominar o mundo e desviar o ser humano de Deus. Segundo as teologias católica e protestante, ele não tem salvação. Mas nem todos concordam com isso. O escritor católico italiano Giovanni Papini (1881-1956) refletiu a esse respeito, mas sua visão não é aceita pela Igreja católica:

A teologia católica ensina que as penas infernais são eternas e que Satanás, portanto, não será readmitido às hostes dos anjos. Mas outra opinião tiveram alguns teólogos dos primeiros séculos do cristianismo e alguns poetas dos tempos modernos.

O grande Orígenes [...] acreditava e sustentava que a redenção era o início do retorno de todos os seres criados, agora divididos e corrompidos, ao seio infinito da perfeição divina. [...] A meta final da redenção era o grande retorno, a reconciliação universal, aquilo que Orígenes chamava de apocatástase.

O teólogo alexandrino, a partir dessa ideia, admitia também a salvação final do Diabo. Ele acreditava que os demônios se tornariam anjos. "Alguns primeiro, outros mais tarde, depois de longos e severos tormentos, retornarão às esferas dos anjos, depois se elevarão aos graus superiores e alcançarão as regiões invisíveis e eternas..." [...]

São Jerônimo foi, na juventude, grande admirador de Orígenes, e em seu Comentário à Epístola aos efésios *declara [...]: "Na época da restauração universal [...] o Anjo Apóstata voltará ao seu primeiro estado e o homem entrará de novo no paraíso do qual foi banido". [...]*

A ideia de Orígenes foi retomada a partir do século XVI pelos poetas. [...] Como em Victor Hugo [...]:

O arcanjo ressuscita e o demônio se acaba.

Que da noite sinistra, nada já mais reste.

Satã morto, renasce Lúcifer celeste!

Hostes: tropas, exércitos.

Alexandrino: pertencente a Alexandria (Egito).

Apóstata: que abandonou sua fé.

Album/Fotoarena

Giovanni Papini. Florença, Itália, 1913.

Para Papini, a sensibilidade dos cristãos mudou nos últimos séculos:

Esses pensam que um Deus verdadeiramente Pai não pode atormentar eternamente seus filhos; afirmam que um Deus todo amor, como foi apresentado por Cristo mesmo, não pode negar eternamente o seu perdão nem mesmo aos mais famosos rebeldes. A misericórdia, ao final dos tempos [...], deve superar também a justiça. [...]

PAPINI, Giovanni. *Il diavolo:* appunti per una futura diabologia. Milão: Arnoldo Mondadori Editore, 1985. p. 222-228. Tradução dos autores.

A visão oficial do catolicismo a respeito do demônio permanece contrária à ideia de Papini:

É o carácter irrevogável *da sua opção, e não uma falha da infinita misericórdia de Deus, que faz com que o pecado dos anjos não possa ser perdoado. "Não há arrependimento para eles depois da queda, tal como não há arrependimento para os homens depois da morte".*

Catecismo da Igreja católica. 393. Disponível em: <www.vatican.va/archive/cathechism_po/index_new/prima-pagina-cic_po.html>. Acesso em: 3 jul. 2018.

AGORA É COM VOCÊ

Você acredita na existência do demônio? Por quê? Se acredita, pensa que ele poderá ser salvo?

CONTANDO UM CONTO

Riobaldo e o demônio

Um dos maiores e mais belos clássicos da literatura brasileira é *Grande sertão: veredas*, de João Guimarães Rosa (1908-1967). Passado no sertão, entre jagunços e matadores, num mundo rude e numa realidade doída, o livro apresenta muitas discussões filosóficas e religiosas. Uma das questões tratadas é a do demônio, figura muito popular. O narrador do livro é o personagem Riobaldo. É ele quem aqui reflete:

De primeiro, eu fazia e mexia, e pensar não pensava. Não possuía os prazos. Vivi puxando difícil de difícel, peixe vivo no moquém: quem mói no asp'ro, não fantasêia. Mas, agora, feita a folga que me vem, e sem pequenos dessossegos, estou de range rede. E me inventei neste gosto, de especular ideia. O diabo existe e não existe? Dou o dito. Abrenúncio. Essas melancolias. O senhor vê: existe cachoeira; e pois? Mas cachoeira é barranco de chão, e água se caindo por ele,

Terra seca no Sertão baiano. Caetité (BA), 2015.

retombando; o senhor consome essa água, ou desfaz o barranco, sobra cachoeira alguma? Viver é negócio muito perigoso...

Explico ao senhor: o diabo vige dentro do homem, os crespos do homem – ou é o homem arruinado, ou o homem dos avessos. Solto, por si, cidadão, é que não tem diabo nenhum. Nenhum! – é o que digo. [...]

Senhor sabe: Deus é definitivamente; o demo é o contrário Dele... [...]

ROSA, João Guimarães. *Grande sertão*: veredas. 22. ed. Rio de Janeiro: Nova Fronteira, 2015.

E FAZENDO A PONTE

1) Qual é a principal visão a respeito do demônio que Guimarães Rosa apresenta nesse trecho? Você concorda com ela?

2) Explique o que você entendeu da última frase: "Deus é definitivamente; o demo é o contrário Dele".

FALANDO DE EDUCAÇÃO

O exemplo do padre Flanagan

O padre Edward J. Flanagan (1886-1948) tem uma linda história de dedicação às crianças e aos jovens, especialmente àqueles que haviam cometido alguma infração à lei e que eram vistos por muitos na sociedade como pessoas irrecuperáveis. Para ele, não havia meninos maus; só má educação e maus ambientes.

Em 1917, nos Estados Unidos, ele fundou uma instituição e iniciou sua tarefa. A maioria dos reformatórios tratava os internos com violência e castigos, mas na casa de Flanagan a educação era dada pelo amor. Lá, ele recebia meninos de todos os pontos do país e de todas as religiões, que chegavam enviados pelo governo ou até por vontade própria. A iniciativa cresceu tanto que, em poucos meses, ele teve de se instalar em outro local. Menos de quatro anos depois, mais de 1 300 garotos haviam sido atendidos.

Alamy/Fotoarena

Padre Flanagan. Foto da década de 1940.

Com o tempo, Flanagan foi obrigado a se transferir para uma fazenda, mas lhe faltavam recursos financeiros. Admiradores de seu trabalho, então, arrecadaram mais de 200 mil dólares para a construção da "Cidade dos Meninos", governada pelos próprios meninos – que elegiam o prefeito e os membros da assembleia – e supervisionada pelo padre. Uma cidade sem muros, sem guardas, sem punições; com escola, ginásio de esportes, edifícios de moradia e áreas de trabalho.

Os meninos organizavam muitas atividades: jornais, coral, agricultura, esportes, orquestra, rádio... O sucesso da cidade chegou a atrair a atenção do cinema e foram realizados dois filmes sobre o padre e sua obra. Flanagan foi reconhecido nos Estados Unidos e no mundo. Passou a fazer palestras e trabalhos por todos os cantos do planeta. Já não ajudava mais apenas os jovens da sua instituição, mas as crianças e os jovens do mundo. Quando estava em Berlim, logo depois da Segunda Guerra Mundial, em 1948, morreu repentinamente.

A cidade criada por Flanagan existe até hoje e conta com quase cem edifícios, além de escolas, hospitais, universidade, creches e postos de atendimento a crianças e jovens e a famílias de todo o país.

AWL Images/Getty Images

Entrada do prédio central da Cidade dos Meninos. Foto de 2012.

AGORA É COM VOCÊ

Comente o ponto de vista do padre Flanagan, segundo o qual não há meninos maus; só má educação e maus ambientes. Você concorda? Por quê?

Alex de Jesus/O Tempo/Futura Press

Criança vendendo doces em rua de Belo Horizonte (MG), em 2016. A realidade das crianças e adolescentes que vivem nas ruas é trágica, pois estão sujeitos a todo tipo de violência e situações de vulnerabilidade social.

NO DIA A DIA

No Brasil, ainda temos uma realidade perversa. Muitas crianças vivem na rua e os jovens estão cada vez mais à mercê da violência.

É necessário pensar: O que nosso país tem oferecido às crianças e aos jovens? O abandono provoca problemas sociais graves. As ruas têm sido pais e mães desses jovens e crianças, que não têm condições de fugir dessa realidade e arrumar sustento.

Falta, por parte da sociedade e dos governantes, vontade de resolver o problema. Falta incluir esses jovens e essas crianças abandonadas nos ideais do presente e do futuro da nossa nação. Voltar nossos olhos e nosso amor para eles. Como fez Flanagan.

Boa parte dos brasileiros ainda não tem essa consciência. Na visão deles, dar uma esmola no farol – quando dão – já é muito, ou pelo menos alivia a consciência. Acham que os menores de rua deveriam ser tratados com mais rigidez e que o Estatuto da Criança e do Adolescente protege os jovens marginais. O lugar desses menores, para eles, é a cadeia.

Desenvolva um texto defendendo sua visão sobre esse problema.

O X DA QUESTÃO

Há no mundo uma visão maniqueísta do bem e do mal. Há quem faça coisas ruins por ter uma visão demasiado rígida de bem e de mal. Por exemplo, certas pessoas de algumas religiões se julgam do lado do bem e acham que as outras religiões estão do lado do mal. Por isso são intolerantes. Certos religiosos consideram outras religiões que não a sua como obra do demônio. Ou, ainda, um pensador se acha com a verdade inteira e avalia o outro como totalmente errado. Dessa forma, como pode haver convivência fraterna?

Tais formas de ver as coisas estão por toda parte – desde os filmes de herói e vilão até as religiões, que deveriam praticar a fraternidade e ajudar a construir a paz. O dualismo entre o bem e o mal tem levado a guerras, a disputas dentro de um mesmo povo e à infelicidade.

É verdade que muitos defendem que a bondade está em todos e em todas as religiões, mas essa visão "tolerante" é criticada pelos fundamentalistas. Em pleno século XXI, parece difícil romper a maneira maniqueísta de enxergar a vida, a moral e a verdade.

Sob a orientação do professor, debata esse assunto com seus colegas e, depois, responda: O que podemos fazer para resolver esse grave problema na humanidade? Isso depende dos indivíduos ou de sua crença?

Fundamentalistas: que guardam obediência rigorosa às suas crenças, não admitindo interpretações livres, por exemplo, dos textos sagrados.

AGORA É COM VOCÊ

Sob a orientação do professor, reúna-se em grupo com seus colegas para criar uma peça de teatro. O tema será "O bem e o mal".

E PARA TERMINAR

Leia o poema a seguir e, depois, responda às questões.

Menino triste

Que queres, menino triste,
que me paras no farol?
Que sonho escuro que viste,
Pois teus olhos não têm sol?

Tua madrasta é a rua,
Com seu cimento gelado.
E de noite, nem a lua
Te dá um olhar de trocado...

Quem te largou neste mundo,
Para catares esmola?
Se roubas, és vagabundo...
Mas quem te roubou a escola?

E quem te arrancou da mão
Um brinquedo e uma esperança?
Quem te tirou, sem perdão,
O direito a ser criança?

Tua escola é a calçada,
Que frequentas todo em trapos.
Se o dia não rende nada,
Logo apanhas uns sopapos.

Menino, no olhar me imploras
Muito mais do que um favor.
Querias que tuas horas
Fossem preenchidas de amor!

Mas o que vês são os carros!
Passam depressa, sem dó.
Os sorrisos te são raros.
O Brasil te deixa só.

Minha poesia já chora:
Os meninos são milhões.
Será que o povo de agora
Perdeu os seus corações?

Vá correndo, minha Musa,
Pedir ao homem tão duro,
Que das riquezas abusa,
Que reparta seu futuro!

Poderá haver perdão,
Dizei-me vós, Senhor Deus,
Para a megera nação
Que assim trata os filhos seus?

E a Musa conclama alto,
Com resquícios de esperança:
Brasil, não jogues no asfalto
A alma de uma criança!

INCONTRI, Dora.

Musa: divindade inspiradora da poesia.

Edmar Barros/Futura Press

Garoto trabalhando como malabarista em uma rua para arrecadar dinheiro e ajudar na renda familiar. Manaus (AM), 2017.

1) Como demonstrou padre Flanagan, a educação é muito importante para desenvolver o lado positivo do ser humano. Se você estivesse na situação desse menino do poema, o que faria?

2) Qual é o verdadeiro mal que se apresenta no poema?

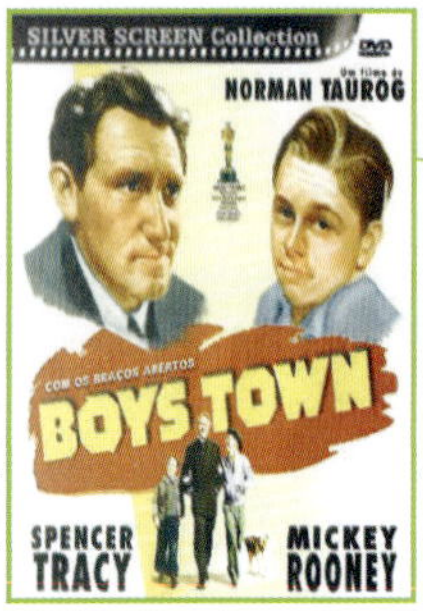

Reprodução/Norman Taurog/Warner Home Video

SESSÃO DE CINEMA

Com os braços abertos

Direção de Norman Taurog. MGM, 1938.

Após ouvir o desabafo de um homem condenado à pena capital, pouco antes da execução, padre Flanagan, que sempre acreditou que todos nascem bons mas se desviam no decorrer da vida, decide começar a acolher alguns jovens que cometeram crimes e seriam enviados a instituições nas quais não haveria amor e educação que os ajudasse a se recuperar. Assim se inicia o projeto de sua vida, a *Cidade dos Meninos* (Boys Town) no estado do Nebraska. No filme, o grande desafio de Flanagan é Whitey Marsh, um jovem encrenqueiro que vive entrando e saindo da instituição e se metendo em confusões.

Procure assistir ao filme indicado pensando nestas questões:

1) Qual foi o método usado por padre Flanagan para recuperar os meninos?

2) Na sua opinião, um projeto como esse seria possível no Brasil? Explique.

> Minha alma é morada muito estreita para Te receber: será alargada por Ti, Senhor. Está em ruínas: restaura-a! Tem coisas que ofendem aos Teus olhos: eu o sei e confesso. Mas quem pode purificá-la? A quem, senão a Ti, eu clamarei [...]?

Santo Agostinho.

Confissões. 4. ed. São Paulo: Paulus, 2011. p. 23. (Patrística).

10 Exemplos de vida

A obra *Mártires cristãos entrando no anfiteatro*, do francês François-Léon Bénouville (1821--1859), retrata o período em que os cristãos eram perseguidos e mortos pelo Império Romano como forma de diversão.

Os heróis e os santos

Em todas as épocas e culturas sempre houve pessoas que serviram de exemplo. Pessoas veneradas, que ficam na memória dos povos e às vezes tornam-se mitos ou entes sobrenaturais cultuados pelas religiões. Heróis, mártires, santos, mestres e sábios – homens e mulheres célebres que conquistam o coração dos seres humanos.

Será que eles existem mesmo? O que é preciso para também se tornar assim tão especial? Uma graça divina, um esforço pessoal, um dom inato? O que é isso que faz uma pessoa muitas vezes doar-se totalmente em favor de outros e se tornar um herói ou um mártir?

Alamy/Fotoarena

O frei Maximiliano Maria Kolbe (1894-1941) foi preso pelos nazistas em um campo de concentração e, ao ver um pai de família ser ameaçado, não hesitou em trocar de lugar com o rapaz e morrer em seu lugar. Foto de 1941.

Na Grécia antiga, houve em primeiro lugar os heróis, que eram considerados semideuses. Hércules, com sua força e habilidade extremas, era filho de uma mortal e de Zeus e, por isso, herdeiro de um pouco de seu poder. Perseu, com sua coragem e inteligência, enfrentou a Medusa, que petrificava quem olhasse para ela. Orfeu atreveu-se a ir até o reino da morte para buscar sua amada Eurídice.

Esses heróis são figuras lendárias; fazem parte dos mitos. Mas é possível que pessoas reais tenham inspirado essas lendas.

Mais provável é a existência de personagens como Ulisses e Penélope – que fazem parte dos poemas de Homero, *Ilíada* e *Odisseia*, que retratam a guerra de Troia e o retorno de Ulisses a Ítaca após o conflito. Ulisses era modelo de coragem e persistência, e Penélope era o exemplo de amor conjugal fiel e de esperança.

Album/Fotoarena/Galeria Nacional, Londres, Inglaterra

O retorno de Ulisses para Penélope. Pintura do italiano Bernardino di Betti (1454-1513), mais conhecido como Pinturicchio.

A história de Perseu

Certo dia, o rei Acrísio, pai de Dânae, foi ao oráculo de Delfos perguntar como poderia ter um filho. O oráculo respondeu que ele nunca teria um filho, mas sua filha sim – e que esse neto seria a causa de sua ruína. Acrísio, então, mandou fazer uma câmara de bronze debaixo da terra e prendeu a filha lá. Assim, ela nunca poderia ter um filho. Mas Zeus apaixonou-se por Dânae e conseguiu entrar na câmara, lá passando a noite. Meses depois, nasceu Perseu, filho de Zeus.

Album/Fotoarena/Museu Metropolitano de Arte, Nova York, EUA

Perseu com a cabeça da Medusa, escultura em mármore do italiano Antonio Canova (1757-1822).

Ao saber do ocorrido, Acrísio ficou furioso e mandou construir uma caixa, colocar mãe e filho nela e soltá-los no mar. Ficaram perdidos por um bom tempo, mas foram resgatados por pescadores e levados a uma ilha, onde o rei Polidectes tornou Dânae escrava e mandou educar o menino, Perseu. Ao atingir a juventude, Perseu resolveu libertar a mãe. Em troca da liberdade da mãe, ofereceu ao rei um grande prêmio que todos na Antiguidade queriam: a cabeça da Medusa. O rei aceitou, mas sabia da dificuldade de Perseu para cumprir a promessa, pois a Medusa transformava em pedra quem se atrevesse a olhá-la. Perseu lançou-se corajosamente na aventura.

Quem ajudou o herói foram as Náiades, que lhe deram ferramentas para poder cumprir sua missão. Uma lhe trouxe calçados alados, outra um capacete que o tornava invisível e a terceira, um alforje, no qual ele colocaria a cabeça da Medusa. De posse desses instrumentos, Perseu apressou-se para realizar sua tarefa. Na caverna, Medusa dormia. Ele tinha de tatear a cabeça dela, sem olhar, para não se tornar pedra. Ajudado pela deusa Atena, ele olhou a Medusa pelo reflexo dela num escudo brilhante e então cortou sua cabeça com uma espada em forma de foice, colocando-a no alforje.

Náiades: divindades gregas que regiam os rios e as fontes.

Disco: neste caso, chapa redonda, de ferro ou pedra, usada em provas de arremesso.

Perseu levou a cabeça até o rei, que, satisfeito com o presente, soltou Dânae. Os dois voltaram à cidade natal para se reconciliar com Acrísio, que mandou realizar uma enorme festa para receber o neto e a filha em paz. Durante a celebração, porém, as crianças brincavam com um disco; Perseu, não resistindo, quis jogá-lo também. O disco, porém, feriu mortalmente Acrísio nos pés. Muito triste, o herói resolveu ir embora. Tempos depois, tornou-se rei em Tirinto e formou uma grande família.

O QUE VOCÊ ENTENDEU?

Nessa história, qual é o modelo de herói?

Do heroísmo ao martírio

Com o advento do cristianismo, mudaram-se os valores considerados fundamentais aos grandes homens e mulheres: não era mais a coragem de matar e de enfrentar batalhas sangrentas que contava, mas a humildade, a bondade, a devoção a Deus e, nos primeiros séculos do cristianismo, a capacidade de dar a vida por Cristo.

Nos primeiros trezentos anos depois do nascimento de Jesus, as ideias cristãs eram combatidas pelo Império Romano, e milhares de cristãos morreram martirizados dando testemunho de sua fé. Muitos deles foram considerados santos: cristãos excepcionais, que viveram uma vida de quase perfeição e em comunhão com Deus.

Morrer por Jesus, nos primeiros tempos cristãos, era considerado a glória máxima, a graça de imitá-lo até no sacrifício da morte. Foi assim desde os primeiros apóstolos: Paulo morreu decapitado; Pedro, crucificado de cabeça para baixo; Tiago, apedrejado... Esse período de martírio só chegou ao fim quando o cristianismo deixou de ser perseguido e tornou-se aceito pelo Estado.

Album/Fotoarena/Galeria Nacional, Londres, Inglaterra

Salomé com a cabeça de João Batista, do mestre italiano Caravaggio (1571-1610). Salomé pediu de presente a cabeça de João Batista, que sempre dedicou a sua vida a Cristo. Antes mesmo de Jesus começar a compartilhar seus ensinamentos, João Batista já sabia que Jesus era a promessa divina.

Mais tarde, a Igreja católica perseguiu algumas pessoas que depois reconheceria como santas. Exemplo extremo foi a francesa Joana d'Arc (1412-1431), que morreu queimada aos 19 anos de idade, condenada por um tribunal eclesiástico, e depois foi canonizada pelo papa Bento XV, em 1920.

Joana d'Arc era uma camponesa que começou a ouvir vozes de santos, incumbindo-a de uma missão: unificar a França e expulsar os ingleses, que dominavam o país havia muito tempo. Em obediência às vozes, ela liderou o exército francês e obteve sucesso na expulsão definitiva dos ingleses. Porém, por ouvir vozes, foi também considerada feiticeira e condenada à morte pela Inquisição.

De acordo com a Igreja católica, o que caracteriza um santo é, em primeiro lugar, uma vida moral acima da média e, em segundo, a realização de fenômenos extraordinários, vistos como milagres: curas; conversas com Jesus, com santos ou anjos; inspiração sobre acontecimentos futuros; estar em dois lugares ao mesmo tempo; etc.

Esse último fenômeno aconteceu, entre outros, com o famoso Santo Antônio de Pádua (1191-1231): ele estava na Itália e apareceu defendendo seu pai num julgamento em Portugal, tendo comprovado a sua inocência.

E qual o valor dos santos, segundo a Igreja católica? Eles nos inspiram com seu exemplo de perfeição moral (todo cristão é chamado à santidade) e intercedem por nós junto a Deus. Os católicos oram diretamente a Deus e podem orar aos santos para que peçam a Ele por nós.

Album/Fotoarena/Panthéon de Paris, França

Joana d'Arc na fogueira, do pintor francês Jules Eugène Lenepveu (1819-1898).

Album/Fotoarena/Coleção particular

Santo Antônio. Gravura de 1920 de autoria desconhecida.

BEBENDO NA FONTE HUMANISTA

Simone Weil: filósofa e mística

Eis a história de uma pessoa comum, que viveu não faz muito tempo e que é um modelo de vida:

Rue des Archives/Tallandier/Latinstock

Simone Weil (1909-1943), em Londres, Inglaterra, em 1943.

Há pouco mais de 60 anos, na solidão da noite de 24 de agosto de 1943, morria, na mais completa solidão, em um sanatório de Ashford, Inglaterra, a filósofa francesa Simone Weil. Aos 34 anos apagava-se uma vida que, apesar de curta, marcou a história e o pensamento do Ocidente do século 20. [...]

Simone nasceu em Paris a 3 de fevereiro de 1909, filha de uma família de origem judaica. Seu pai era um médico da Alsácia e sua mãe originária da Rússia. Seu irmão foi um precoce matemático, mais tarde brilhante docente em Princeton, EUA. Formada em filosofia pela Sorbonne, em Paris, Simone foi a primeira mulher catedrática da França. Formada em completo agnosticismo, desde muito jovem revelou-se apaixonada pelo tema da condição humana no mundo do trabalho.

Agnosticismo: posição filosófica de quem nem crê nem descrê na existência de Deus.

Militante aguerrida na juventude, Simone viveu intensamente as lutas, esperanças e dores de seu tempo. Profundamente consciente da opressão de que eram vítimas os operários em seu país, levou sua solidariedade a ponto de deixar a cátedra e trabalhar numa fábrica pelo período de um ano.

De acordo com suas palavras, essa decisão era, antes de tudo, "um ato de obediência" que, uma vez vivido, será percebido como tendo "matado sua juventude e configurado sua pessoa à desgraça e infelicidade alheias". Nos anos 30 a intelectual Simone vive junto aos operários franceses a crise e o desemprego. São anos duros, decisivos em sua vida. Neles, em suas cortantes palavras, recebe na carne a marca da escravidão que "é o trabalho sem luz de eternidade, sem poesia, sem religião".

Durante a evolução de seu processo intelectual e interior, a filósofa que experimenta de dentro a vida dos pobres em condições de aguda exploração ficará marcada e ferida para sempre pela verdade de que "nenhuma poesia sobre o povo é autêntica se a fadiga não estiver presente nela, assim como a fome e a sede nascidas da fadiga". Simone deixará, a partir daí, em seus escritos históricos e políticos, um insuperável diagnóstico das causas da escravidão moderna, na qual "as coisas representam o papel dos homens, os homens representam o papel das coisas: eis a raiz do mal".

A "marca da escravidão" e o sentimento de solidariedade levarão Simone à fé cristã, quando, numa viagem de repouso em Viana do Castelo, um vilarejo português de pescadores, assiste a uma procissão das mulheres do lugar. Em seu ardente relato diz: "Ali tive de repente a certeza de que o cristianismo é, por excelência, a religião dos escravos, que os escravos não podem não aderir a ela, e eu entre os outros".

Mais tarde, em Assis, tem significativa experiência religiosa: na capelinha românica do século 12 de Santa Maria dos Anjos, "incomparável maravilha de pureza onde São Francisco rezou muitas vezes, alguma coisa mais forte do que eu me obrigou, pela primeira vez na vida, a me pôr de joelhos".

Românica: arquitetura usada em construções religiosas, inspirada nas formas romanas e bizantinas.

A partir daí, o itinerário de vida de Simone vai ser um contínuo despojar-se, um "abaixar-se" e um ir ao encontro de uma proximidade cada vez mais amorosa e profunda ao Cristo Crucificado e sempre mais solidária com os pequenos, os humildes, os desprezados, os "párias" da modernidade. [...]

BINGEMER, Maria Clara. Filósofa e mística. *PUC-Rio*. Disponível em: <http://agape.usuarios.rdc.puc-rio.br/artigosjb.htm>. Acesso em: 3 jul. 2018.

O QUE VOCÊ ENTENDEU?

Na sua opinião, Simone Weil pode ser considerada um exemplo de santidade? Por quê?

Budas e espíritos puros

Para o budismo, todos os seres humanos são budas em potencial. "Buda" é o título dado àqueles que, assim como o príncipe Siddartha Gautama, atingem a iluminação. O que caracteriza um buda é a sua capacidade moral, seu desapego da matéria, sua compaixão pela humanidade e, com tudo isso, o fato de não mais ter de reencarnar no mundo, num corpo material.

Para o budismo da corrente *mahayana*, há figuras muito bonitas, como os *bodhisattvas*: seres que já poderiam estar gozando a paz do nirvana, porque se libertaram de toda dor e todas as ilusões, mas que decidiram ficar conosco na Terra, reencarnando entre nós, por compaixão da humanidade. Os budistas dirigem-lhes orações e acreditam que eles ajudam as pessoas em seu caminho de iluminação.

Reprodução/Museu de Arte de Seattle, EUA.

Descida do buda Amida com vinte e cinco bodhisattvas. Pintura japonesa do século XIV, autoria desconhecida.

No hinduísmo, há concepções semelhantes: aqueles que conseguem dominar a si mesmos, praticar as virtudes e se libertar da necessidade de encarnar são iogues, sábios, mestres, gurus, que devem ser respeitados e ouvidos.

Para o espiritismo, todas as criaturas humanas estão destinadas à perfeição, pois Deus nos criou para isso. Temos inúmeras vidas para atingir essa meta. Alguns estão mais à frente e já a atingiram – são os espíritos puros, que, assim como os *bodhisattvas* do budismo, continuam ajudando a humanidade a evoluir. Mas não são seres especiais; são apenas irmãos mais evoluídos. Os espíritas também oram a esses espíritos, pedindo ajuda e proteção, e acreditam que o mais perfeito dos espíritos que já vieram à Terra é Jesus de Nazaré.

Estátua de parinirvana de Buda, o estado final do nirvana. Estátua localizada nas Grutas de Buda, Dunhuang, China. O local é considerado Patrimônio Mundial pela Unesco. Foto de 2016.

Zhang Peng/LightRocket/Getty Images

Existe mesmo perfeição?

Para os que acreditam em Deus, só Ele é totalmente perfeito. Mas talvez possamos chegar perto: os exemplos vistos até agora mostram isso.

Já os céticos afirmam que, em torno daqueles considerados santos, heróis, *bodhisattvas* ou espíritos puros, houve na verdade mitificação, isto é, criação de mitos. É que para muitos não é próprio do ser humano tanta bondade, compaixão e tanto desapego das coisas materiais... Os céticos criticam a tendência de idealizar certas pessoas, pois na verdade elas não passam de seres humanos comuns.

Tudo depende da ideia que temos a respeito da natureza do ser humano: se achamos que ele é apenas um animal, com instintos de agressividade e sexualidade e nada mais, é difícil acreditar que Buda se desprendeu de tudo ou que Francisco de Assis foi um santo.

Nem todos os céticos descreem da possibilidade de bondade humana, mas sempre a consideram dentro de um limite bastante humano, sem transcendência divina.

São Francisco recebendo os estigmas, do Mestre de Hoogstraten (1475-1530).

Por outro lado, se tivermos a ideia de que existe algo de divino no ser humano e que só precisa ser cultivado para vir à tona, ficará mais fácil enxergar a perfeição moral de algumas criaturas. Religiosos de todas as áreas apontam justamente essas pessoas como prova de que o ser humano pode ser muito mais do que comumente se permite ser.

Não devemos, entretanto, pensar que pessoas sem religião ou descrentes não sejam capazes de bondade e altruísmo – o que apenas evidencia que a possibilidade de o ser humano ser virtuoso não depende de uma crença em particular.

Luz divina, obra do dinamarquês Baron Arild Rosenkrantz (1870-1964).

O X DA QUESTÃO

1) Como você descreveria um ser humano ideal? É possível alguém ser assim?

2) Você já pensou na possibilidade de se tornar um santo, um herói, um espírito superior? Justifique.

3) Qual das ideias descritas sobre a perfeição faz mais sentido para você? Por quê?

FALANDO DE EDUCAÇÃO

Os jovens e seus mestres

A juventude tem uma tendência natural de cultivar ídolos, heróis, pessoas a quem quer seguir ou imitar. Isso pode ser bom, mas às vezes tem seus perigos.

Os primeiros heróis geralmente são os pais. Mas o adolescente ou o jovem pode se decepcionar, porque os pais não são perfeitos: são seres humanos comuns, com fraquezas e dúvidas, embora estejam na função de orientar e ajudar os filhos em seu desenvolvimento.

Muitos pais podem cumprir essa tarefa com responsabilidade e amor, mas alguns não conseguem e acabam fracassando, abandonando os filhos ou tratando-os com autoritarismo... Em casos como esses, os filhos precisam ter forças para superar a situação e não deixar que sua vida seja prejudicada pelos erros dos pais, perdoando-os na medida do possível.

O perigo maior para adolescentes e jovens é serem enganados por falsos santos, profetas ou líderes. Há jovens que seguem seitas nas quais perdem a individualidade e sofrem verdadeiras lavagens cerebrais. Há outros que são seduzidos sexualmente por pessoas mais velhas que depois os descartam. Há também os que ficam fascinados por políticos que pregam a entrega total a um ideal, mas na verdade usam a força da juventude em seu próprio benefício e proveito, para se tornarem poderosos.

Jales Valquer/Fotoarena

Público durante um *show* no festival Lollapalooza, realizado no Autódromo de Interlagos, São Paulo (SP), em 2018.

Por tudo isso, se é importante ter modelos de vida, exemplos inspiradores, mestres de sabedoria que sirvam como luz no caminho, mais importante ainda é ter espírito crítico, ter cuidado e pensar por si próprio. O verdadeiro mestre (seja alguém que já pertença à História, seja alguém de nossas relações) é aquele que nos estimula a pensar por nós mesmos e nos abre caminhos – e não aquele que toma conta de nossa consciência.

Outro bom parâmetro para medir se alguém é um mestre sincero e autêntico é observar suas atitudes diante da vida. Elas revelam ética, retidão, seriedade? Então, é possível confiar.

AGORA É COM VOCÊ

Você tem alguém que lhe sirva de inspiração? Quem? Como pode descrevê-lo? Se não tem, explique por quê.

NO DIA A DIA

É comum que as pessoas tenham ídolos produzidos pela mídia: cantores, atores, *youtubers*, heróis do cinema, etc. O poder da mídia em criar ídolos e modelos é bem maior do que se pode imaginar. Nossa adesão a esses modelos acaba sendo automática, sem sequer nos darmos conta.

Arionauro/Acervo do cartunista

Aquelas pessoas que não têm senso crítico são facilmente enganadas pela mídia que, muitas vezes, manipula fatos e informações em favor de ideologias e interesses próprios. Charge do ilustrador e cartunista brasileiro Arionauro (1968-).

Para muitos estudiosos, esses ídolos da mídia transmitem, de maneira sutil, valores nem sempre bons, em geral ligados ao consumismo, ao culto ao corpo, ao descompromisso com a vida, à felicidade buscada só no que é passageiro. Os verdadeiros modelos, que levam mensagens de solidariedade, esperança, bondade e verdadeira felicidade, ficam à margem da televisão, das redes sociais, da mídia em geral.

Assim, podemos escolher entre dois tipos de modelos: os que a mídia cria e que, quando a moda acaba, acabam também, e que nos levam a uma existência superficial; ou aqueles mais profundos, que permanecem como modelos de amor e bondade ao longo da história da humanidade. Os primeiros não nos preenchem: passam e nos deixam vazios. Os do segundo tipo são os verdadeiros mestres, pois nos ensinam a viver no bem e nos tornam melhores.

Você tem alguma crítica aos modelos de "heróis" ditados pela mídia ou os considera positivos? Você já fez algo influenciado pelo que viu na televisão ou internet? Por quê?

CONTANDO UM CONTO

Trabalho inútil

Um velho monge e um jovem monge estavam andando por uma estrada quando chegaram ao rio que corria veloz. O rio não era nem muito largo nem muito fundo, e os dois estavam prestes a atravessá-lo quando uma bela jovem, que esperava na margem, aproximou-se deles. A moça estava vestida com muita elegância, abanava o leque e piscava muito, sorrindo com seus olhos muito grandes.

– Oh – ela disse –, a correnteza é tão forte, a água é tão fria, e a seda do meu quimono vai se estragar se eu o molhar. Será que vocês podem me carregar até o outro lado do rio?

Ela se insinuou sedutora para o lado do monge mais jovem.

O jovem monge não gostou do comportamento daquela moça mimada e despudorada. Achou que ela merecia uma lição. Além do mais, monges não devem se envolver com mulheres. Então, ele a ignorou e atravessou o rio. Mas o monge mais velho deu de ombros, ergueu a moça e a carregou nas costas até o outro lado do rio. Depois os dois monges continuaram caminhando pela estrada.

Joe Carnegie/Libyan Soup/Getty Images

Monges budistas caminhando em ponte em Amarapura, Mianmar. Foto de 2006.

Embora andassem em silêncio, o monge mais novo estava furioso. Achava que o companheiro tinha cometido um erro ao ceder aos caprichos daquela moça mimada. E, pior ainda, ao tocá-la tinha desobedecido às regras dos monges. O jovem reclamava e vociferava mentalmente, enquanto eles caminhavam subindo montanhas e atravessando campos. Finalmente, ele não aguentou. Aos gritos, começou a repreender o companheiro por ter atravessado o rio carregando a moça. Estava fora de si, com o rosto vermelho de tanta raiva.

– Ora, ora – disse o velho monge. – Você ainda está carregando aquela mulher? Eu já a pus no chão há uma hora.

E, dando de ombros, continuou a caminhar.

CHÖDZIN, Sherab; KOHN, Alexandra. *Contos budistas*. São Paulo: Martins Fontes, 2003. p. 24-25.

E FAZENDO A PONTE

1) O que, na sua opinião, o monge mais velho ensinou ao mais novo?

2) Qual é a sua impressão sobre essa história?

O X DA QUESTÃO

Na história da humanidade existiram diversas pessoas que, com seu exemplo de amor e inteligência, tocaram e ainda tocam o coração de todos. Muitas delas morreram pelo bem, e sua elevação, perfeição e santidade não podem ser colocadas em dúvida. **Parecem pessoas especiais, privilegiadas**.

Provavelmente existiram também pessoas desconhecidas que podem ter sido belos exemplos de vida e praticado o bem, mas que não foram registradas pela História. Isso demonstra que todos podemos atingir a perfeição moral. Essas vidas também devem servir como modelo de inspiração. **Então, santidade não é privilégio – todos podemos atingi-la**.

Há, porém, aqueles que não concordam com a ideia de que existam pessoas exemplares. Para eles, todas as pessoas são humanas e, por isso, fracas, com um lado positivo e outro negativo. Seu caráter é resultante de seu momento histórico, de sua cultura, do país em que vivem, da educação que recebem. **Não há, portanto, gente acima da média**.

Sob a orientação do professor, debata esse assunto com seus colegas e, depois, responda à questão:

Dos três pontos de vista acima destacados, qual é o seu? Por quê?

AGORA É COM VOCÊ

Escolha uma pessoa que seja um modelo da religião que você segue ou que tenha tido uma vida de beleza moral e faça uma pesquisa sobre ela. Depois, combine com seus colegas para, sob a orientação do professor, montar painéis na sala com fotos e textos sobre as pessoas pesquisadas.

E PARA TERMINAR

Leia a letra da canção a seguir de Frejat e Cazuza, e, depois, responda às questões.

Ideologia

Meu partido
É um coração partido
E as ilusões
Estão todas perdidas
Os meus sonhos
Foram todos vendidos
Tão barato
Que eu nem acredito
Ah! eu nem acredito...

Jorge Marinho/Agência O Globo

Cazuza e Frejat, ainda membros da banda Barão Vermelho, apresentando-se no Rock in Rio, em 1985.

Que aquele garoto
Que ia mudar o mundo
Mudar o mundo
Frequenta agora
As festas do "Grande Monde"...

Meus heróis
Morreram de overdose
Meus inimigos
Estão no poder
Ideologia!
Eu quero uma pra viver
Ideologia!
Eu quero uma pra viver...

O meu prazer
Agora é risco de vida
Meu sex and drugs
Não tem nenhum rock'n'roll
Eu vou pagar
A conta do analista
Pra nunca mais
Ter que saber
Quem eu sou
Ah! saber quem eu sou...
[...]

FREJAT e CAZUZA. Ideologia. In: CAZUZA. *Ideologia*. Universal, 1988. Disponível em: <http://cazuza.com.br/video/ideologia-2/>. Acesso em: 4 jul. 2018.

***Grand Monde*:** círculo social formado por artistas e intelectuais.

***Overdose*:** dose excessiva de drogas que pode levar à morte.

Ideologia: conjunto de ideias, valores e crenças.

***Sex and drugs*:** referência ao lema "sexo, drogas e *rock'n'roll*", popular na década de 1960.

1) A canção mostra uma visão de mundo otimista ou pessimista? Por quê?

2) Qual é a concepção de herói mostrada na canção?

Reprodução/Gus Van Sant/Columbia TriStar Filmes do Brasil

SESSÃO DE CINEMA

Encontrando Forrester

Direção de Gus Van Sant. Columbia, 2000.

Retrata o encontro entre um jovem negro e pobre, que tem talento para escrever, e um escritor recluso que não deseja mais contato social.

Procure assistir ao filme indicado pensando nesta questão:

Para você, Forrester foi ou não um mestre para o rapaz?

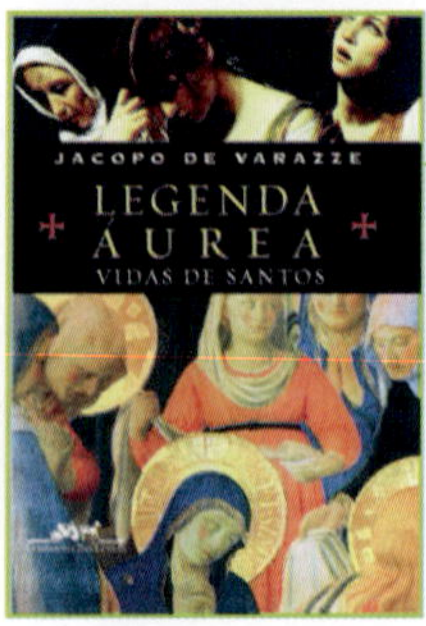

Reprodução/Editora Companhia das Letras

SESSÃO DE LEITURA

Legenda áurea: vidas de santos

Jacopo de Varazze. São Paulo: Companhia das Letras, 2003.

Este clássico da literatura cristã foi escrito no século XIII. Nele, o autor reuniu a biografia de diversos santos com o objetivo de promover os valores e os exemplos pregados por tantos homens e mulheres, como São Francisco de Assis e Santa Cecília, ao longo da História.

Escolha a biografia de um(a) santo(a) e responda:

Na sua opinião, como a vida desse(a) santo(a) poderia inspirar as pessoas de hoje?

> Nada te turbe,
> Nada te espante,
> Pois tudo passa
> Só Deus não muda.
> Tudo a paciência alcança.
> Quem a Deus tenha,
> Nada lhe falta,
> Pois só Deus basta.
>
> **Santa Teresa d'Ávila.**
>
> *Escritos de Teresa de Ávila*. São Paulo: Edições Carmelitanas; Edições Loyola, 2001. p. 981.

O beijo, obra do austríaco Gustav Klimt (1862-1918).

11

Sexualidade e religião

O que governa o quê?

Desde as épocas mais primitivas até os dias de hoje, as religiões sempre opinaram sobre a sexualidade humana, ainda que de diferentes formas. Nunca houve uma sociedade em que a prática do sexo não fosse regulada por princípios, proibições, orientações e recomendações. Mesmo na sociedade ocidental atual, da qual fazemos parte, embora a liberdade sexual seja grande, existem questões delicadas e assuntos considerados tabus.

O incesto, por exemplo, é condenado na atualidade, assim como foi condenado em muitas civilizações. Esse é um caso em que a ciência confirmou a religião: o que antes era apenas uma proibição religiosa confirmou-se também como um problema biológico, pois comprovadamente sabe-se que relações sexuais entre parentes muito próximos podem gerar filhos com doenças hereditárias.

Existem, porém, outros aspectos da sexualidade que também são polêmicos, controvertidos. A sexualidade é um assunto muito delicado: de um lado, refere-se à consciência íntima de cada um; de outro, sempre envolve mais alguém e, portanto, deve ter algum parâmetro moral – já que em toda relação humana há princípios éticos a respeitar, há direitos e deveres mútuos.

Ao longo da História, a relação entre sexualidade e religião mudou. Nas chamadas sociedades agrárias, muito antigas e nas quais tudo girava em torno da agricultura, a religião se submetia à sexualidade. Posteriormente, com o advento das grandes religiões, a sexualidade passou a ser regida por valores morais e religiosos. Na sociedade contemporânea, em que assistimos ao questionamento desses valores, a sexualidade é vista por muitos como independente de qualquer ideia de moralidade, como simples fonte de prazer.

Raffaello Bencini/Alinari Archives, Florence/Isuzu Imagens/Museu do Louvre, Paris, França

Eros e Psiquê, do escultor italiano Antonio Canova (1757-1822). O mito do deus Eros e da mortal Psiquê ressalta justamente a força que o amor verdadeiro possui diante das muitas adversidades da vida.

Alamy/Fotoarena

Padre católico celebrando a missa durante um casamento. A noiva está vestida de branco – durante muito tempo o vestido branco foi símbolo de "pureza", da virgindade da mulher. Foto de 2015.

Nas antigas civilizações agrárias, a sexualidade humana era associada à fertilidade do solo, à vitalidade da terra e ao ciclo das estações. Havia os chamados rituais fálicos – rituais religiosos que envolviam práticas sexuais, simbolizando a fecundação da terra. No Egito de 4 mil anos antes de Cristo, por exemplo, havia sacerdotisas dedicadas à deusa Ísis que comandavam esses rituais.

Em toda a Antiguidade, porém, sempre houve a ideia da virgindade associada à religião. As vestais romanas, sacerdotisas da deusa Vesta, eram escolhidas com a idade de 6 a 10 anos e deviam permanecer virgens, sob pena de serem enterradas vivas. Somente depois de trinta anos de sacerdócio tinham o direito de se casar e ter vida normal.

Em muitas concepções antigas, a criação do mundo está ligada à ideia de poder sexual divino. Esse é, aliás, um dos grandes contrastes entre a tradição pagã e a tradição judaico-cristã (que, nesse aspecto, combina com a filosofia grega): no paganismo, associava-se o poder criador divino ao poder criador sexual. Segundo a Bíblia, Deus cria por meio de seu verbo, de sua palavra. Ou seja, o poder criador divino se espiritualiza, deixa de ser fálico para ser puro espírito. Na visão judaico-cristã, assim como na visão dos gregos Pitágoras, Platão e Aristóteles, Deus é suprema inteligência ou supremo bem.

A Vênus de Willendorf, escultura de aproximadamente 11 cm de altura feita de calcário. Acredita-se que tenha sido esculpida há mais de 20 mil anos. Seu significado não é claro, mas possivelmente era utilizada como símbolo de fertilidade. Foi encontrada em 1908 em Willendorf, Áustria.

Album/Fotoarena/Museu de História Natural, Viena, Áustria

Sexualidade no Ocidente

Quando o cristianismo começou a criar raízes, o Império Romano vivia uma crise moral sem precedentes. A sociedade romana, que a princípio tinha fortes valores familiares, estava em decadência: eram práticas comuns as orgias com participação de homens, mulheres e adolescentes, a pedofilia, a matança e o abandono de bebês recém-nascidos.

PHAS/UIG/Getty Images

Casa de Baco e Ariadne. Mosaico de chão em preto e branco datado entre o século I a.C. e II a.C. Representa Baco com sua esposa, Ariadne, e a luta de Eros e Pan (amor e luxúria) com o velho Sileno, tutor e companheiro de Baco, como árbitro. Ostia Antica, Itália.

O cristianismo, então, trouxe um novo ideal de pureza, uma nova visão sobre a sexualidade. Muitos que se convertiam a Jesus retiravam-se do convívio com aquela sociedade decadente, sentindo-se culpados e saturados por ela.

Assim, surgiram os primeiros conventos e ordens religiosas, que tinham na castidade um dos votos fundamentais. Ao mesmo tempo, a doutrina cristã valorizava a família e a criança e criticava os excessos sexuais daquele período.

Com o tempo e devido à rigidez de alguns, o ideal de pureza cristã assumiu um caráter de violenta repressão da sexualidade. A ideia de pecado acabou contaminando muitas pessoas – na Idade Média, havia quem não tomasse banho por medo de ficar nu e ser tentado pelo demônio...

O problema é que reprimir não é saudável, porque não permite às pessoas ter consciência de seus deveres nem clareza sobre o que sentem: elas apenas são obrigadas ou obrigam a si mesmas a determinados padrões de comportamento. Repressão gera hipocrisia, e não virtude sincera. Decorrência disso são os relatos, envolvendo conventos da Idade Média, sobre padres e freiras, que supostamente tinham o voto de castidade e que mantinham relacionamentos sexuais, e sobre abortos e mortes de recém-nascidos, frutos de uniões proibidas.

Album/Fotoarena/Galeria da Academia de Belas Artes, Nápoles, Itália

Cristo abençoando as crianças, do artista italiano Gaetano Esposito (1858-1911).

No decorrer de 2 mil anos de história, essas situações de repressão e hipocrisia geraram muita revolta. Um dos primeiros a criticá-las duramente foi Martinho Lutero. Ao fundar a Reforma Protestante, ele aboliu o celibato dos sacerdotes, afirmando que era preciso que o religioso experimentasse a vida familiar e que a vida nos mosteiros era prejudicial, pois acabava criando uma falsa aparência de castidade.

Lutero considerava a formação e a manutenção da família uma obra dedicada a Deus e queria um exercício saudável da sexualidade, dentro dos laços do matrimônio. A Igreja católica também sempre valorizou o matrimônio, mas considera a vida do religioso uma vocação igualmente importante.

Séculos mais tarde, porém, a própria família foi posta em questão. No século XX, deu-se a chamada "revolução sexual", que permitiu uma vida sexual independente de um compromisso afetivo. Muitos pensadores passaram a afirmar que o prazer sexual é uma das realizações pessoais mais importantes na vida e que não é necessário ocorrer apenas no casamento. A instituição familiar começou também a ser questionada.

Hulton-Deutsch Collection/Corbis/Getty Images

O pai da psicanálise, Sigmund Freud. Foto de 1935.

Um dos pais dessa revolução foi Sigmund Freud (1856-1939), criador da psicanálise. Segundo ele, o ser humano é basicamente constituído de dois impulsos (que ele chamou de pulsões): eros (a sexualidade) e tânatos (a agressividade). A moralidade é algo social, e não essencial. Isso gerou a ideia de que a realização sexual às vezes se contrapõe à moral. Para Freud, há uma luta insolúvel entre satisfação sexual e moralidade – o que gera frustração e conflito.

BEBENDO NA FONTE BÍBLICA

Bíblia e sexualidade

Diversamente do que muita gente pensa, a Bíblia não é um livro de repressão sexual. Leia, a seguir, o trecho bíblico que funda a ideia de que a relação entre homem e mulher é dada por Deus para que eles, juntos, formem uma família.

Deus criou o homem à sua imagem,
à imagem de Deus ele os criou,
homem e mulher ele os criou.
Deus os abençoou e lhes disse: "Sede fecundos, multiplicai-vos, enchei a terra e submetei-a; [...]"

Gênesis 1,27-28. *Bíblia de Jerusalém*. São Paulo: Paulus, 2012. p. 34-35.

E mais adiante:

[...] um homem deixa seu pai e sua mãe, se une à sua mulher, e eles se tornam uma só carne.

Gênesis 2,24. *Bíblia de Jerusalém*. São Paulo: Paulus, 2012. p. 37.

Christophel Fine Art/UIG/Getty Images

O beijo, escultura em mármore do francês Auguste Rodin (1840-1917).

Um dos livros mais belos da Bíblia é o Cântico dos Cânticos, um poema de amor entre um homem e uma mulher. Leia um trecho:

Coloca-me,
como sinete sobre teu coração,
como sinete em teu braço.
Pois o amor é forte, é como a morte,
o ciúme é inflexível como o Xeol.
Suas chamas são chamas de fogo
uma faísca de Iahweh!
As águas da torrente jamais poderão
apagar o amor,
nem os rios afogá-lo.
Quisesse alguém dar tudo o que tem
para comprar o amor...
Seria tratado com desprezo.

Cântico dos Cânticos 8,6-7. *Bíblia de Jerusalém*. São Paulo: Paulus, 2012. p. 1101.

O QUE VOCÊ ENTENDEU?

Com base nesses trechos citados, avalie: Que visão a Bíblia passa a respeito do amor entre o homem e a mulher?

BEBENDO NA FONTE INDÍGENA

Os indígenas e a sexualidade

Entre os indígenas brasileiros, as relações entre homens e mulheres são diferentes em cada tribo:

O casamento entre índios tem diversas regras, que variam de tribo para tribo. A poligamia é permitida em tribos como Xavante e Tenethara. Os Timbiras prezam a monogamia, enquanto os Nambikuáras só permitem a poligamia entre os chefes.

Ao se casar, o homem Xavante deve morar na casa dos sogros. Casa-se com uma ou mais mulheres da mesma casa.

Na tribo Tükúna, o homem que deseja se casar procura um outro que tenha uma irmã. Pede para se casar com a irmã dele e lhe oferece ao mesmo tempo sua irmã solteira.

Entre os Tupi, Suruí e Asuriní, é permitido e frequente o casamento de um homem com a filha de sua irmã.

O chefe Nambikuára tem o privilégio de ter várias esposas. A primeira cuida do filho e das tarefas domésticas. As outras mulheres, mais jovens, acompanham o marido no trabalho.

Casal de indígenas da etnia Paresí se aquecendo diante de fogueira na aldeia Wazare, em Campo Novo do Parecis (MT). Foto de 2017.

Andre Dib/Pulsar Imagens

No meio dos índios, o amor não é o principal fator para a escolha de um cônjuge. As mulheres preferem um grande caçador, um bom agricultor, um guerreiro ou um curandeiro de prestígio. Os homens, por sua vez, preferem as mulheres mais trabalhadoras, em vez das mais bonitas.

Os casais indígenas não andam de mãos dadas, nem abraçados, nem se beijam. O afeto é demonstrado de outras maneiras. No caso dos índios Krahó, por exemplo, a mulher pinta o corpo do marido de urucum e carvão, tira-lhe os piolhos do cabelo, tira-lhe os cílios e as sobrancelhas. Ao cair da tarde, o casal estende uma esteira no chão, fora de casa, e ficam sentados sobre ela, fumando ou conversando. Quando um dos dois adoece, o outro não sai de casa.

O GUIA dos curiosos. O casamento para os índios. Disponível em: <http://guiadoscuriosos.uol.com.br/categorias/4118/1/o-casamento-para-os-indios.html>. Acesso em: 18 jun. 2018.

Sexualidade no Oriente

Muitas das ideias e propostas práticas de regulação da sexualidade humana são parecidas no Ocidente e no Oriente. No hinduísmo e no budismo, há religiosos que fazem voto de castidade, procurando obter maior pureza. Entretanto, também nas comunidades religiosas orientais ocorreram problemas semelhantes aos dos conventos cristãos.

Album/Fotoarena/Museu Estatal de História das Religiões, São Petersburgo, Rússia

Yamantaka (Destruidor da morte) é uma das manifestações de Manjushri, o Buda da Sabedoria, mais cultuadas no budismo tibetano. Acredita-se que ele ajude a transformar emoções negativas, como a raiva, em positivas, como a compaixão. Na imagem, Yamantaka está em união tântrica com sua consorte Vajravetali. Pintura de autoria desconhecida proveniente da região da Buriácia, datada do século XX.

Há, contudo, uma vertente do hinduísmo e do budismo que, de certa forma, lembra os ritos fálicos das antigas sociedades: o tantrismo. Trata-se de uma prática que considera o ato sexual como fonte de iluminação e realização espiritual.

Independentemente dessa prática, que não é aceita por líderes espirituais do Oriente como o Dalai Lama ou Gandhi, uma coisa é certa: budistas e hindus, assim como judeus, muçulmanos, católicos, evangélicos, espíritas e praticantes de outras tantas denominações, consideram a família algo sagrado, fundamental para a felicidade humana.

Tantrismo: doutrina sincrética, resultante do hinduísmo, do budismo e de cultos populares, que se consolidou por volta do século XV. Associa a sexualidade à realização espiritual, seja por meio de simbolismos (budismo tântrico), seja pela prática (hinduísmo tântrico).

O X DA QUESTÃO

1) Você já havia pensado nesta conexão: sexualidade e religião? Julga que elas têm alguma coisa a ver ou não?

2) De todas as visões da sexualidade descritas até aqui, qual lhe parece a mais sensata? Justifique.

3) Com qual dessas visões você não concorda? Por quê?

BEBENDO NA FONTE HINDU

Gandhi e a sexualidade

Gandhi, o líder da não violência, casou-se aos 13 anos de idade, conforme era o costume na Índia, e teve uma vida conjugal normal com a esposa. Teve filhos e gostava muito de Kasturbai, sua mulher. Mas, em comum acordo com ela, fez depois voto de castidade, pois achava que quem controlasse seus impulsos sexuais teria força moral para qualquer ação:

O mundo vai atrás de coisas de valor passageiro. Não tem tempo para as outras. Todavia, quando pensamos mais profundamente, torna-se claro que, no fim, contam apenas as coisas eternas (...). Uma delas é brahmacharya [castidade]. E o que é brahmacharya? É o

Gandhi e Kasturbai. Foto de 1940.

Dinodia Photos/Getty Images

modo de viver que nos leva a Brahma, a Deus. Inclui o pleno controle sobre o ato da reprodução. O controle deve ser exercitado sobre o pensamento, a palavra e a ação. Se o pensamento não está sujeito a controle, a palavra e a ação não têm nenhum poder. (...) Para aquele que está em grau de controlar o próprio pensamento, todo o resto se torna simples jogo de crianças.

GANDHI, Mahatma. *O pensamento vivo de Gandhi*. São Paulo: Martin Claret, 1983. p. 128.

O QUE VOCÊ ENTENDEU?

Você considera a proposta de Gandhi possível e desejável? Por quê?

NO DIA A DIA

É raro encontrar alguém que não tenha dúvidas sobre sexualidade. Os conflitos começam na adolescência, quando aparecem os primeiros impulsos sexuais . Qual é a melhor idade para começar a namorar? É bom apenas "ficar"? E o sexo, deve acontecer só depois do casamento, como sempre disseram as religiões da tradição judaico-cristã e muçulmana? Ou só quando houver uma relação de compromisso mais profundo? Mas o que é mais profundo?

Dúvidas não faltam. Mas, apesar de toda a liberação sexual dos últimos tempos, ainda há tabus para falar sobre o tema. Não são todos os professores, pais, tios que conseguem ter uma conversa tranquila sobre isso. Muitas vezes, a conversa sobre sexo reduz-se a orientações sobre o uso da camisinha para evitar a transmissão de doenças, sobretudo a aids.

Lelia Valduga/Getty Images

Casal adolescente em Florianópolis (SC). Foto de 2014.

E os sentimentos, e as responsabilidades que se assumem ao "ficarmos" ou "transarmos" com alguém? Será o outro apenas um objeto descartável? A gente fica um pouquinho ou transa por algum tempo e depois, friamente, diz adeus? Que tal começar a questionar tudo isso por si mesmo e a dialogar com seriedade sobre essas questões com pessoas da sua confiança?

Após refletir sobre essas questões, qual o seu posicionamento diante da sua sexualidade? Você já refletiu sobre isso? E como pensa agir?

AGORA É COM VOCÊ

Sob a orientação do professor, forme grupos com seus colegas e escolham uma questão (ou mais) que julguem importante a respeito da sexualidade. Façam uma pesquisa entre amigos e colegas, familiares e professores. O resultado pode ser discutido em sala de aula, comparando-se as perguntas e as respostas dos diversos grupos.

FALANDO DE PSICOLOGIA

A homossexualidade

A sexualidade humana passou historicamente por diversas fases. Na Grécia antiga, as práticas homossexuais (relações sexuais entre pessoas do mesmo sexo), sobretudo entre homens, eram aceitas normalmente. Uma hipótese para essa aceitação seria a condição de extrema desigualdade que a mulher ocupava entre os gregos. Na sociedade grega, a mulher ficava trancada no *gineceu*, que era uma parte da casa, e não tinha participação na sociedade, na política nem nas artes – salvo raras exceções.

Platão, em seu livro *O banquete*, mostra diversos homens defendendo a homossexualidade por considerarem que só poderiam sentir amor por outro homem: a mulher era útil apenas para a reprodução. Os homens fechavam-se entre si. Platão, porém (que imaginava a mulher, em *A república*, como filósofa e guerreira), dizia em *As leis* que a homossexualidade é contra a natureza. Em *O banquete*, Sócrates (segundo Platão), contrariando os presentes, diz que havia sido uma mulher, Diotima, que lhe ensinara o que era o amor.

André Held/akg-images/Latinstock

Mulheres da ilha de Lesbos representadas em detalhe de um vaso grego do século V a.C.

Algumas mulheres gregas, porém, também se isolavam e formavam às vezes comunidades de homossexuais femininas, como foi o caso de Safo, poetisa da ilha de Lesbos (daí a palavra lesbianismo).

A tradição judaico-cristã sempre condenou com veemência a prática homossexual, vendo nela um pecado. Segundo essa concepção, Deus criou o homem e a mulher para se completarem um ao outro.

As grandes religiões (budismo, hinduísmo, islamismo, judaísmo, cristianismo) jamais consideraram "normal" alguém se assumir como homossexual – embora essa postura tenha gerado, mais uma vez, repressão e discriminação.

A medicina tradicional, por sua vez, até pouco tempo atrás via a homossexualidade como doença física ou psicológica. Na década de 1990 a Organização Mundial da Saúde (OMS) retirou a homossexualidade de sua lista de doenças mentais. Assim, hoje em dia, muitos a consideram uma forma igualmente válida de relacionamento sexual e afetivo. Há setores religiosos que também defendem isso. Essa nova maneira de encarar a questão é importante para que os homossexuais sejam respeitados como qualquer ser humano deve ser, com direitos como quaisquer outros, sem sofrerem perseguições e discriminações.

Juan Carlos Lucas/NurPhoto/Getty Images

Registro da 28ª Parada do Orgulho Gay em Madri, Espanha, em 2017.

Mas nem todos concordam com isso. Alguns setores discutem a homossexualidade em termos de o que é ou não normal e afirmam que é problemático declará-la completamente normal. Alega-se que os conflitos revelados por muitos homossexuais revelam um desconforto com sua própria condição. Outro argumento usado é que a homossexualidade não se revela natural porque homem e mulher são complementares do ponto de vista físico e psíquico.

Seja como for e apesar de todas essas discussões e da diversidade de pontos de vista, a Constituição Brasileira proíbe qualquer discriminação em relação a gênero, orientação sexual, raça, cor. É crime tratar de maneira diferenciada ou discriminatória uma pessoa por causa de sua orientação sexual.

Apesar disso, o Brasil ocupa o primeiro lugar em mortes da população LGBT (Lésbicas, *Gays*, Bissexuais e Transexuais), tendo aumentado em 30% o número de mortes violentas contra membros dessa comunidade. Ou seja, a discriminação existe e se transforma em morte. Veja a notícia abaixo:

[...] Segundo o levantamento, [...] a cada 19 horas um LGBT é assassinado ou se suicida vítima da "LGBTfobia", o que faz do Brasil o campeão mundial desse tipo de crime.

A causa das [445] mortes registradas em 2017 segue a mesma tendência dos anos anteriores, predominando o uso de armas de fogo (30,8%), seguida por armas brancas cortantes, como facas (25,2%). Segundo agências internacionais de direitos humanos, matam-se mais homossexuais no Brasil do que nos 13 países do Oriente e África onde há pena de morte contra os LGBTs. [...]

SOUTO, Luiza. Assassinatos de LGBT crescem 30% entre 2016 e 2017, segundo relatório. *O Globo*, 17 jan. 2018. Disponível em: <https://oglobo.globo.com/sociedade/assassinatos-de-lgbt-crescem-30-entre-2016-2017-segundo-relatorio-22295785#ixzz5EksOpJEXstest >. Acesso em: 19 jun. 2018.

Papa Francisco durante a tradicional Audiência Geral que ocorre às quartas-feiras na praça de São Pedro, Vaticano. Foto de 2018.

A opinião do Papa Francisco

O Papa Francisco adota uma postura mais aberta em relação aos homossexuais e tem contrariado alguns setores mais conservadores da Igreja católica. Veja a notícia abaixo:

O papa Francisco reiterou sua tolerância sobre a homossexualidade, perguntando: "Quem somos nós para julgar?".

Em conversa com jornalistas [...], o pontífice foi questionado sobre o massacre homofóbico de Orlando [em 2016], reivindicado pelo grupo Estado Islâmico. Francisco lembrou que, segundo o catecismo, os homossexuais "não devem ser discriminados, mas respeitados e acompanhados no plano pastoral".

"Uma pessoa que vive nessa condição, que tem boa vontade, que busca a Deus, quem somos nós para julgá-la?", perguntou, repetindo a fórmula que empregou em seu retorno do Rio de Janeiro a Roma em 2013.

Segundo o papa, os cristãos não só devem pedir perdão aos homossexuais, como "aos pobres, às mulheres exploradas e às crianças obrigadas ao trabalho forçado".

"Os cristãos devem pedir perdão o tempo todo", recomendou. [...]

AFP. "Quem somos nós para julgar", diz papa Francisco sobre homossexuais. *Isto é*, 26 jun. 2018. Disponível em: <https://istoe.com.br/quem-somos-nos-para-julgar-diz-papa-francisco-sobre-homossexuais-2/>. Acesso em: 19 jun. 2018.

AGORA É COM VOCÊ

Quais são suas impressões a respeito desse assunto?

O X DA QUESTÃO

Atualmente no Brasil, o casamento *gay* é reconhecido legalmente. Veja abaixo:

O casamento gay (ou homoafetivo) começou no Brasil em 2013 quando o CNJ (Conselho Nacional de Justiça) emitiu uma resolução determinando que todos os Cartórios do País realizassem casamentos entre pessoas do mesmo sexo. No início, houve uma certa resistência e na prática os cartórios só faziam a conversão de união estável em casamento, ou seja, o casamento sem cerimônia civil.

Atualmente isso mudou e os casais do mesmo sexo podem ter uma cerimônia no civil no cartório, no buffet, e até mesmo na igreja, ou seja, podem também se casar no Religioso com Efeito Civil.

Na prática o casamento gay é exatamente igual ao casamento convencional, o prazo, os documentos e os valores são os mesmos. Os noivos gays podem escolher o regime de bens, adotar um o sobrenome do outro, e também adotar filhos, não há impedimentos legais à adoção por casais homossexuais

CASAMENTO *gay*. Disponível em: <www.casamentocivil.com.br/casamento-gay>. Acesso em: 19 jun. 2018.

Sob a orientação do professor, debata o assunto com seus colegas e, depois, responda a esta questão:

Você é a favor do casamento homossexual ou contra? Justifique sua resposta.

CONTANDO UM CONTO

Norma

A ópera *Norma*, de Vincenzo Bellini (1801-1835), compositor italiano, trata de um drama da época do Império Romano, sobre uma sacerdotisa celta que havia feito voto de castidade. Apaixonada pelo oficial romano Pollione, Norma mantém em segredo um relacionamento com ele e tem dois filhos. A trama se desenrola de forma que, no final, ela se confessa culpada e é queimada viva junto de seu amante. O trecho a seguir é uma de suas árias mais famosas e bonitas, que Norma canta em louvor da deusa:

Ópera: drama cantado, com orquestra, ou intercalado com diálogos falados.

Celta: indivíduo dos celtas, antigo povo europeu.

Árias: peças musicais para uma só voz.

Casta Diva, che inargenti
queste sacre antiche piante,
a noi volgi il bel sembiante
senza nube e senza vel...
Tempra, o Diva,
tempra tu de'cori ardenti
tempra ancora lo zelo audace,
spargi in terra quella pace
che regnar tu fai nel ciel... [...]

Asserena: acalma, apazigua.

Pura Deusa, que prateaste
estes sagrados e antigos bosques,
volta para nós teu belo semblante
sem nuvens e sem véus...
Asserena, ó Deusa,
asserena ainda dos corações ardentes
asserena seu zelo ardente,
espalha sobre a terra aquela paz
que fazes reinar no céu... [...]

BELLINI, Vincenzo. *Norma*.
Disponível em: <https://it.wikisource.org/wiki/Casta_Diva>.
Acesso em: 19 jun. 2018. Tradução dos autores.

Agência France-Presse

E FAZENDO A PONTE

1) Em peças de teatro, óperas, livros e filmes aparecem antigas histórias de amor, cheias de passagens trágicas e finais cruéis. Hoje, vivemos tempos bem mais amenos. Comente: Por que terá havido essa mudança?

2) Qual a sua impressão sobre uma história como a de Norma?

A célebre cantora lírica Maria Callas (1923-1977) na ópera *Norma*. Paris, França, 1964.

AGORA É COM VOCÊ

Sob a orientação do professor, forme grupos com seus colegas para uma breve pesquisa sobre ópera. Depois criem uma história de amor e, se possível, façam algumas músicas para contá-la. Outra possibilidade é usar melodias já existentes com letras escritas por vocês.

E PARA TERMINAR

Leia o poema a seguir, do grande poeta brasileiro Vinicius de Moraes (1913-1980), e, depois, responda às questões.

Vinicius de Moraes. Foto de 1972.

Poema enjoadinho

Filhos... Filhos?
Melhor não tê-los!
Mas se não os temos
Como sabê-los?
Se não os temos
Que de consulta
Quanto silêncio
Como os queremos!
Banho de mar
Diz que é um porrete...
Cônjuge voa
Transpõe o espaço
Engole água
Fica salgada
Se iodifica
Depois, que boa
Que morenaço
Que a esposa fica!
Resultado: filho.
E então começa
A aporrinhação:
Cocô está branco
Cocô está preto
Bebe amoníaco
Comeu botão.
Filhos? Filhos
Melhor não tê-los
Noites de insônia
Cãs prematuras
Prantos convulsos
Meu Deus, salvai-o!
Filhos são o demo
Melhor não tê-los...
Mas se não os temos
Como sabê-los?
Como saber
Que macieza
Nos seus cabelos
Que cheiro morno
Na sua carne
Que gosto doce
Na sua boca!
Chupam gilete
Bebem xampu
Ateiam fogo
No quarteirão
Porém, que coisa
Que coisa louca
Que coisa linda
Que os filhos são!

MORAES, Vinicius de. Disponível em: <www.viniciusdemoraes.com.br/pt-br/poesia/poesias-avulsas/poema-enjoadinho>. Acesso em: 5 jul. 2018.

1) Como você relaciona esse poema ao capítulo?

2) Qual a mensagem principal do poema?

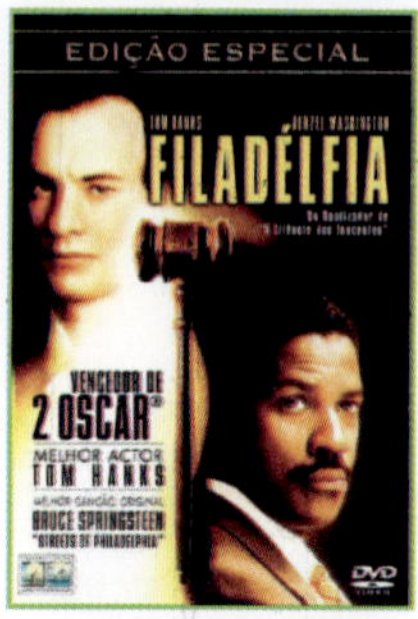

Reprodução/Jonathan Demme/Sony Pictures

Reprodução/Laís Bodanzky/Warner Bros.

SESSÃO DE CINEMA

Filadélfia

Direção de Jonatham Demme. TriStar Pictures, 1993.

O filme conta com sensibilidade a história de um advogado homossexual que é demitido por ser portador do vírus HIV e contrata um advogado homofóbico para defendê-lo.

Procure assistir ao filme indicado pensando nesta questão:

É possível uma pessoa deixar seus preconceitos de lado após conhecer a realidade das pessoas que condena?

As melhores coisas do mundo

Direção de Laís Bodanzky. Warner Bros., 2010.

A adolescência é um período muitas vezes conturbado na vida das pessoas. Não é à toa que surjam tantas questões difíceis e que exigem uma dedicação maior. O filme conta a história de Mano, um adolescente de 15 anos que precisa enfrentar simultaneamente diversas questões familiares, sociais, amorosas. Abordando temas relevantes e atuais, o filme se mostra um retrato da adolescência nos nossos dias.

Procure assistir ao filme pensando nestas questões:

1) **Você se identifica com alguma das situações retratadas no filme? Qual(is)?**
2) **Considerando os vários acontecimentos que ocorrem com Mano, escolha um e responda: Como você reagiria se estivesse na pele dele?**

> Ó Deus, cria em mim um coração puro,
> renova um espírito firme no meu peito;
> não me rejeites para longe de Tua face,
> não retires de mim Teu santo espírito.

Salmo 51 (50),12-13.

Bíblia de Jerusalém. São Paulo: Paulus, 2012. p. 916.

Alimdi Archives/Fiorenco Zuzo Imagens/Museu Cívico de Pádua, Itália

Cristo pregando. Obra do pintor holandês Adam Willaerts (1577–1664). Muitas pessoas consideram os ensinamentos de Jesus de Nazaré verdadeiramente revolucionários.

12

A religião pode mudar o mundo?

Religião como coisa deste mundo

Santi Visalli/Getty images

Martin Luther King Jr. (1929-1968) foi um pastor protestante que lutava pelos direitos civis dos negros nos Estados Unidos e no mundo; tornou-se símbolo de luta por igualdade. Foto tirada durante discurso em Nova York, Estados Unidos, em 1963.

Alguns críticos das religiões argumentam que, quando uma pessoa é muito religiosa, esquece-se deste mundo e só fica esperando o céu do lado de lá. Será que a religião de fato nos faz esquecer da vida na Terra e nos torna indiferentes aos problemas concretos? Será que "quem reza demais age de menos"?

A questão não é tão simples como pode parecer: não dá para responder "sim" ou "não". É preciso analisar diferentes casos. É verdade que sempre existiram correntes e pessoas religiosas que recomendaram a fuga total do mundo e a mera contemplação do céu. Mas também sempre houve no mundo correntes e pessoas religiosas que se preocuparam com o bem-estar aqui e agora e procuraram transformar a sociedade.

O problema é que sempre existiram – e continuam a existir – formas religiosas, instituições e líderes que usam a religião para dominar as pessoas, ganhar dinheiro e alcançar poder político. Esses aproveitadores oferecem aos outros a promessa de salvação, em troca de pagamento, poder e bajulação. Vendem "pedacinhos" do céu.

Alamy/Fotoarena

Madre Teresa (1910-1997) acompanhada de crianças atendidas por uma de suas casas de acolhida em Calcutá, Índia. Foto de 1980.

O filósofo francês Henri Bergson (1859-1941) desenvolveu a seguinte teoria em sua obra *As duas fontes da moral e da religião*: as religiões, no início, são dinâmicas, revolucionárias, criativas, transformadoras. Muitos dos grandes líderes, profetas, santos, mestres inauguram uma nova corrente e dão um impulso muito importante para a humanidade. Mas, conforme o tempo passa, a religião cria instituições, regras rígidas, poderes... e aí se torna conservadora, estagnada e até contrária ao progresso.

Apic/Getty Images

Henri Bergson. Foto de 1905.

Segundo Bergson, isso se repete dentro de uma mesma religião. Por exemplo, Jesus representou uma grande revolução moral para a humanidade, mas a Igreja católica tornou-se uma instituição conservadora e estática. Então, surgiu Francisco de Assis, que deu novo impulso ao cristianismo. Mas, logo em seguida, a ordem que ele fundou também entrou no esquema do poder. Se aceitarmos a teoria de Bergson, veremos que, nas religiões, há um elemento que pode mudar o mundo, inaugurar novas formas de vida, mas há também um elemento de estagnação e manutenção do poder. E nenhuma religião escapa disso.

E por que acontece isso? Poderíamos pensar na seguinte hipótese: aquilo que promove o progresso e a transformação do homem vem de algo divino, que se manifesta nas religiões. Mas aquilo que se torna abuso de poder e estagnação é fruto das imperfeições humanas. Por isso, toda religião pode ser louvada e toda religião pode ser criticada.

Duas formas de lutar

O que significa ser conservador ou ser progressista? Fazendo uma breve análise social e política, uma religião é conservadora quando se alia aos poderosos, se desinteressa dos injustiçados e até participa de injustiças. E é progressista quando se opõe às injustiças do mundo.

Há, porém, duas maneiras de se opor às injustiças do mundo: uma, violenta, que aceita a revolução armada como forma de transformação da sociedade; outra, não violenta, que prega a mudança por meios pacíficos.

Celestino III concedendo privilégios ao hospital de Siena. Afresco do italiano Domenico di Bartolo (1400--1447) presente na igreja de Santa Maria della Scala, em Siena, Itália. Esta cena do Vaticano no século XV dá uma boa ideia do luxo em que vivia o clero e os membros da nobreza.

Na Idade Média, por exemplo, a Igreja católica era – ao lado da monarquia e às vezes acima dela – a instituição mais poderosa. Havia grupos de cristãos (chamados heréticos) que criticavam duramente o luxo e o poder da Igreja. Alguns desses grupos eram radicais e queriam a destruição dessa instituição; outros queriam reformá-la.

Francisco de Assis (1182-1226) usou outra estratégia: não criticou verbalmente, mas viveu de maneira tão pobre e tão sem poderes, que sua vida já era uma forma de crítica.

São Francisco no deserto, do italiano renascentista Giovanni Bellini (1430--1516), também conhecido como Giambellino. Na história do cristianismo, muitas pessoas, como São Francisco de Assis, demonstraram sua opção por Jesus vivendo radicalmente como ele viveu: pobre e com os pobres.

Outro caso interessante: quando Martinho Lutero (1483-1546) fez a Reforma Protestante, no século XVI, houve na Alemanha uma grande mudança política. Até então, os príncipes prestavam obediência ao papa. A Reforma rompeu com a Igreja católica, negou a autoridade do papa e, com isso, transfigurou-se a política, pois começou a haver autonomia dos Estados em relação à Igreja. Mas Lutero o fez de forma pacífica. Ele queria também a educação do povo, para que todos soubessem ler e escrever e pudessem ler e estudar a Bíblia.

Thomas Müntzer (1489-1525), porém, também representante da Reforma e amigo de Lutero, desejava transformações mais profundas. Ele não queria apenas favorecer os príncipes: queria que os camponeses fossem menos miseráveis e tivessem mais liberdade. E considerava que, nessa luta, era necessário o uso da violência. Por isso, instigou o povo a uma revolta armada.

Thomas Müntzer pregando. Estátua localizada diante dos muros da cidade de Mühlhausen, Alemanha. Foto de 2014.

Lutero era amigo dos príncipes, mas também pensava que eles deveriam tratar melhor o povo. Tentou, então, convencê-los a serem melhores governantes. Tentou, ainda, convencer Müntzer a não usar de violência. Porém, não teve sucesso. Então, ele próprio acabou recomendando aos príncipes que abafassem o movimento de Müntzer de forma violenta. Muitos dos que participaram da revolta, incluindo o próprio Müntzer, foram mortos. Nesse caso, Lutero partiu de uma posição progressista para uma posição conservadora. E, ambos, apelaram para a violência.

Esta é outra questão bastante polêmica entre todos os que refletem sobre a sociedade e querem mudá-la: é possível fazer isso de forma pacífica ou, às vezes, o uso da violência é inevitável?

As ideias sociais vêm de onde?

Muitas das ideias de justiça, fraternidade e solidariedade têm sua origem primeira nas religiões. Confúcio já pregava uma igualdade essencial entre os homens. Buda, ao dizer que todos podem ser budas (iluminados), reconhecia a dignidade de todo ser humano, independentemente de credo, nacionalidade ou classe social. Jesus, quando afirmava que todos somos filhos do mesmo Pai, estava dizendo que todos somos irmãos e devemos nos amar e respeitar como tais.

E isso quer dizer o quê? Que justamente muitas das ideias positivas que mudaram o mundo vieram das religiões. De onde tiramos a ideia de justiça, senão de uma justiça suprema, que é Deus?

A Liberdade guiando o povo, do francês Eugène Delacroix (1798-1863). Tela emblemática que busca retratar o ímpeto de luta do povo em busca de melhores condições para todos.

Mesmo os movimentos sociais e os autores que desprezaram a religião estavam muitas vezes impregnados de valores religiosos. Foi o caso da Revolução Francesa, que pretendia acabar com a religião e, no entanto, adotou como lema a liberdade, a igualdade e a fraternidade.

Ora, esses três valores estão claros no pensamento cristão: o ser humano é livre para escolher seu destino, porque Deus nos fez livres; todas as pessoas são iguais, porque têm a mesma filiação divina; e todos os homens e mulheres são irmãos (fraternidade vem do latim *frater*, que quer dizer "irmão"), porque Deus é o Pai.

O X DA QUESTÃO

1) Na sua opinião, religião e mudança social combinam ou a religião deve cuidar apenas dos assuntos espirituais?

2) O que você entendeu da teoria do filósofo Henri Bergson?

3) É preciso mesmo nos preocuparmos em mudar a sociedade? Ou basta trabalhar pelo próprio bem-estar? Justifique sua posição.

BEBENDO NA FONTE JUDAICO-CRISTÃ

A Bíblia e a injustiça

No Velho Testamento alguns profetas já clamavam contra as injustiças. Um deles foi Amós (século VIII a.C.), que denunciou os crimes dos poderosos de Israel contra os mais humildes, dizendo:

[...] vendem o justo por dinheiro
e o indigente por um par de sandálias.
Eles esmagam sobre o pó da terra a cabeça dos fracos
e tornam torto o caminho dos pobres; [...]
Eles se estendem sobre vestes penhoradas,
ao lado de qualquer altar,
e bebem vinho daqueles que estão sujeitos a multas,
na casa de seu deus.

Amós 2,6-8. *Bíblia de Jerusalém*. São Paulo: Paulus, 2012. p. 1614-1615.

Alamy/Fotoarena

Profeta Amós. Estátua esculpida em pedra-sabão pelo mineiro Aleijadinho (1730-1814), um dos gênios da arte brasileira. Ao todo foram esculpidos doze profetas, que estão postos em frente ao Santuário de Bom Jesus de Matosinhos, em Congonhas (MG). Foto de 2017.

O QUE VOCÊ ENTENDEU?

Contra que tipos de atitudes sociais esse texto bíblico se manifesta?

O X DA QUESTÃO

Vários pensadores reconhecem a necessidade de transformações e revoluções por uma sociedade mais justa e igualitária e por um ser humano realizado em sua plenitude. Os caminhos para isso, porém, são os mais diversos possíveis.

Será que a religião tem algum papel nesse processo de transformação social?

Para muitos, a religião pode ser um motivo de revolução e transformação social, uma vez que defende a justiça social e política, a emancipação humana e a igualdade. E mais: ela afirma que as relações de opressão, exploração e egoísmo entre os seres humanos devem acabar.

Por outro lado, para muitos a religião não faz nada disso: ela é apenas motivo de opressão de uns sobre outros, de mascaramento da realidade, de alienação do mundo, de ilusão. Assim, não pode levar o ser humano a uma sociedade melhor e à felicidade.

Sob a orientação do professor, debata esse assunto com seus colegas.

AGORA É COM VOCÊ

Sob a orientação do professor, forme grupos com seus colegas e criem projetos de participação social na escola ou no bairro. Podem ser campanhas ou ações concretas. Prevejam os objetivos, as estratégias de atuação e um cronograma. Se possível, prevejam também a aplicação do projeto no próximo ano, para prolongar de alguma forma as atividades deste livro.

DE OLHO NO BRASIL

O perigo das seitas abusivas

Não é de hoje que grupos com supostos pretextos religiosos se reúnem e acabam se mostrando verdadeiros problemas para seus membros. A seguir, lemos o relato de um caso acontecido no Brasil. A autora optou por preservar o nome da seita e das pessoas envolvidas utilizando pseudônimos.

Éramos cerca de 40 pessoas, de várias partes do país, reunidas em uma casa relativamente espaçosa no Rio de Janeiro. Muitos ali eu conhecia apenas através da internet, outros eu nunca ouvira falar a respeito. A maioria eu conhecia muito bem – eu morava com eles havia anos.

Renata era uma dessas pessoas que eu não conhecia. Viajou de Minas Gerais para um grande encontro da nossa "comunidade". Vamos chamar assim, pois não tínhamos um nome, e também nos recusávamos a usar termos como "grupo", "religião", "igreja". Seita? Nem pensar!

Era um feriado de Dia da Criança. Ou Páscoa. Não importa. Renata, e muitas outras pessoas que participavam das nossas reuniões online e formavam células em outros estados, estava ali, preparando comidas em grande quantidade e organizando o necessário para a reunião.

Sou uma pessoa de raciocínio lento, então demorava um pouco para entender algumas coisas, e muitas estavam acontecendo ali a cada instante. E uma delas é que Renata tremia. Muito. Mal conseguia carregar garrafas para guardar na geladeira, de modo que precisou de ajuda para uma tarefa tão simples. As pessoas comentavam. Ninguém supunha que Renata ***sofresse de algum tipo de transtorno de ansiedade****.*

Durante a reunião, Renata se tornou o centro das atenções quando toda aquela gente a questionava por detalhes pessoais de sua vida, durante toda a madrugada.

Assim ocorria com cada pessoa que fizesse parte da comunidade. Qualquer indício de que você tivesse algum apego à sua família, aos amigos, aos sabores e prazeres mundanos, ou mesmo um relacionamento amoroso, era motivo para questionamentos, sempre na tentativa de te induzir a abdicar dessas coisas. Afinal, se você está lá dentro, já deveria ter deixado tudo isso para trás a fim de dedicar-se apenas aos novos "irmãos".

Reprodução/California Historical Society, EUA

O fundador da seita Templo do Povo, Jim Jones (1931-1978), de óculos, no centro, cercado por seus seguidores. Em 1978, Jones foi o responsável pelo envenenamento e morte de mais de 900 membros da seita na sede do grupo chamada Jonestown. Foto tirada em Jonestown, Guiana, entre 1974 e 1978.

Abandonar laços familiares e desfazer amizades que atrapalhassem sua nova fé é um requisito, mas o principal é compreender que a sua vida – e suas posses – serve unicamente para servir à comunidade.

O que são seitas? Quais são suas práticas? Onde mora o perigo?

Você já leu histórias ou assistiu documentários e filmes sobre seitas bizarras? *Elas fazem parte do imaginário popular, graças a casos trágicos que ganharam as páginas dos jornais e causam grande espanto. Algumas são simples casos de charlatanismo; outras terminam em suicídio em massa, e se tornam um grande trauma na região.*

Todas são uma ameaça em potencial.

Por serem secretas, é difícil saber onde estão e como identificar quando algum parente ou amigo se torna vítima de uma dessas seitas. Não pretendo ser sensacionalista e causar alarde, mas o fato é que quando uma pessoa é "fisgada", os sinais podem aparecer apenas quando é tarde demais.

Também não pretendo colocar todas as seitas no mesmo pacote, pois muitas delas são de fato inofensivas e apenas exercem seu direito constitucional ao culto. Meu objetivo é destacar um tipo bem específico: as ***seitas abusivas****. [...]*

O que são seitas abusivas?

São aquelas que fazem promessas, oferecem uma missão ou um propósito, e levam seus membros a guardar segredo sobre suas práticas para, assim, praticar abusos.

Tudo começa de forma sutil. Em pequenas dosagens, como pedir contribuição financeira, alimentos ou outros tipos de doação para manter o grupo. "Tudo será de todos", dizem. Com o sucesso das primeiras tentativas, os líderes podem passar a "exigir" cada vez mais dedicação. Às vezes, não será uma ordem expressa, mas um requisito para que o membro atinja o objetivo da seita; por exemplo, alcançar a evolução espiritual.

Algumas características que podem aparecer:

Um líder carismático e persuasivo

Um grupo que funciona na base do segredo tem todo o potencial para ser abusivo*. Principalmente se os seus líderes têm conhecimentos sobre psicologia, linguagem, persuasão, neurolinguística, filosofia e outros assuntos do tipo.*

Esses conhecimentos ajudam pessoas abusivas a manipular os mais vulneráveis.

Missão

As seitas desse tipo costumam ter uma "missão especial"*. Candidatos são abordados como se fossem escolhidos para exercer um papel fundamental em tal tarefa.*

Geralmente a missão inclui coisas boas e genéricas, como "levar o amor aos povos" "paz mundial" "evolução do ser humano" "criar uma sociedade justa" "causar a volta de Jesus".

Isolamento

Uma seita abusiva provavelmente afastará lentamente os indivíduos de suas famílias e amigos*. Será dito que isso é para que possam se dedicar cada vez mais à sua "missão", como se estivessem se preparando para uma difícil batalha pela frente. Sim, é algo meio "Clube da Luta".*

Algumas pregam que, literalmente, protagonizarão uma batalha contra "eles", "o mal", "o sistema", "os dominadores do mundo", "os illuminati", e submetem os membros a um "preparo".

Se os amigos e familiares "não entenderem", eles são inimigos em potencial, e os membros devem abandoná-los definitivamente. Afinal, "família é aquela que se escolhe", ou como disse o Cristo, "minha família são aqueles que fazem a vontade de Deus". Isso deve ser levado ao pé da letra pelos fiéis.

Visão de mundo

Com a alienação, doutrinação e isolamento, os membros são limitados a uma única visão de mundo*. Uma interpretação de toda a realidade sob o ponto de vista daquela doutrina.*

Embora este não seja o problema em si, isso torna os seguidores suscetíveis à liderança, pois é o líder quem trouxe a "revelação" sobre essa visão de mundo. O que ele disser, provavelmente é verdade. Daí, a brecha para os abusos aparece.

Abstinência

Essa preparação para a missão inclui se abster das "coisas do mundo"*. Ou seja, coisas agradáveis que podem "comprar" ou "distrair" os combatentes de uma batalha.*

Se você se abster por tempo o suficiente daquilo que lhe corrompe, passará a não gostar de tais coisas, e resistirá a tentações futuras. É uma "reconstrução" do indivíduo "pecaminoso". Dirão que é bom os membros se prepararem enquanto estamos em "tempos de paz" para que estejam prontos em tempos de batalhas.

Messianismo

Por fim, é seguro dizer que o messianismo é uma característica comum*. Seitas desse tipo tendem a pregar que suas doutrinas são as únicas capazes de mudar o mundo, salvar a humanidade, etc. [...]*

CAVALCANTE, Daniele. Seitas abusivas #1: o que são, como agem e quais as suas práticas nocivas. *Revista Subjetiva*, 5 abr. 2017. Disponível em: <https://medium.com/revista-subjetiva/>. Acesso em: 15 jul. 2018.

O X DA QUESTÃO

Sob orientação do professor, discuta com seus colegas sobre essa problemática das seitas abusivas e, depois, escreva sobre como podemos nos prevenir em relação a elas.

FALANDO DE POLÍTICA

Anarquismo e religião

Derivada do grego *ánarkhos*, "sem senhor, sem comando", a palavra "anarquia" geralmente traz à mente ideias como bagunça, falta de disciplina, cada um fazendo o que quer sem respeitar ninguém. Essa não é, porém, a proposta do anarquismo, uma das teorias políticas e sociais mais profundamente comprometidas com a liberdade e a mudança social.

Ann Ronan Pictures/Print Collector/Getty Images

Encontro mensal em Earith, obra do pintor inglês Samuel Lucas (1805-1870). A tela representa a reunião dos membros de uma comunidade *quaker* rural.

O anarquismo nasceu com autores franceses e russos, como Proudhon (1809-1865) e Bakunin (1814-1876), e se desenvolveu muito na Itália e na Espanha. Mas houve antecedentes anarquistas entre movimentos cristãos (como os *quakers* e os *diggers*, no século XVII) e em autores, como o inglês William Godwin (1756-1836).

A ideia central do anarquismo é considerar que o Estado é um mal e que os seres humanos têm capacidade de se organizar sozinhos, sem polícia, exército, tribunais, governos, etc.

Para os anarquistas, todas essas instituições atrapalham a felicidade e a paz social. E mais: a relação patrão-empregado deveria desaparecer, porque é uma relação de poder, dominação e dependência, sempre injusta e desigual. As pessoas deveriam organizar-se livremente em cooperativas para trabalhar. Escolas, hospitais, fábricas, por exemplo, não teriam uns poucos donos e muitos empregados, mas todos seriam associados ou cooperados e decidiriam juntos.

A doutrina anarquista valoriza o ser humano e sua liberdade, e não pretende estabelecer uma grande desordem no mundo, mas uma ordem espontânea, sem a imposição dos mais fortes.

Rue des Archives/Tallandier/Latinstock

Francisco Ferrer na Espanha, por volta de 1900.

Muitos dos anarquistas, como o russo Mikail Bakunin, o italiano Enrico Malatesta (1853-1932) e o espanhol Francisco Ferrer (1859-1909) – que fundou uma escola anarquista e depois foi fuzilado pelo governo espanhol –, eram contrários à religião. Não aceitavam nenhum poder humano e nenhum poder divino. Entre os anarquistas antirreligiosos, muitos defendiam o uso da violência para acabar com o Estado e a ordem social vigente.

Houve, porém, anarquistas, como o estadunidense Henry Thoreau (1817-1862), o russo Leon Tolstói (1828-1910) e o inglês Herbert Read (1893-1968), que não aceitavam a religião das igrejas, mas aceitavam uma religião livre. Eles diziam que seus ideais de liberdade e igualdade vinham justamente de fontes religiosas. Todos eram pacifistas e acreditavam poder mudar a sociedade por meios não violentos. Tanto Thoreau quanto Tolstói, aliás, desenvolveram métodos para isso.

Thoreau escreveu sobre a desobediência civil: o ato por meio do qual um indivíduo ou grupo de indivíduos se recusa a obedecer a uma lei ou um decreto do governo por estar em desacordo moral com a lei estabelecida. Por exemplo, se o governo começasse uma guerra que considerássemos injusta e nos mandasse lutar nessa guerra, Thoreau recomendava que desobedecêssemos a esse governo e não fizéssemos aquilo que fosse contra a justiça, mesmo que fôssemos presos. Dizia ele: num governo injusto, o único lugar de um homem justo é a prisão.

Tolstói chamava de resistência passiva a um método semelhante. Ele pregava que não devemos colaborar com o mal social – basta negarmo-nos a qualquer ação que possa contribuir com a miséria, a tirania, a opressão.

Mahatma Gandhi (1869-1948), o grande líder hindu da não violência, que também pregava a não colaboração com o mal e fez vários movimentos de desobediência civil, inspirou-se nas ideias de Thoreau e Tolstói. Gandhi é outro exemplo de alguém profundamente religioso e, ao mesmo tempo, profundamente crítico em relação à sociedade.

Pôster da Federação Anarquista Ibérica, Guerra Civil Espanhola, 1936-1939.

Archives Charmet/The Bridgeman Art Library/Keystone

AGORA É COM VOCÊ

Como você viu, "anarquia" e "anarquismo" são ideias, por vezes, vistas com preconceito, como sinônimos de desordem e bagunça. Após ter lido a história do anarquismo, você considera justificável essa visão? Explique.

BEBENDO NA FONTE ANARQUISTA

Um anarquista em defesa da religião

Herbert Read (1893-1968), poeta, crítico e conferencista, foi anarquista desde a juventude até a morte. Sua experiência como oficial na Primeira Guerra Mundial deixou-lhe marcas tão profundas que ele passou a ter ódio da guerra e deixou de acreditar em qualquer forma de governo. Escreveu importantes livros sobre anarquismo, educação anarquista, literatura e arte. Num de seus escritos, defendeu a importância da religião na sociedade como algo natural ao ser humano, que faz parte de sua história e não pode ser negado. Refere-se, nesse texto, à Guerra Civil Espanhola, ocorrida em 1936, em que anarquistas tomaram parte. Foram, porém, vencidos pelo General Franco, que estabeleceu uma ditadura na Espanha que durou quase quarenta anos, só terminando com sua morte, em 1975.

Não sou pregador, não recomendo nenhuma religião e não acredito em qualquer uma delas. Apenas afirmo, baseado nos exemplos colhidos através da história das civilizações, que a religião é um elemento necessário a qualquer sociedade. [...] É possível conceber o desenvolvimento de uma nova religião a partir do anarquismo. Durante a Guerra Civil Espanhola, muitos observadores se surpreenderam com a intensidade religiosa dos anarquistas. Naquele país de renascimento em potencial, o anarquismo inspirou não apenas heróis, mas até santos: uma nova raça de homens que devotaram suas vidas, na imaginação sensível e na prática, *à criação de um novo tipo de sociedade humana.*

READ, Herbert. In: WOODCOCK, George (Org.). *Os grandes escritos anarquistas*. São Paulo: L&PM, 1998. p. 71-72.

Keystone Pictures EUA/ZUMAPRESS.com/Alamy Live News/Fotoarena

Herbert Read , em 1965.

O QUE VOCÊ ENTENDEU?

Qual é, segundo Read, a função da religião na sociedade?

AGORA É COM VOCÊ

Escolha um dos anarquistas citados e faça uma pesquisa a respeito de sua obra e suas ideias. Depois exponha sua opinião sobre o que descobriu.

CONTANDO UM CONTO

A utopia de Thomas More

O livro *Utopia*, publicado em 1516 pelo pensador inglês Thomas More (1478-1535), é um dos maiores clássicos do pensamento humanista do Renascimento. Influenciou muito a filosofia, a política e a literatura no Ocidente. A palavra "utopia", criada por More, significa "lugar nenhum". No livro, ele descreve de forma fictícia a descoberta de uma nova ilha, localizada em algum lugar no Novo Mundo (segundo consta, ele ficou influenciado pelas novas descobertas das terras da América).

Renascimento: movimento iniciado no século XV, na Europa, que valorizava o ser humano, voltava às raízes clássicas greco-romanas e buscava a beleza e a harmonia nas artes.

A sociedade utopiana é quase perfeita; uma república de sonhos. Lá não existe fome, falta de habitação nem pobreza, e as pessoas têm liberdade de agir e pensar. Todos vivem de forma

Album/Fotoarena/Museu do Prado, Madri, Espanha

Sir Thomas More, tela do pintor belga Pedro Pablo Rubens (1577-1640). Thomas More foi um funcionário de alto escalão da corte do rei Henrique VIII e seus escritos influenciaram fortemente o pensamento inglês. É considerado santo pela Igreja católica.

igualitária e feliz. Mas nem tudo é agradável. Há punições para certas ações. O Estado controla a vida dos indivíduos e é necessário pedir permissão até para passeios nos bosques. A sociedade tem uma forte hierarquia e várias regras a serem respeitadas.

Na sociedade ideal de More, a religião tem um lugar importante e todos são livres para escolher o seu culto. A tolerância religiosa e a liberdade de consciência devem ser respeitadas acima de tudo. Entretanto, nessa utopia de More, não havia liberdade de expressão para aqueles que aceitavam a ideia do materialismo – que não admite a existência nem de Deus nem da alma humana.

Há diversas religiões em Utopia, mesmo em cada cidade há diversas religiões. Uns adoram o sol como um deus; outros, a lua; e ainda outros, algum planeta. Alguns veneram um homem outrora ilustre por sua virtude e glória, considerando-o não somente como um deus, mas como seu deus supremo. Mas a maior parte dos utopienses – de longe, a parte mais sábia – rejeita as crenças desse tipo e acredita num poder único, desconhecido, eterno, infinito e inexplicável, que escapa à compreensão humana e se difunde por todo o universo, não de forma física, mas por sua influência. A esse deus, chamam de pai e somente a ele atribuem a origem, o crescimento, o progresso, a mudança e o fim de todas as coisas, e a nenhuma outra divindade dedicam veneração.

Na verdade, as demais seitas, embora diferindo desse grupo principal em muitos aspectos da doutrina, juntam-se a ele na crença de que existe um ser supremo, criador e senhor do universo, a quem chamam em sua língua nativa de Mitra. Cada grupo define essa divindade superior de modo diferente e cada um supõe que a sua fé constitui o recipiente que verdadeiramente contém essa divindade que todos concordam em venerar. [...]

MORE, Thomas. *Utopia*. Brasília: Ed. da UnB, 2004. p. 112-113. Disponível em: <www.dominiopublico.gov.br/download/texto/al000224.pdf >. Acesso em: 5 jul. 2018.

E FAZENDO A PONTE

1) Embora, no texto, More não diga claramente que religião para ele seria a mais elevada, é possível deduzir qual delas ele exalta como sendo a dos mais sábios. Você a identificou?

2) Em *Utopia*, todos podem escolher sua religião, mas a única posição que não é aceita é o materialismo. Qual sua opinião sobre isso?

E PARA TERMINAR

A letra a seguir é de uma canção que marcou época no Brasil e foi composta por Geraldo Vandré (1935-). Leia-a e, depois, responda às questões.

Pra não dizer que não falei das flores

Caminhando e cantando e seguindo a canção
Somos todos iguais braços dados ou não
Nas escolas, nas ruas, campos, construções
Caminhando e cantando e seguindo a canção

Vem, vamos embora, que esperar não é saber
Quem sabe faz a hora, não espera acontecer

Pelos campos há fome em grandes plantações
Pelas ruas marchando indecisos cordões
Ainda fazem da flor seu mais forte refrão
E acreditam nas flores vencendo o canhão

[...]

Estadão Conteúdo/AE

Vandré cantando durante a seletiva classificatória do III Festival Internacional da Canção Popular no Rio de Janeiro (RJ), em 1968, em que a canção "Pra não dizer que não falei das flores" ficou em 2º lugar.

Há soldados armados, amados ou não
Quase todos perdidos de armas na mão
Nos quartéis lhes ensinam uma antiga lição
De morrer pela pátria e viver sem razão

[...]

Nas escolas, nas ruas, campos, construções
Somos todos soldados, armados ou não
Caminhando e cantando e seguindo a canção
Somos todos iguais braços dados ou não
Os amores na mente, as flores no chão
A certeza na frente, a história na mão
Caminhando e cantando e seguindo a canção
Aprendendo e ensinando uma nova lição

[...]

VANDRÉ, Geraldo. Disponível em: <www.vagalume.com.br/geraldo-vandre/>. Acesso em: 5 jul. 2018.

1) Segundo a canção, qual é o papel social das pessoas?

2) Qual é o tipo de revolução de que a canção fala? Cite o trecho que confirma sua resposta.

3) Com o trecho "A certeza na frente, a história na mão / Caminhando e cantando e seguindo a canção / Aprendendo e ensinando uma nova lição", o que o compositor terá pretendido dizer?

Juca Martins/Pulsar Imagens

Um mundo melhor é construído quando as pessoas deixam de lado as diferenças e lutam por mudanças em prol de todos. Protesto na praça da Sé, em São Paulo (SP), por melhores condições de vida para o povo, no Dia do Trabalhador (1º de maio), em 1981, quando o Brasil ainda estava sob o controle dos militares.

Renn Productions/France 2 Cinéma/ Agência France-Presse

SESSÃO DE CINEMA

Germinal

Direção de Claude Berri. Renn Productions, 1993

Baseado em clássico da literatura escrito pelo francês Émile Zola (1840--1902), mostra a vida de trabalhadores de minas de carvão, no século XIX, e discute ideias sociais.

Procure assistir ao filme indicado pensando nesta questão:

Como mudar uma situação tão terrível como a apresentada no filme?

> Peço, Grande Deus, só esta alegria:
> Que eu não desaponte a mim mesmo, um dia,
> Que em minhas ações tão alto me invista
> O quanto alcançar minha clara vista.
> [...]
> A mão fraca iguale a minha fé forte
> Que eu não fale à toa, agindo até a morte.
> Que conduta baixa não mostre
> Nem minhas frouxas linhas
> Que eu não soubesse do propósito
> E metas, que para mim tinhas.

Henry D. Thoreau.

A prayer. In: *Selected Writings on Nature and Liberty*. New York: The Liberal Arts Press, 1952. Tradução dos autores.

Alamy/Fotoarena

13 Quem é contra a religião?

Estátua dos criadores do materialismo, Karl Marx e Friedrich Engels, em Bisqueque, capital do Quirguistão. Foto de 2008.

Os que não têm religião

A religião é uma das manifestações mais antigas e universais da humanidade. Já a ausência dela é mais recente e sempre ficou restrita a minorias; nunca envolveu uma sociedade inteira. Enquanto nosso conhecimento das sociedades humanas remonta a pelo menos 20 mil anos (com as pinturas rupestres), a ideia de que não existe divindade alguma surgiu há menos de 2 500 anos, na Índia, e teve importantes representantes na Grécia.

Bridgeman Images/Easypix Brasil

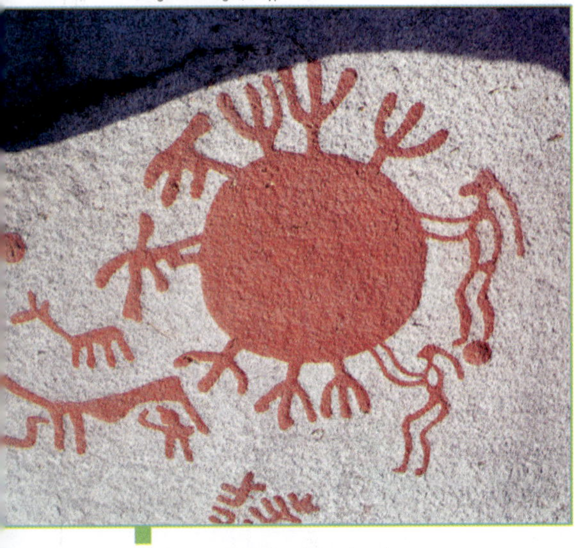

Pintura rupestre de animais e figuras humanas em torno do Sol, em Bohuslän, Suécia.

Hoje, mais de 1 bilhão de pessoas no mundo (numa população mundial de mais de 7 bilhões) não têm religião. Isso não significa que não acreditem em nada. Podemos dividir os que se dizem sem religião em três grupos: os ateus (não acreditam em nenhuma divindade), os agnósticos (não acreditam nem desacreditam; acham que não se pode chegar a uma conclusão sobre isso) e os que não têm religião definida, mas acreditam em algo.

Apesar de as críticas à religião terem ganhado força no Ocidente a partir do século XVIII, com o movimento filosófico chamado Iluminismo, houve uma massificação do ateísmo, no século XX, por diferentes fatores. Nos países ditos socialistas, como a ex-União Soviética e a China, houve perseguição e proibição de práticas religiosas. Nos países de economia liberal que conquistaram maior prosperidade, como Alemanha, Suécia e França, houve um avanço do materialismo. Alguns sociólogos podem interpretar isso da seguinte maneira: povo que tem bem-estar social não precisa de religião.

Ilustração de 1922 de Henri de Weindel chamada *Forças religiosas contra a União Soviética.*

CCI/REX/Shutterstock

Mas há também outra possível explicação: as universidades cultivam de maneira hegemônica correntes de pensamento materialista, de tal forma a considerar que crenças religiosas ou a ideia de Deus são visões superadas filosoficamente. Essa desqualificação da religião como possibilidade de acesso à verdade acaba por produzir gerações céticas.

Universal History Archive/Getty Images

Mao Tsé-tung. Foto de 1954.

Já nos países comunistas, enquanto durou o regime socialista na ex-União Soviética, o povo foi doutrinado no materialismo desde a escola fundamental. Depois que esse regime acabou, a religião voltou com grande força entre os russos. Na China, os seguidores do líder comunista Mao Tsé-tung (1893-1976) destruíram templos e proibiram práticas religiosas, mas há várias décadas existe maior tolerância religiosa.

Nos países ocidentais, onde há liberdade religiosa, houve no último século grande propagação de ideias antirreligiosas. Mas as religiões não param de crescer, embora o número de ateus também tenha crescido.

As críticas à religião

Na Grécia antiga, houve dois movimentos que se assemelham muito ao ateísmo e ao materialismo contemporâneos: o ceticismo e o epicurismo. O termo "ceticismo" significa dúvida, falta de crença. Era essa a postura dos céticos: nunca poderemos chegar a nenhuma verdade, e a filosofia só serve para indagar, sem encontrar respostas.

O filósofo Epicuro (341-270 a.C.), idealizador do epicurismo, criou uma escola de filosofia que durou setecentos anos. Ele achava que a vida tem fim com a morte e que, se as divindades existem, elas estão apartadas de nós, nada têm com a vida humana. Pregava a procura do prazer moderado para ter felicidade na Terra.

A partir do século XVIII – após um longo período em que se destacou o cristianismo –, as ideias materialistas voltaram. Alguns filósofos começaram a criticar a religião por abuso de força, de poder, por guerras, etc. A princípio, criticavam as religiões, mas mantinham Deus a salvo da crítica. Para eles, tudo de abusivo, autoritário e violento que acontecera em nome das religiões era obra do ser humano e não de Deus.

Album/Fotoarena/Museu Capitolino, Roma, Itália

Busto romano de Epicuro em mármore.

Album/Fotoarena/Coleção particular

Auguste Comte. Retrato pintado pelo artista francês Louis-Jules Étex (1810-1889).

No século XIX, a crítica tornou-se mais dura. Surgiram alguns pensadores que pretenderam dar fim à ideia de Deus e a toda e qualquer ideia religiosa. Entre eles destacam-se Auguste Comte (1798-1857), Ludwig Feuerbach (1804-1872), Karl Marx (1818-1883) e Sigmund Freud (1856-1939).

Esses homens tinham ideias muito diferentes entre si, mas pelo menos duas em comum: a única fonte confiável de conhecimento é a ciência, e a religião é uma ilusão. Tanto Comte como Marx e Freud criaram teorias que se pretendiam totalmente científicas. Críticos do século XX questionaram essa cientificidade.

O caso de Comte, criador do positivismo, foi o mais intrigante: ele abominava a religião e acabou criando a "religião positivista". Era uma religião sem Deus, chamada de "religião da humanidade", da qual Comte era sacerdote supremo. Havia rituais, mas não oração. Havia templos, mas não deuses nem santos. Os grandes heróis da humanidade eram lembrados e cultuados.

O positivismo de Comte teve grande influência na cultura brasileira. Nossa bandeira nacional tem o lema positivista "ordem e progresso". Faltou apenas o terceiro item da proposta de Comte: "amor".

E que críticas faziam esses pensadores à religião? Em primeiro lugar, achavam que a religião não pode provar nada do que diz e que por isso só se pode confiar na ciência como fonte de verdade; tudo o que as religiões dizem é pura imaginação. Entretanto, uma crítica possível de se fazer a eles é a de que, por vezes, julgam estar além dos demais seres humanos, vendo como sinal de força e inteligência a coragem de rejeitar a religião, e como fraqueza e ingenuidade a crença em algo superior. Apesar de sua opinião, porém, os povos de todos os países continuam a ter sua fé.

"O amor por princípio, e a ordem por base. O progresso por fim." Templo positivista, Porto Alegre (RS). Foto de 2015.

Fernando Bueno/Pulsar Imagens

O X DA QUESTÃO

1) Na sua opinião, o abandono da religião é um progresso ou uma perda para a humanidade? Justifique.

2) Você acha possível viver sem uma religião? Explique.

3) Será que algum dia a religião pode desaparecer da sociedade? Por quê?

4) A história da humanidade mostra que a religião sempre teve um papel importante para os seres humanos. Ela foi fonte fundamental de produções culturais de toda espécie: arte, literatura, filosofia, ética e política.

Os críticos à religião, porém, entendem que ela é prejudicial, porque faz com que o ser humano se iluda. Já os religiosos dizem que precisamos dos ideais, dos valores e da esperança trazidos pelas religiões.

É claro que as críticas à religião têm suas razões e inúmeras vezes apontam seus abusos. E isso tem servido para aperfeiçoar as próprias religiões. Entretanto, o filósofo marxista Ernest Bloch (1885-1977) afirmava que a ciência não poderia proporcionar a esperança que a religião oferece aos seres humanos.

Sob a orientação do professor, debata o assunto com seus colegas e, depois, responda às seguintes questões:

A religião se tornará algum dia desnecessária para o ser humano? A ciência ou a filosofia podem acabar com a religião ou substituí-la? Ou a religiosidade faz parte da espécie humana e nunca desaparecerá?

Reinaldo Canato/UOL/Folhapress

Algumas pessoas acabam transferindo suas responsabilidades na vida para a religião, incorrendo num comodismo. Já outras procuram dar o seu melhor e buscam em Deus o auxílio para continuar a lutar para alcançar seus objetivos. Fiéis em missa no Santuário de Santa Edwiges, em São Paulo (SP). Santa Edwiges é considerada a intercessora dos pobres e endividados. Foto de 2013.

BEBENDO NA FONTE FILOSÓFICA

Album/Fotoarena/Coleção particular

Ludwig Feuerbach. Gravura de 1870 de autoria desconhecida.

As ideias de Feuerbach e Marx

O filósofo alemão Ludwig Feuerbach é o pai do ateísmo moderno. Suas ideias serviram de fonte de inspiração direta ou indireta a quase todos os ateístas posteriores e contemporâneos: Friedrich Nietzsche (1844-1900), Ernest Bloch, Karl Marx, Friedrich Engels (1820-1895), Auguste Comte e Bertrand Russell (1872-1970).

Feuerbach dizia que Deus e a religião são criações humanas: não foi Deus que criou o ser humano, mas o ser humano que criou Deus. Assim, ele esvaziou a religião de sua realidade divina, colocando-a apenas como um produto da mente humana.

[...] A negação consciente funda uma época nova, funda a necessidade de uma filosofia nova, franca, não mais cristã, resolutamente acristã.

[...] Para substituir a religião, a filosofia deve tornar-se religião enquanto filosofia. [...] Para o lugar da fé, entrou a descrença; para o lugar da Bíblia, a razão; para o lugar da religião e da Igreja, a política; a terra substitui o céu, o trabalho substitui a oração, a necessidade material o inferno, o homem o cristão. [...] Se, na prática, o homem entrou no lugar do cristão, então também no plano teórico o ser humano deve substituir o divino. [...]

FEUERBACH, Ludwig. *Princípios da filosofia do futuro.* Lisboa: Edições 70, 1988. p. 15-16.

Karl Marx, um dos mais importantes pensadores alemães, fundou com Friedrich Engels o chamado socialismo científico. Marx viu na religião uma espécie de alienação do ser humano: a religião mascara a realidade, garantindo o poder dos dominantes. Segundo ele, se a religião prometia a felicidade no céu e não na Terra, as pessoas não precisariam de um mundo melhor aqui. Pelo contrário, na Terra as pessoas poderiam até ser escravas que teriam sua salvação depois da morte.

Portanto, a religião justificava as desigualdades e as injustiças humanas, sendo assim grande aliada dos poderosos e dos governos opressores. A felicidade pregada pela religião era ilusória, uma vez que seria concretizada apenas num mundo irreal, no céu, e não no mundo terreno, real.

[...] Lutar contra a religião é, pois, indiretamente, lutar contra esse mundo, *de que a religião é o* aroma *espiritual.*

[...] A religião é o suspiro da criatura oprimida, a alma de um mundo sem coração, tal como é o espírito de condições sociais de que o espírito está excluído. Ela é o opium do povo.

A abolição da religião enquanto felicidade ilusória *do povo é uma exigência que a felicidade* real *formula. Exigir que ele renuncie às ilusões acerca da sua situação é* exigir que renuncie a uma situação que precisa de ilusões. *A crítica da religião é, pois,* em *germe,* a crítica deste vale de lágrimas *de que a religião é a* auréola.

[...] A crítica da religião destruiu as ilusões do homem para que ele pense, aja, construa a sua realidade como homem sem ilusões chegado à idade da razão, para que gravite em volta de si mesmo, isto é, do seu sol real. A religião não passa do sol ilusório que gravita em volta do homem enquanto o homem não gravita em volta de si próprio.

MARX, Karl; ENGELS, Friedrich. *Sobre a religião*. Lisboa: Edições 70, 1976. p. 46-47.

Opium: ópio, substância entorpecente extraída da semente da papoula.

Germe: princípio, causa de alguma coisa.

Auréola: qualquer círculo luminoso em torno de um objeto.

O QUE VOCÊ ENTENDEU?

O que há em comum entre as ideias de Feuerbach e as de Marx?

Bettmann Archive/Getty Images

Os pobres de Whitechapel. Gravura representando as condições de vida miseráveis que foram causadas pelos deslocamentos da Revolução Industrial no século XIX (autor desconhecido).

Hulton-Deutsch Collection/
Corbis/Getty Images

Bertrand Russell. Foto de 1951.

Agência France-Presse

Jean Piaget. Foto sem data.

FALANDO DE FILOSOFIA

O humanismo radical

Algumas vezes, o ateísmo representa uma espécie de supervalorização do ser humano. Seus defensores acham que não precisamos de um deus; essa dependência seria desnecessária. O ser humano basta a si mesmo. Esse humanismo radical pode ser fruto de um intenso amor à humanidade: a rejeição da ideia de Deus surge porque, para esses pensadores, os seres humanos têm capacidade de dirigir a si próprios.

Para alguns religiosos, esse modo de pensar gera uma espécie de orgulho muito perigoso, pois o ser humano acaba se considerando um deus e passa a desrespeitar os princípios éticos que Deus lhe pôs na consciência.

A relação da liberdade humana com a presença de Deus depende também do tipo de concepção de Deus que cada religião ou filosofia oferece. Se for um Deus mais antropomórfico, punitivo, intervencionista, o ser humano aparece submetido a uma noção de Deus muito opressora. Se for uma concepção de um Deus amoroso, amigo e compassivo, fica mais forte a visão de que temos o direito e o poder de fazermos a nós mesmos.

Entretanto, devemos valorizar a contribuição trazida à humanidade por grandes personalidades que se declararam ateias. O filósofo Bertrand Russell, por exemplo, era um ardoroso pacifista e lutava pelos direitos das pessoas e pela liberdade. O pesquisador Jean Piaget (1896-1980) também não acreditava em alma e em Deus. Piaget deu uma importante contribuição à história e à prática da educação, estudando as fases do desenvolvimento da criança. Ambos fizeram sua parte para que o conhecimento científico progredisse.

Ao mesmo tempo, muitos militantes políticos – ateus, socialistas, anarquistas, democratas – trabalharam pelo progresso da sociedade sem acreditar que veriam um dia (nesta vida ou em outra) o resultado de suas ações positivas. Lutaram por amor à humanidade e não por esperança de recompensa divina.

Por tudo isso, mesmo se valorizarmos a fé, a espiritualidade e a religião como essenciais, não podemos desrespeitar os que não pensam assim, pois o mais importante não é aquilo em que se crê, mas aquilo que se faz.

AGORA É COM VOCÊ

Há ateus que agem com ética igual à das religiões e há religiosos sem ética nenhuma. Você vê contradição nessa ideia? Justifique.

Desejo e religião

Sigmund Freud, criador da psicanálise, quis achar uma resposta para o que ele chamava de "ilusão". Ele via a religiosidade humana como fruto de necessidades psicológicas e não como fonte de verdade.

Prementes: urgentes.

[...] Ela [a resposta] será encontrada se voltarmos nossa atenção para a origem psíquica das ideias religiosas. Estas, proclamadas como ensinamentos [...]: são ilusões, realizações dos mais antigos, fortes e prementes desejos da humanidade. O segredo de sua força reside na força desses desejos. Como já sabemos, a impressão terrificante de desamparo na infância despertou a necessidade de proteção – de proteção através do amor –, a qual foi proporcionada pelo pai; o reconhecimento de que esse desamparo perdura através da vida tornou necessário aferrar-se à existência de um pai, dessa vez, porém, um pai mais poderoso. Assim o governo benevolente de uma Providência divina mitiga nosso temor dos perigos da vida; o estabelecimento de uma ordem moral mundial assegura a realização das exigências de justiça, que com tanta frequência permaneceram irrealizadas na civilização humana; e o prolongamento da existência terrena numa vida futura fornece a estrutura local e temporal em que essas realizações de desejo se efetuarão. [...]

Sigmund Freud Copyrights/ullstein bild/Getty Images

Sigmund Freud, em Viena, Áustria, 1914.

FREUD, Sigmund. *Edição* standard *brasileira das obras psicológicas completas de Sigmund Freud*. Rio de Janeiro: Imago, 1996. v. 21.

O QUE VOCÊ ENTENDEU?

Explique a relação que Freud estabelece entre o desejo e a religião. Você concorda com essa ideia? Justifique sua opinião.

AGORA É COM VOCÊ

Sob a orientação do professor, forme grupos com seus colegas para fazer uma breve pesquisa sobre quem foi e o que fez Sigmund Freud. Depois, troquem ideias com os outros grupos.

Religiosidade e renda

As religiões podem exercer influências de todos os tipos em seus seguidores e, como consequência, nos países. Na reportagem a seguir, vemos como as crenças podem ter relação com a renda *per capita* de uma nação.

Quanto mais religiosos são os habitantes de um país, mais pobre ele tende a ser. Essa é a conclusão de uma pesquisa Gallup feita em 114 nações [...] que mostra uma correlação forte entre o grau de religiosidade da população e a renda "per capita".

Correlação, vale lembrar, é um conceito traiçoeiro. Quando duas variáveis estão correlacionadas, tanto é possível que qualquer uma delas seja a causa da outra como também que ambas sejam efeitos de outros fatores.

Desde o século 19, a sociologia tem preferido apostar na tese de que a pobreza facilita a expansão da religião. "Em geral, as religiões ajudam seus adeptos a lidar com a pobreza, explicam e justificam sua posição social, oferecem esperança, satisfação emocional e soluções mágicas para enfrentar problemas imediatos do cotidiano", diz Ricardo Mariano, da PUC-RS.

"As religiões de salvação prometem ainda compensações para os sofrimentos e insuficiências desta vida no outro mundo", acrescenta.

O sociólogo, porém, lembra que há outros fatores: "A restrição à liberdade religiosa, ideologias secularistas e o ateísmo estatal dos países socialistas contribuíram para a baixa importância que sua população atribui à religião, como ocorre na Estônia, campeã nesta matéria, e na própria Rússia".

Já na Europa Ocidental, diz Mariano, "modernização, laicização do Estado e relativismo cultural erodiram bastante a religiosidade".

A grande exceção à regra são os EUA. Com uma das maiores rendas "per capita"

Richard Ellis/Alamy/Fotoarena

Fiéis durante culto na Igreja batista Charity Missionary, em Charleston, Estados Unidos. Foto de 2015.

do planeta, 65% dos norte-americanos atribuem importância à religião em sua vida diária. Tal índice é bem superior à média dos países mais ricos, que é de 47%.

Sem descartar um papel para as explicações sociológicas mais tradicionais, que chama de "fator ópio do povo", Daniel Sottomaior, presidente da Atea (Associação Brasileira de Ateus e Agnósticos) aventa algumas hipóteses na direção contrária, isto é, de que a religião é causa da pobreza. "Ela promove o fatalismo e o deus-dará", diz.

Em certos lugares, notadamente alguns países islâmicos, ela desestimula a educação e impede a adoção do pensamento científico.

Além disso, afirma Sottomaior, "a religião não apenas não gera valor como sequestra bens, dinheiro e mentes que deixam de ser empregados em atividades econômicas e de desenvolvimento".

Religiosos

Para religiosos ouvidos pela Folha*, é a riqueza que pode reduzir o pendor das pessoas à religiosidade.*

Segundo o padre jesuíta Eduardo Henriques, "a abertura a Deus é inversamente proporcional à segurança oferecida pela estabilidade econômico-financeira, com exceções, é claro. Espiritualmente falando, os pobres tornam-se sinais mais eloquentes de que ninguém, pobre ou rico, basta a si mesmo. Por isso Jesus chamou os pobres de bem-aventurados".

Já para o pastor batista Adriano Trajano, a pesquisa mostra que quanto maior for o estado de pobreza e pouco desenvolvimento econômico no país, "maior será a busca por subterfúgios sobrenaturais, pois a religião tem esse poder de transportar o necessitado a um mundo de cordas divinas". "Que a religião desempenha um papel importante nas sociedades, não há dúvida, resta saber até que ponto esse papel favorece a vida?", pergunta.

O teólogo adventista Marcos Noleto é mais radical: "Há uma incompatibilidade da fé prática com a riqueza. Assim como dois corpos não podem ocupar um mesmo lugar no espaço, na mente do homem não há lugar para duas afeições totais. Veja que Deus escolheu um carpinteiro e não um banqueiro para ser o pai de Jesus". [...]

SCHWARTSMAN, Hélio. Quanto mais religioso, mais pobre tende a ser um país, diz pesquisa. *Folha de S.Paulo*, 27 set. 2010. Disponível em: <www1.folha.uol.com.br/poder/805103-quanto-mais-religioso-mais-pobre-tende-a-ser-um-pais-diz-pesquisa.shtml>. Acesso em: 16 jul. 2018.

SESSÃO DE CINEMA

A glória de meu pai

Direção de Yves Robert. Gaumont, 1990.

No início do século XX, um professor aluga um castelo para passar o verão com a família. Trata-se do pai do menino que mais tarde escreve esta história real.

Procure assistir ao filme indicado pensando nesta questão:

Como se apresenta o conflito entre religião e ateísmo no filme?

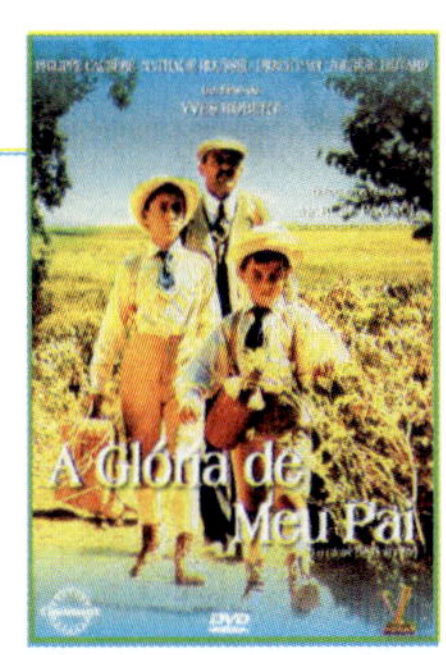

Reprodução/Yves Robert/Gaumont

Angeli/Acervo do cartunista

Natureza morta, do cartunista brasileiro Angeli (1956-). O desenvolvimento econômico dos povos não deve ser feito às custas da saúde e do bem-estar. Pessoas e meio ambiente devem ser igualmente preservados e protegidos, se queremos um futuro sustentável.

O X DA QUESTÃO

Muitos pensadores têm alertado sobre os problemas gerados pelo desenvolvimento econômico a qualquer custo – ecológicos, políticos, sociais e religiosos – e sobre os perigos que pairam sobre a humanidade na busca desesperada dos países por esse desenvolvimento.

Os valores humanos e ecológicos têm ficado em segundo plano em relação aos interesses de enriquecimento e poder. Nos países onde há maior progresso econômico, os valores materialistas são mais cultuados e exaltados. O ser humano é desvalorizado para se valorizarem os bens materiais.

No entanto, a religiosidade do povo jamais acaba. As pessoas encontram felicidade, satisfação e consolo na religião.

Desenvolva seus argumentos a respeito do assunto. Será que os seres humanos podem basear sua vida apenas nos valores do progresso econômico ou precisam de valores espirituais? Por quê?

E PARA TERMINAR

Leia a letra da canção e, depois, responda às questões:

Procissão

Olha lá vai passando a procissão

Se arrastando que nem cobra pelo chão

As pessoas que nela vão passando

Acreditam nas coisas lá do céu

As mulheres cantando tiram versos

Os homens escutando tiram o chapéu

Eles vivem penando aqui na Terra

Esperando o que Jesus prometeu

Ricardo Gomes/Futura Press

O cantor Gilberto Gil em *show* em Lisboa, Portugal, em 2016.

E Jesus prometeu vida melhor
Pra quem vive nesse mundo sem amor
Só depois de entregar o corpo ao chão
Só depois de morrer neste sertão
Eu também tô do lado de Jesus
Só que acho que ele se esqueceu
De dizer que na Terra a gente tem
De arranjar um jeitinho pra viver

Muita gente se arvora a ser Deus
E promete tanta coisa pro sertão
Que vai dar um vestido pra Maria
E promete um roçado pro João
Entra ano, sai ano, e nada vem
Meu sertão continua ao deus-dará
Mas se existe Jesus no firmamento
Cá na Terra isto tem que se acabar

GIL, Gilberto; STAR, Edy. *Procissão*. Disponível em: <www.gilbertogil.com.br/sec_musica_2017.php?filtro=p>. Acesso em: 6 jul. 2018.

1) O que essa canção tem em comum com o pensamento de Marx e de Feuerbach?

2) Em que ela difere do pensamento de Marx e de Feuerbach?

3) De certa forma, a música atribui a culpa dos problemas a Jesus, ao dizer que ele "se esqueceu" de nos contar que a vida na Terra seria dura. Mas será que a culpa é mesmo de Jesus? Na sua opinião, de quem é a culpa por não termos um mundo melhor?

Artigo I.
Fica decretado que agora vale a verdade,
que agora vale a vida,
e que de mãos dadas,
trabalharemos todos pela vida verdadeira.
Artigo II.
Fica decretado que todos os dias da semana,
inclusive as terças-feiras mais cinzentas,
têm direito a converter-se em manhãs de domingo.
Artigo III.
Fica decretado que, a partir deste instante,
haverá girassóis em todas as janelas,
que os girassóis terão direito
a abrir-se dentro da sombra;
e que as janelas devem permanecer, o dia inteiro,
abertas para o verde onde cresce a esperança.
Artigo IV.
Fica decretado que o homem
não precisará nunca mais
duvidar do homem.
Que o homem confiará no homem
como a palmeira confia no vento,
como o vento confia no ar,
como o ar confia no campo azul do céu.
[...]
Artigo V.
Fica decretado que os homens
estão livres do jugo da mentira.
Nunca mais será preciso usar
a couraça do silêncio
nem a armadura de palavras.
O homem se sentará à mesa
com seu olhar limpo
porque a verdade passará a ser servida
antes da sobremesa.
Artigo VI.
Fica estabelecida, durante dez séculos,
a prática sonhada pelo profeta Isaías,
e o lobo e o cordeiro pastarão juntos
e a comida de ambos terá o mesmo gosto de aurora.
Artigo VII.
Por decreto irrevogável fica estabelecido
o reinado permanente da justiça e da claridade,
e a alegria será uma bandeira generosa
para sempre desfraldada na alma do povo.
Artigo VIII
Fica decretado que a maior dor
sempre foi e será sempre
não poder dar-se amor a quem se ama
e saber que é a água
que dá à planta o milagre da flor.
Artigo IX.
Fica permitido que o pão de cada dia
tenha no homem o sinal de seu suor.
Mas que sobretudo tenha sempre
o quente sabor da ternura.
Artigo X.
Fica permitido a qualquer pessoa,
a qualquer hora da vida,
o uso do traje branco.
Artigo XI.
Fica decretado, por definição,
que o homem é um animal que ama
e que por isso é belo,
muito mais belo que a estrela da manhã.
Artigo XII.
Decreta-se que nada será obrigado nem proibido, [...]
Artigo XIII.
Fica decretado que o dinheiro
não poderá nunca mais comprar
o sol das manhãs vindouras.
Expulso do grande baú do medo,
o dinheiro se transformará em uma espada fraternal
para defender o direito de cantar
e a festa do dia que chegou.
[...]

Thiago de Mello.

Os estatutos do homem. In: KRÜGER, Marcos F. (Sel.). *Thiago de Mello*. São Paulo: Global, 2009. (Melhores poemas).

O grito, do norueguês Edvard Munch (1863–1944). A obra retrata os sentimentos de angústia, melancolia e ansiedade do ser humano.

14

Deus pode morrer?

Quem matou Deus?

É claro que, para quem acredita em Deus – a maioria da humanidade –, Ele é eterno: existia antes do mundo e existirá para sempre. Mas, nos últimos dois séculos, uma corrente de pensadores (alguns ateus, outros cristãos) anunciou a morte de Deus. Como começou tudo isso? E hoje, como o mundo está diante dessa afirmação? Ela tem algum sentido?

ullstein bild/Getty Images

Friedrich Nietzsche em 1882.

Há duas maneiras de interpretar essa questão. A primeira é a dos ateus, representada pela figura do filósofo alemão Friedrich Nietzsche (1844-1900), que no século XIX declarou a morte de Deus. Ele fez essa declaração (como outros também fizeram) e até hoje muitos a afirmam. Para o ateísmo, porém, não há aí grande contradição: se o ser humano criou Deus, pode depois matá-lo.

A outra interpretação é a dos teólogos da morte de Deus, cristãos protestantes organizados em um movimento que teve início na década de 1960, nos Estados Unidos. Para alguns deles, foi apenas determinada concepção de Deus que morreu, mas não o próprio Deus. Porém, entre esses teológos, há alguns que realmente chegam a propor um cristianismo ateu.

Qual Deus, então, teria morrido? O Deus feito à nossa imagem e semelhança: um deus tirânico, ciumento, vingativo, como muitas vezes é interpretado o Deus da Bíblia. Mas permanece vivo o Deus de amor, de compaixão, Deus entre nós, dentro de nós.

Evening Standard/Hulton Archive/Getty Images

Reverendo John Robinson em 1963.

Um dos representantes dessa corrente, o bispo anglicano John Robinson (1919-1983), escreveu um livro chamado *Deus diferente*, no qual defende a ideia de um Deus como "fundamento do nosso ser". Não é um Deus que paira distante, no céu, mas um Deus próximo de nós.

Já outros teólogos protestantes, como o estadunidense William Hamilton (1924-2012), proclamaram realmente um cristianismo ateu. Esses teólogos chegam a considerar Jesus um grande mestre espiritual, inspirador de nossas ações, mas não acreditam em nenhuma relação com uma divindade em nossa vida.

BEBENDO NA FONTE FILOSÓFICA

Nietzsche, um filósofo controvertido

O filósofo Friedrich Nietzsche escreveu importantes obras filosóficas pouco valorizadas em seu tempo. No século XX, foi redescoberto pelo filósofo Martin Heidegger (1889-1976) e passou a ser considerado um dos maiores pensadores do Ocidente. Hoje, sua obra é cultuada nas universidades e, muitas vezes, as críticas a seu trabalho são mal recebidas por seus estudiosos.

Nietzsche abolia todos os valores do cristianismo, rejeitava a razão e questionava a ciência. Achava que seria o profeta de um novo tempo, o tempo de novos valores, de novos horizontes humanos. Nesses novos tempos de niilismo, a ideia de Deus, de fim último das coisas, de ser, de bem e de verdade não teria espaço. Heidegger considerava que a morte de Deus anunciada por Nietzsche não era apenas a morte do Deus cristão, mas a morte de qualquer coisa além, qualquer conceito de alma, qualquer ideal humano.

Niilismo: doutrina segundo a qual nada é absoluto e não há verdades morais. Em termos religiosos, equivale à descrença radical. Do ponto de vista nietzscheano, refere-se à recusa de crenças e convicções que atribuam algum sentido para a vida.

Alguns consideram que seu pensamento serviu de base para as ideias nazistas; outros contestam essa conclusão. Entretanto, sabe-se que Hitler apreciava Nietzsche e que Heidegger foi membro do partido nazista. No texto abaixo, Nietzsche fala de um louco que faz uma chocante afirmação:

Nunca ouviram falar desse louco que acendia uma lanterna em pleno dia e desatava a correr pela praça pública gritando sem cessar: "Procuro Deus! Procuro Deus!" *– Como havia ali muitos daqueles que não acreditam em Deus, seu grito provocou grande riso. "Estava perdido?" – dizia um. "Será que se extraviou como uma criança?" – perguntava o outro. "Será que se escondeu?" "Tem medo de nós?" "Embarcou? Emigrou?" – Assim gritavam e riam todos ao mesmo tempo. O louco saltou no meio deles e trespassou-os com o olhar.*

Album/Fotoarena/Museu Munch, Oslo, Noruega

Friedrich Nietzsche, retratado por Edvard Munch em 1906.

"Para onde foi Deus?" – *exclamou* – "É o que vou dizer. Nós o matamos – vocês e eu! Nós todos, nós somos seus assassinos! *[...]* Deus morreu! Deus continua morto! E fomos nós que o matamos! *[...]* Nunca houve ação mais grandiosa e aqueles que nascerem depois de nós pertencerão, por causa dela, a uma história mais elevada do que o foi alguma vez toda essa história." *[...]*

NIETZSCHE, Friedrich. *A Gaia Ciência*. São Paulo: Escala, [s.d.]. p. 129.

O QUE VOCÊ ENTENDEU?

1) Nietzsche chama o ato de matar Deus de "ação grandiosa". O que você pensa a respeito?

2) O que você entende como a "morte de Deus" e como isso pode influenciar a sociedade?

O que significa tudo isso?

Em primeiro lugar, a retirada de Deus do mundo significa um vazio, uma ausência que causa grande angústia. Não é à toa que Jean-Paul Sartre (1905-1980), outro ateu, escreveu um livro chamado *A náusea*, no qual afirma que a angústia pelo nada é tão grande que chega a causar náusea nos seres humanos.

Do ponto de vista do conhecimento, também se dá um problema: se não há um ser supremo, organizador de todas as coisas, de uma lógica da natureza, então tudo é fruto do acaso, não há leis universais, tudo é caos...

Do lado da moral, acontece o mesmo: se não há um Bem supremo, um Deus que é justiça, verdade, amor, a moral se torna algo incerto, cada qual pode ter a sua, cada povo pode criar uma nova moral... Se não há uma natureza moral no ser humano, dada por Deus, então nada impede que possamos criar qualquer tipo de moral. Como disse o escritor russo Fiódor Dostoiévski (1821-1881): "se Deus não existe, tudo é permitido".

Album/Fotoarena/Galeria Tretyakov, Moscou, Rússia

Fiódor Dostoiévski. Retrato pintado pelo russo Vasily Grigorevich Perov (1834-1882).

Todo o povo – Solidão, da artista britânica Evelyn Willians (1929-2012).

Homem rezando em uma floresta próxima a Bangcoc, Tailândia. Foto de 2016.

Como já vimos, muitos ateus deram contribuições importantes para a humanidade, assim como muitos religiosos cometeram injustiças e abusos, em nome do próprio Deus. Mas é interessante valorizarmos a vivência de inúmeras pessoas que mostraram o que é ter Deus dentro de si, dando exemplo de elevada nobreza de alma.

Podemos mudar e evoluir nossas ideias sobre Deus, talvez até buscar compreendê-lo e senti-lo melhor. Mas não precisamos aceitar que nos tirem o chão e nos joguem no nada, porque ainda podemos sentir Deus além das estrelas e dentro de nós.

O X DA QUESTÃO

1) Qual a sua impressão sobre o tema "a morte de Deus"?

2) Você considera possível restituir a fé em Deus a quem a perdeu? Explique.

3) É importante e desejável restaurar a fé no mundo atual? Como e por quê?

4) Vivemos um grande dilema: será possível "assassinar" Deus, como constatou Nietzsche, e com isso tirar os horizontes humanos e extinguir o sentido da vida? Será que foi o ser humano quem inventou Deus e por isso podemos matá-lo? Ou Deus sempre existiu e sempre existirá, e o que muda são apenas as ideias sobre Ele? Será que precisamos recuperar Deus para ajudar o ser humano de hoje a reaver seus ideais?

Sob a orientação do professor, debata esse assunto com seus colegas e, depois, responda à questão:

Qual a sua posição sobre essa polêmica?

BEBENDO NA FONTE CRISTÃ

Georges Gusdorf, em 1970.

Inexorável: implacável, inabalável.

Resgatando os valores religiosos

O filósofo francês Georges Gusdorf (1912-2000), professor e destacado pensador cristão, procurou fazer de suas ideias uma forma de combate à civilização niilista e materialista do mundo contemporâneo. Empenhou-se em mostrar a importância dos valores cristãos e humanistas na civilização do nada.

[...] Não se trata mais hoje de demonstrar a existência de Deus, mas de provar a existência do homem. Ou melhor, as duas preocupações constituem uma só. Uma declaração dos direitos do homem, em nosso tempo, passa por um reconhecimento do direito de Deus.

Esmagado pelo peso material do universo, quebrado pelos ritmos implacáveis da civilização tecnológica, o ser humano não reencontra as verdadeiras dimensões de sua existência senão nos valores de que a religião é a guardiã, valores de simplicidade e de unidade, de silêncio e contemplação no recolhimento. Assim somente o homem religioso descobre, perante Deus, a capacidade de resistir à violência e à agressão contínua de um mundo inexorável. No mais profundo de si mesmo, secretas mas vigilantes, despertam as virtudes, hoje bastante esquecidas, de respeito, de paciência, e de deslumbramento, que transfiguram o mundo, assegurando à consciência fiel o caráter sobrenatural do seu destino. [...] Aos profetizadores da morte de Deus, Kierkegaard respondia, há mais de um século, que matar Deus é uma forma de suicídio, "negar Deus não é fazer-Lhe mal; é destruir-se".

GUSDORF, Georges. *A agonia da nossa civilização*. 2. ed. São Paulo: Convívio, 1982. p. 253-254.

FALANDO DE ESPIRITUALIDADE

Deus no cotidiano

Levantar-se de manhã, olhar o esplendor do dia entrando pela janela e não ter a quem agradecer por tanta beleza. Recomeçar a cada dia e não poder orar para pedir força e esperança, caridade e paciência. Ver as injustiças do mundo e nunca ter a certeza de que um dia elas se acabarão, de que um dia os que têm fome de justiça serão saciados. Enfrentar as dores, as perdas, as mortes, sem poder apoiar-se, sem poder pedir ajuda, consolo, alívio, misericórdia...

Moment/Getty Images

Carinho, cuidado, atenção, perdão. Sentimentos como esses nos fazem experimentar aquilo que Deus tem a nos oferecer. Na foto, pai e filha aproveitam juntos um momento de lazer, demonstrando o afeto que sentem um pelo outro. Foto de 2016.

Não sentir uma presença silenciosa que preenche nossa vida, uma alegria íntima, uma esperança eterna, e passar pelo mundo como se nada fizesse sentido, nada tivesse finalidade, nada fosse para sempre – nem o amor, nem a bondade, nem a ternura. Isso é não ter Deus, não acreditar em Deus, não sentir Deus. Não é por acaso que as religiões dizem que estar no inferno é estar afastado de Deus.

Ao contrário, que paz poder saber que existe um Ser que nos criou, que nos ama e que nos destina à felicidade! Agradecer-lhe pelas estrelas e pelo mar, pela Terra azul e pelo espaço infinito; louvá-lo porque nos fez capazes de amar e nos deu pessoas que compartilham nosso caminho; clamar por Ele nas aflições e receber o conforto da sua presença em nós. Trabalhar, sim, contra as injustiças, mas tendo a certeza de que um dia elas cessarão e seremos participantes de um mundo melhor. Poder falar com toda a propriedade: "Graças a Deus!", "Deus lhe pague", "Vá com Deus!" – com a consciência de que Ele realmente nos ouve e retribui, nos enche de graça e segue conosco.

Experimentar Deus dentro de si e presenciá-lo no cotidiano é já estar perto do céu, mesmo diante dos tumultos da vida, porque ela ganha sentido e valor, dignidade e beleza. Leia as palavras do pensador espírita Regis de Morais:

Bem no fundo de nosso ser passageiro, Deus pôs uma fonte de eternidade jorrando. Mesmo na pressa de viver, paremos de vez em quando para ouvir a água do infinito. A paz pode, quietamente, nascer em nós.

MORAIS, Regis de. *Salmos para os tempos novos*. Campinas: Editora Amadeus, 2005. p. 13.

AGORA É COM VOCÊ

Você já experimentou Deus? Como?

Dougie Douglas/Acervo do fotógrafo

Melancolia (2012), escultura em bronze do romeno Albert György (1949-), localizada em Genebra, Suíça. A obra retrata a alma do ser humano contemporâneo que, apesar de ter muitos bens materiais, continua com o vazio existencial no mais profundo de si, na alma. Esse vazio não pode ser preenchido com nada além do Ser supremo que nos criou. Foto de 2018.

NO DIA A DIA

Nossa cultura está impregnada de materialismo e niilismo. As palavras de Nietzsche foram proféticas: um novo tempo deveria surgir e surgiu. Muitos acham que esse nada em que nos encontramos provoca angústia, e precisamos de um tratamento profundo para recuperar Deus e os valores espirituais e superar o vazio existencial no qual a humanidade se encontra.

Mas essa é uma tarefa difícil, pois nossa cultura tem-se alimentado do niilismo e do materialismo contemporâneos. Muitas vezes, as universidades, responsáveis pela formação dos jovens e pela produção da cultura, apresentam apenas teorias materialistas e niilistas, dando pouco espaço a posicionamentos que questionem essas ideias. A mídia, em geral, também tem contribuído para isso.

O resultado disso é o conflito em que se vê a juventude, dividida entre o que ouve da mídia e da universidade e o que recebe de valores religiosos vindos da família e da cultura popular.

Dê a sua opinião e argumente a respeito do assunto. Como vê esta questão: se você estivesse na universidade, como faria para defender suas ideias religiosas?

AGORA É COM VOCÊ

Sob a orientação do professor, reúna-se com seus colegas em grupos de até quatro alunos e façam uma pesquisa entre colegas da escola, amigos e familiares. Façam perguntas como: Você acredita na existência de Deus? Como é Deus para você? O que é Deus para você? Analisem, em grupo, qual a tendência religiosa das ideias contidas nas respostas. Depois, apresentem a pesquisa em sala.

Reprodução/Editora Companhia das Letras

SESSÃO DE LEITURA

O mundo de Sofia

Jostein Gaarder. São Paulo: Seguinte, 2012.

O Mundo de Sofia é uma trilha pela história da filosofia desde os pré-socráticos até os filósofos pós-modernos.

Procure ler o livro e pense sobre a questão:

De que maneiras as principais correntes filosóficas explicam a religião e a fé?

E PARA TERMINAR

Leia o poema a seguir e, depois, responda às questões:

A morte de Deus

Eu vi a morte de Deus

quando a criança chorou

quando o menino pediu

quando a moçoila pariu

Eu vi a morte de Deus

Eu vi a morte de Deus

quando a luxúria chegou

quando a inveja luziu

quando o pecado feriu

Eu vi a morte de Deus

Eu vi a morte de Deus

quando a injustiça se fez

a liberdade sumiu

e a pobreza surgiu

Eu vi a morte de Deus

Eu vi a morte de Deus

quando a gula fez-se vez

e a ostentação ressurgiu

a desigualdade floriu

Eu vi a morte de Deus.

MENEZES, Fernando T. Disponível em: <www.usinadeletras.com.br/exibelotexto.php?cod=495&cat=Cordel&vinda=S>. Acesso em: 7 jul. 2018.

Moçoila: mocinha.
Luxúria: sensualidade.
Ostentação: luxo, exibicionismo.

Kevin Frayer/Getty Images

Os inúmeros sofrimentos causados por alguns seres humanos a seus semelhantes são, na realidade, o reflexo de uma vida na qual o Deus que é amor, misericórdia, compaixão foi substituído por ganância, ódio e destruição.

Refugiados *rohingyas* desesperam-se para fugir de Mianmar, onde acontece uma limpeza étnica. Mais de meio milhão de pessoas fugiram para Bangladesh em condições precárias. Foto em Cox's Bazar, Bangladesh, em 2017.

1) O autor do poema refere-se à mesma morte de Deus de que falava Nietzsche?

2) Você concorda com a ideia expressa no poema ou discorda dela? Justifique sua resposta.

Deus, passei tanto tempo Te procurando, não sabia onde estavas.
Olhava para o infinito, não Te via, e pensava comigo mesmo:
"Será que Tu existes?"
Não me contentava na busca e prosseguia.
Tentava Te encontrar nas religiões e nos templos,
Tu também não estavas.
Te busquei através dos sacerdotes e pastores,
Também não Te encontrei.
Senti-me só, vazio, desesperado e descri.
E na descrença, tropecei.
E no tropeço caí.
E na queda, senti-me fraco.
Fraco, procurei socorro.
No socorro encontrei amigos;
Nos amigos encontrei carinho;
No carinho, vi nascer o amor.
Com amor, vi um mundo novo.
E no mundo novo resolvi viver.
O que recebi, resolvi doar.
Doando alguma coisa, muito recebi.
E recebendo, senti-me feliz.
E ao ser feliz encontrei a paz.
E tendo paz foi que enxerguei
Que dentro de mim é que Tu estavas,
Foi em mim que, sem procurar,
Eu Te encontrei.

Adélio Neves.

Reencontro com Deus. Disponível em: <http://grupofraterno.org.br/textos/reencontro-com-deus/>. Acesso em: 7 jul. 2018.

Alamy/Fotoarena/Coleção particular

15

A religião e a ciência

Copérnico conversando com Deus. Tela do polonês Jan Matejko (1838-1893).

Inimigas ou companheiras?

Muita gente pensa que, necessariamente, a ciência é contra a religião, e vice-versa. Isso não é verdade: em alguns momentos da História, elas estiveram em disputa, mas na sua origem não foi assim. Do mesmo modo, não é assim para muitos cientistas famosos e respeitados e também para muitos religiosos. Como, então, conciliá-las? Se as duas estão em busca da verdade, uma poderá contradizer a outra? Se a ciência afirmar algo contrário à religião, de que lado devemos ficar? E se a religião propuser algo contrário à ciência, a quem dar razão?

Representação da teoria da evolução do homem.

Science Photo Library/Fotoarena

Album/Fotoarena/Galeria da Academia de Belas Artes, Veneza, Itália

Pitágoras, de Pietro Longhi (1701-1785).

Essas questões não são simples, mas nem por isso são insolúveis. Muitas pessoas já tentaram solucioná-las.

Os primeiros seres humanos que se preocuparam em observar a natureza e descobrir como ela "funciona" não eram ateus nem desprezavam a religião. Podemos nos lembrar, entre os gregos, por exemplo, de Pitágoras, matemático, astrônomo, músico e... místico. No início, aliás, não havia separação entre as diferentes áreas do conhecimento. O ser humano queria conhecer o Universo e a si mesmo; para isso, usava todas as ferramentas ao seu alcance. Aristóteles, outro filósofo grego, considerado um dos pais do método científico da observação, também achava que na origem de todas as coisas estava Deus, o "primeiro motor do Universo".

Mas foi também na Grécia que nasceram os primeiros pensadores a negar a presença de Deus no Universo; entre eles, Demócrito de Abdera (460-370 a.C.), criador do atomismo (teoria segundo a qual todas as coisas são compostas de átomos, ideia retomada, depois, pela ciência contemporânea).

Nessa época, porém, não existia conflito explícito entre religião e ciência, pois na Grécia havia liberdade de expressão. Cada filósofo podia falar abertamente sobre sua linha de pensamento e não era perseguido por isso. A exceção foi Sócrates, um dos maiores filósofos de todos os tempos, condenado à morte por criticar a sociedade de seu tempo e entrar em confronto com os políticos da cidade.

Album/Fotoarena/Museu Canoviano, Possagno, Itália

Sócrates e a Filosofia, tela do pintor e escultor italiano Antonio Canova (1757-1822).

O início do conflito

O confronto maior entre ciência e religião começou na Idade Média, quando se iniciou a liderança da Igreja católica, que durou mil anos. Tudo o que fosse dito sobre ciência, filosofia ou religião deveria estar de acordo com a Bíblia, caso contrário, seria considerado heresia. A Bíblia não podia ser lida e interpretada livremente. A única interpretação aceita no Ocidente era a da Igreja católica, e isso durou até o rompimento resultante da Reforma Protestante, no século XVI.

Ilustração digital de um modelo geocêntrico: a Lua, o Sol e os planetas então conhecidos descreveriam círculos perfeitos em torno da Terra, que seria o centro do Universo.

A partir do Renascimento, no século XIV, surgiram pensadores que deram alguns passos adiante na observação da natureza iniciando a ciência moderna. Nenhum deles era ateu ou materialista, mas o que diziam estava em desacordo com as teorias da Igreja.

A concepção de Universo, até então, era de que a Terra era seu centro e de que o Sol girava ao redor dela, ficando as estrelas fixas na abóbada celeste. A Igreja adotava essa concepção, chamada de sistema geocêntrico, pois, segundo a Bíblia, "Josué parou o Sol no meio do céu pelo tempo de quase um dia" (Josué 10,13). Esse era também o sistema concebido por Aristóteles, por isso os pensadores católicos também citavam os estudos aristotélicos como argumento.

O primeiro cientista do Renascimento a contestar essa teoria foi o padre e astrônomo polonês Nicolau Copérnico (1473-1543): ele afirmou que a Terra girava em torno do Sol, e não o contrário. Depois vieram o padre Giordano Bruno (1548-1600), Johannes Kepler (1571-1630) e Galileu Galilei (1564-1642), todos astrônomos e matemáticos, além de filósofos, que iniciaram a ciência moderna.

Nenhum deles negava a existência de Deus. Ao contrário, acreditavam trabalhar para o engrandecimento da ideia de Deus. Esses cientistas estavam convencidos de que, ampliando a noção do Universo, descobrindo sua grandeza, observando como se movimentavam os astros, estariam contribuindo para mostrar a glória de Deus, seu poder criador, sua inteligência perfeita.

A Igreja católica, porém, assim como as Igrejas protestantes, não aceitaram essas ideias. O alemão Kepler, que era protestante, foi perseguido e exilado; Giordano Bruno foi morto na fogueira. Galileu, na Itália, teve de assinar diante da Igreja um documento em que negava suas ideias e ficou em prisão domiciliar pelo resto da vida. Uma passagem famosa de sua história conta que, depois de ter assinado a abjuração, negando que a Terra se movia em torno do Sol, ele teria sussurrado: "E, no entanto, ela se move".

Mais tarde, haveria outras discussões entre as concepções da Bíblia e os avanços da ciência. Por exemplo, está escrito no livro Gênesis que Deus fez o mundo em seis dias e no sétimo descansou. A ciência descobriu que a Terra tem bilhões de anos... Então, algumas denominações cristãs (mas nem todas) passaram a aceitar que não foram seis dias, mas seis períodos, e que a história bíblica era simbólica e não literal (ao pé da letra).

Galileu Galilei diante da Inquisição. Tela do artista italiano Cristiano Banti (1824-1904). A obra retrata Galileu sendo julgado por declarar que, na verdade, era a Terra que girava ao redor do Sol, e não o contrário.

Album/Fotoarena/Coleção particular

O Universo infinito

Juca Martins/Pulsar Imagens

O papa João Paulo II em sua primeira visita ao Brasil. Brasília (DF), 1980.

Giordano Bruno nasceu perto de Nápoles, Itália, e foi uma pessoa brilhante e inquieta. Foi monge dominicano, mas, não podendo aceitar a disciplina rígida do monastério, fugiu e passou muitos anos peregrinando pela Europa, incompreendido tanto por católicos quanto por luteranos e calvinistas. Ao voltar para a Itália, foi preso pela Inquisição e, após seis anos, foi condenado e morto na fogueira por ter-se negado a renunciar às suas ideias.

Recentemente, a Igreja católica pediu perdão pela execução de Bruno, assim como reabilitou Galileu. Somente depois de quatrocentos anos, no pontificado de João Paulo II (papa de 1978 a 2005), a Igreja reconheceu ter errado em matar ou perseguir esses homens, que queriam pensar livremente e descobrir como realmente funcionava a natureza.

Uma das ideias mais bonitas de Bruno é a de um Universo infinito. Ele dizia que um Deus infinito só pode criar algo infinito. Para ele, como hoje a ciência confirma, havia milhões de planetas e sóis em movimento permanente no cosmo. Ele achava também que havia outros mundos habitados e não apenas a Terra.

SeM/UIG/Getty Images

Giordano Bruno. Estátua de bronze do escultor italiano Ettore Ferrari (1845-1931), localizada no Campo de Fiori, Roma, Itália. Nesta praça Giordano Bruno foi queimado na fogueira em 17 de fevereiro de 1600. Foto de 2013.

[...] é um grandioso retrato, admirável imagem, excelsa figura, altíssimo vestígio, representante infinito do infinito representado, e espetáculo conveniente à excelência e eminência de quem não pode ser percebido, abarcado, aprendido. Assim se enaltece a excelência de Deus, se manifesta a grandeza de seu império: não se glorifica num, mas em inumeráveis sóis; não numa Terra, num mundo, mas num milhão, antes, em infinitos. [...]

BRUNO, Giordano. *Acerca do infinito, do Universo e dos mundos*. 3. ed. Lisboa: Fundação Calouste Gulbenkian, 1984. p. 20-21.

Excelsa: elevada, sublime.
Eminência: superioridade.

O QUE VOCÊ ENTENDEU?

Você concorda com a ideia principal do texto? Justifique.

DE OLHO NO BRASIL

Boff em desacordo com o Vaticano

O teólogo e ex-religioso católico Leonardo Boff, brasileiro e autor de inúmeras obras, viveu uma experiência que pode lembrar aqueles julgamentos realizados pela Inquisição medieval, em pleno século XX, como lemos a seguir.

Ele esperou até 1992 para deixar os hábitos de monge franciscano e abandonar o monastério onde vivia. A essa altura já havia atravessado uma experiência impactante: no dia 7 de setembro de 1984, o chefe da antiga Inquisição, hoje chamada de Congregação para a Doutrina da Fé, o colocou no mesmo assento que ocuparam o teólogo Giordano Bruno e o astrônomo Galileu Galilei. O inquisidor era o cardeal Joseph Ratzinger, então braço direito doutrinário de João Paulo II e depois Papa a partir de 2005 [...]. O interrogado era o brasileiro Leonardo Boff.

Boff não foi queimado vivo como Giordano nem foi obrigado a pedir perdão como Galileu. Mas, em 1985, Raztinger o condenou ao silêncio e, desde então, as hierarquias eclesiásticas dificultaram cada vez mais a chance de expressar suas ideias com liberdade. Depois de Igreja, Carisma e Poder, *o livro que o levou diante de Ratzinger, cada novo trabalho encontrava obstáculos para sua publicação em editoriais ou revistas obrigadas a pedir permissão às autoridades da Igreja católica.*

Orlando Kissner/Agência France-Presse

Leonardo Boff. Foto de 2006.

[...] durante o debate sobre o futuro da Igreja em função do impacto da renúncia do Papa, Boff recordou [...] que ele foi "colocado na mesma banqueta de Giordano e Galileu". Ler essa frase provoca uma perplexidade: Foi, realmente, o mesmo banco? Era possível que a mensagem da Santa Sé para demonstrar autoridade fosse transmitida com uma nitidez tão crua? O Página/12 decidiu fazer essas perguntas diretamente a Boff.

Esta foi sua resposta [...]: "Fui julgado no prédio que fica à esquerda da grande praça para quem vai na direção da basílica (de São Pedro). Há séculos que é a sede da Congregação para a Doutrina da Fé, ex-Santo Ofício e ex-Inquisição. É um edifício grande, escuro, com três pisos ou mais. Teve um processo doutrinário com todos os requisitos jurídicos. Eu me sentei onde todos os julgados pela Inquisição foram julgados. Ali sentaram Galileu Galilei, Giordano Bruno e outros. Não estou jogando com metáforas, mas sim com a realidade". [...]

GRANOVSKY, Martín. Quando a inquisição colocou Boff no mesmo assento de Giordano Bruno e Galileu. *Carta Maior*, 4 mar. 2013. Disponível em: <www.cartamaior.com.br/>. Acesso em: 16 jul. 2018.

O desenrolar da História

Se, de um lado, durante muitos séculos as religiões assumiram uma postura radical, como uma espécie de reação, de outro, os cientistas também passaram a radicalizar: segundo eles, para a ciência ser realmente "científica", tinha de negar Deus. Mas é evidente que, se a ciência não pode provar que Deus existe, também não pode provar que Ele não existe.

Nos séculos XIX e XX, como já vimos, era grande o número de pensadores que se diziam científicos e antirreligiosos. Mas também houve um movimento conciliatório. De um lado, cientistas que se aproximaram da religião; de outro, a religião reconhecendo o valor da ciência.

O espiritismo, que nasceu no século XIX, pretende aproximar religião e ciência, dizendo que elas abarcam uma só realidade e não podem se desmentir mutuamente. Por isso Allan Kardec (1804-1869) não acreditava em milagres, em algo extraordinário, fora das leis naturais. Tudo faz parte de uma só lei, criada por Deus – a religião descobre as leis morais, que regem a vida humana; a ciência descobre as leis físicas, que comandam toda a natureza e o Universo. A filosofia serve de elo entre as duas.

Do lado da Igreja católica, no século XX, houve uma contribuição importante vinda do padre jesuíta francês Teilhard de Chardin. Ele tentou conciliar evolucionismo e criacionismo, mostrando com muito brilho que, para aceitarmos a ideia da evolução cósmica, não precisamos deixar Deus de lado. Ao contrário, na sua visão, Ele se engrandece.

Apic/Getty Images

Teilhard de Chardin. Data desconhecida.

O X DA QUESTÃO

1) Para você, o que é mais importante: a fé ou a ciência? Ou ambas? Ou nenhuma? Por quê?

2) Qual das posições comentadas até agora lhe parece a mais correta? Explique.

3) Imagine-se no lugar de Giordano Bruno e Galileu Galilei. O que você faria: negaria suas ideias para sobreviver ou desafiaria a morte? Por quê?

BEBENDO NA FONTE ESPÍRITA

Deus na visão de Léon Denis

O filósofo espírita Léon Denis (1846-1927) foi um grande orador e, depois de Kardec, o principal divulgador da doutrina dos espíritos. Seus escritos têm muita força e poesia. Seu trabalho teve muita importância no movimento espírita que sucedeu a Kardec:

Antropomorfo: semelhante ao ser humano.

Imanente: que está inseparavelmente contido na natureza de um ser ou conjunto de seres.

A ciência, à proporção que se adianta no conhecimento da Natureza, tem conseguido fazer recuar a ideia de Deus, mas esta se engrandece, recuando. O Ser eterno, no ponto de vista teórico, tornou-se tão majestoso como o Deus fantástico da Bíblia. O que a Ciência destruiu para sempre foi a noção de um Deus antropomorfo, feito à imagem do homem, e exterior ao mundo físico. Porém, a essa noção veio substituir uma outra mais elevada, a de Deus, imanente, sempre presente no seio das coisas. Para nós, a ideia de Deus não mais exprime hoje a de um ser qualquer, porém, sim, a do Ser que contém todos os seres.

[...] o Universo, debaixo de suas formas cambiantes, variadas, múltiplas, se reflete, se conhece, se possui, em uma Unidade viva, em uma Razão consciente, que é Deus.

DENIS, Léon. *Ser, destino, dor*. 10. ed. Sobradinho (DF): Edicel, 1997. p. 161-162.

perso.wanadoo.fr/Arquivo da editora

Léon Denis. Fotografia do século XIX.

BEBENDO NA FONTE CIENTÍFICA

Duas visões conciliatórias

Albert Einstein (1879-1955), judeu, foi um dos maiores cientistas de todos os tempos e sempre exaltou a ideia de Deus. Teilhard de Chardin (1881-1955) foi um padre católico que se tornou cientista, louvando a ciência como instrumento de conhecimento da realidade divina. Ambos, de pontos de vista diferentes, tinham uma visão de mundo científica e ao mesmo tempo religiosa.

Disse Einstein:

Albert Einstein em sua residência em Princeton, Estados Unidos, em 1944.

[...] A situação pode ser expressa por uma imagem: a ciência sem religião é aleijada, a religião sem ciência é cega.

[...] A meu ver, portanto, a ciência não só purifica o impulso religioso do entulho de seu antropomorfismo, como contribui para uma espiritualização religiosa de nossa compreensão da vida.

EINSTEIN, Albert. *Escritos da maturidade*. Rio de Janeiro: Nova Fronteira, 1994. p. 30-33.

E afirmou Chardin:

Na aparência, a Terra Moderna nasceu de um movimento antirreligioso. O Homem que se basta a si mesmo. A Razão que se substitui à Crença. A nossa geração e as duas precedentes quase só ouviram falar de conflito entre a Fé e a Ciência. A tal ponto que pôde pensar-se um momento que esta era decididamente chamada a tomar o lugar daquela.

Ora, à medida que a tensão se prolonga, é visivelmente sob uma forma muito diferente de equilíbrio – não eliminação, nem dualidade, mas síntese – que parece haver de resolver-se o conflito. Após quase dois séculos de lutas apaixonadas, nem a Ciência nem a Fé conseguiram apoucar-se uma à outra; mas, muito pelo contrário, torna-se evidente que não poderiam desenvolver-se normalmente uma sem a outra: e isto pela simples razão de que uma mesma vida as anima a ambas. [...]

Bettmann Archive/Getty Images

Religião e Ciência: as duas faces ou fases conjugadas de um só ato total de conhecimento – o único que pode abarcar, para os contemplar, os medir e os completar, o Passado e o Futuro da Evolução. [...]

CHARDIN, Pierre Teilhard de. *O fenômeno humano*. Porto: Tavares Martins, 1970. p. 313-315.

O frei agostiniano Edward V. Stanford, à esquerda, presidente do Villanova College, entregando a medalha Mendel, um prêmio de alta ciência, ao padre jesuíta Teilhard de Chardin, à direita, em 1937.

O QUE VOCÊ ENTENDEU?

Você leu as opiniões de um filósofo espírita, de um cientista judeu e de um padre católico cientista. O que há em comum entre elas? Justifique.

O X DA QUESTÃO

Como você viu, durante algum tempo pensou-se que a ciência iria superar a visão religiosa e dar a última palavra no entendimento do mundo. Essa crença provocou impasses difíceis de serem resolvidos: religião e ciência são duas formas de conhecimento incompatíveis? A ciência é superior à religião na compreensão do mundo? É impossível conciliar Deus e ciência?

Inúmeros pensadores começaram a afirmar que, pelo contrário, religião e ciência são ramos do conhecimento humano fundamentais e que podem ser conciliados. A ciência busca a verdade e o entendimento das coisas, assim como a religião. Tanto cientistas como religiosos tentam compreender a lógica e a razão por trás do funcionamento do mundo e têm uma profunda crença na lógica que se manifesta nele – ainda que utilizem caminhos diferentes.

A ciência pode ajudar a religião e a religião pode, por sua vez, ajudar a ciência.

Sob a orientação do professor, debata esse assunto com seus colegas e, depois, responda às questões:

Qual é a sua posição sobre o assunto? Ciência e religião podem se unir para conhecermos melhor o mundo? Ou uma não tem nada a ver com a outra?

DE OLHO NO MUNDO

A influência do Mercado sobre a ciência

A colaboração entre cientistas e empresas pode ser muito positiva para toda a sociedade, pois, dessa forma, é possível aplicar recursos financeiros na pesquisa de novas tecnologias que, no futuro, podem melhorar a vida de muitas pessoas. Porém, há diversos problemas que podem aparecer, como a manipulação de resultados em benefício daqueles que investem na pesquisa. A seguir, lemos algumas das muitas consequências dessa parceria.

Os vínculos entre a ciência, a tecnologia e a iniciativa privada são numerosos. Não é segredo que eles estão crescendo em número e extensão, o que é um reflexo do crescente papel da ciência e da tecnologia na busca por competitividade entre as principais economias. Tanto os governos como os negócios sustentam que essa relação estreita é, em geral, positiva para a ciência e a tecnologia, por um lado, e para a sociedade, por outro. Contudo, há evidências cada vez mais fortes de que essa relação traz consigo uma gama de consequências nefastas. [...]

As principais preocupações sobre a influência empresarial em ciência e tecnologia [...] são elencadas a seguir.

(1) Há clara evidência de que o envolvimento empresarial em grande escala na ciência, na engenharia e na tecnologia praticadas nas universidades traz impactos que podem ser muito prejudiciais, tais como a introdução de desvios significativos e a marginalização de trabalhos com claros benefícios sociais e ambientais. [...]

(2) No nível da pesquisa individual, encontramos os seguintes problemas:

(a) o financiamento empresarial direto de uma pesquisa aumenta a probabilidade de que seus resultados sejam favoráveis aos financiadores. [...];

(b) a transparência na pesquisa pode ser comprometida através do uso de acordos empresariais de confidencialidade (inclusive patentes) e outras considerações de direitos de propriedade intelectual [...];

(c) os conflitos de interesse dos pesquisadores (por exemplo, interesses financeiros) têm o potencial de comprometer o processo de pesquisa. [...].

(3) No nível de estabelecimento de prioridades e direcionamento da P&D [Pesquisa e Desenvolvimento], encontramos os seguintes problemas:

(a) os critérios econômicos são cada vez mais usados pelo governo para decidir as prioridades fundamentais do financiamento público da ciência e da tecnologia, sendo a iniciativa privada ouvida em consultas, e levados em conta seus interesses;

(b) as universidades estão sendo internamente reorganizadas, de forma a procederem mais como empresas, enquanto atributos-chave do éthos acadêmico, como a transparência, a abertura, a objetividade e a independência estão sendo seriamente solapados; [...]

LANGLEY, Chris; PARKINSON, Stuart. A ciência e a agenda empresarial: as consequências nefastas da influência comercial sobre a ciência e a tecnologia. Disponível em: <www.scielo.br/scielo.php?script=sci_arttext&pid=S1678-31662011000300012>. Acesso em: 16 jul. 2018.

Éthos: conjunto de costumes e hábitos.

Laboratório de Testes de Materiais Renováveis no GE Global India Technology Center em Bangalore, Índia. Foto de 2015.

Hemant Mishra/Mint/Hindustan Times/Getty Images

AGORA É COM VOCÊ

Sob a orientação do professor, dividam-se em dois grupos para um debate. Um grupo deverá levantar argumentos para defender a ideia de uma ciência livre do patrocínio das empresas; outro grupo deverá defender a ideia de uma ciência aliada à iniciativa privada.

FALANDO DE MEDICINA

Uma medicina de corpo e alma

Até o século XVIII, a medicina no Ocidente era muito atrasada. O que os médicos mais faziam eram sangrias e purgações: o doente já estava enfraquecido pela doença, pela febre, pelas dores, e tiravam-lhe sangue ou davam-lhe purgantes, provocando diarreias. É claro que, em vez de melhorar, o doente piorava e muitas vezes morria.

Na pesquisa médica, ainda não se aplicava o método experimental, de observação científica. Um dos primeiros a criticar os métodos desumanos até então utilizados e a usar o método experimental para obter dados comprovados de melhoria clínica foi o médico alemão Samuel Hahnemann (1755-1843), criador da medicina homeopata. A homeopatia, no entanto, não é reconhecida pela medicina oficial: de acordo com os registros históricos, quem primeiro teria exercido uma medicina experimental foi Claude Bernard (1813-1878), que viveu depois de Hahnemann.

A visão que Samuel Hahnemann tinha do corpo humano era vitalista. Segundo essa concepção, o corpo humano é animado de algo que está além da matéria, e a doença seria um desequilíbrio desse princípio vital. Ele criou uma medicina que visava tratar o ser humano por inteiro (corpo e alma), e não apenas o corpo.

Depois dele, a medicina abandonou a ideia do vitalismo e se tornou materialista: passou a considerar científica apenas a prática que vê um corpo sem alma e trata dele como um mecanismo.

Hahnemann não dissecava cadáveres, nem de seres humanos nem de animais, mas fazia experiências médicas nele mesmo. Experimentava os remédios que desenvolvia, anotando os efeitos produzidos nele próprio. É que o princípio da homeopatia é diferente do princípio da alopatia: os remédios são

Método experimental: no caso da medicina homeopática, experimentação dos medicamentos em um organismo sadio (humano ou animal), de acordo com uma rigorosa metodologia, a fim de conhecer a natureza de sua ação.

Vitalista: relativo ao vitalismo, corrente de pensamento em biologia e medicina que tem como um de seus principais conceitos básicos a ideia da existência, em todo ser vivo, de um princípio vital imaterial (força vital ou alma), que anima o corpo material (organismo).

Alamy/Fotoarena/Memorial Samuel Hahnemann, Washington, DC, EUA

Samuel Hahnemann, do escultor estadunidense Charles Henry Niehaus (1855-1935), em Washington, D.C., Estados Unidos. Foto de 2015.

Science Photo Library/Fotoarena

Estojo inglês de medicamentos homeopáticos de 1878.

formados de uma substância diluída, da qual resta apenas energia, sem efeitos colaterais. Os remédios alopatas curam, mas ao mesmo tempo podem provocar reações indesejáveis. Por exemplo, podem curar uma dor de cabeça, mas provocar dor no estômago; podem tirar a febre, mas causar enjoo. Já a homeopatia é uma medicina mais suave.

Muita gente acha que a medicina homeopática, com medicamentos em forma de gotinhas ou bolinhas de açúcar, não tem efeito nenhum. Quando muito, reconhece-se que ela pode curar algumas poucas doenças mais leves e de forma muito vagarosa. Mas o fato é que Hahnemann acabou com uma epidemia de cólera na Alemanha apenas com suas gotinhas.

Médicos alopatas, entretanto, alertam que, quando se trata de doenças graves, seria perigoso apenas tratá-las com homeopatia. Nos últimos 100 anos, de fato, a medicina homeopática, embora tenha sido pioneira na pesquisa empírica, não foi mais pesquisada, justamente pela ascensão econômica da indústria farmacêutica. Nesse sentido, trata-se de uma medicina que ainda está no século XIX e sua eficácia só pode ser testada no efeito positivo em doenças que não representam risco de vida.

O QUE VOCÊ ENTENDEU?

Em sua opinião, qual o conflito principal existente entre a homeopatia e a medicina alopata? Justifique e comente o que você entendeu.

AGORA É COM VOCÊ

Sob a orientação do professor, forme dupla com um colega e, juntos, escolham um dos pensadores citados neste capítulo para pesquisar sobre sua vida e suas ideias. Organizem o trabalho e depois apresentem a pesquisa na sala de aula.

CONTANDO UM CONTO

Ossaim recusa-se a cortar as ervas miraculosas

Ossaim era o nome de um escravo que foi vendido a Orunmilá.

Um dia ele foi à floresta e lá conheceu Aroni,

que sabia tudo sobre plantas.

Aroni, o gnomo de uma perna só, ficou amigo de Ossaim

e ensinou-lhe todo o segredo das ervas.

Um dia, Orunmilá, desejoso de fazer uma grande plantação,

ordenou a Ossaim

que roçasse o mato de suas terras.

Diante de uma planta que curava dores,

Ossaim exclamava:

"Esta não pode ser cortada, é a erva que cura as dores".

Gil Abelha/Acervo do artista

Ossaim, do artista brasileiro Gil Abelha. Nas religiões de matriz africana, Ossaim é o orixá das folhas sagradas e das ervas medicinais. Ossanha, como também é chamado, é o responsável pelas folhas e ervas utilizadas nos cultos dos outros orixás, pois só ele detém os segredos e as palavras que despertam o poder e a força contidos nelas. Sua função é considerada uma das mais importantes, pois sem sua presença não é possível realizar nenhuma cerimônia.

Diante de uma planta que curava hemorragias, dizia:

“Esta estanca o sangue, não deve ser cortada”.

Em frente de uma planta que curava a febre, dizia:

“Esta também não, porque refresca o corpo”.

E assim por diante.

Orunmilá, que era um babalaô muito procurado por doentes,

interessou-se então pelo poder curativo das plantas

e ordenou que Ossaim ficasse junto dele nos momentos de consulta,

que o ajudasse a curar os enfermos com o uso das ervas miraculosas.

E assim Ossaim ajudava Orunmilá a receitar

e acabou sendo conhecido como o grande médico que é.

PRANDI, Reginaldo. *Mitologia dos orixás*. São Paulo: Companhia das Letras, 2001. p. 71.

Babalaô: sacerdote; guia espiritual do candomblé.

E FAZENDO A PONTE

1) Os povos que não praticam a ciência ocidental não deixam de ter a sua própria ciência, associada à divindade, como o caso apresentado nesse conto afro-brasileiro. O conhecimento popular pode ser considerado válido como o da ciência oficial? Qual a sua impressão a respeito?

2) A medicina afro-brasileira, assim como a de Hahnemann, não é reconhecida pela medicina oficial. Entretanto, as nações africanas tinham grande conhecimento de ervas curativas. Você já fez uso ou usaria uma medicina alternativa como a de ervas ou a homeopática? Justifique.

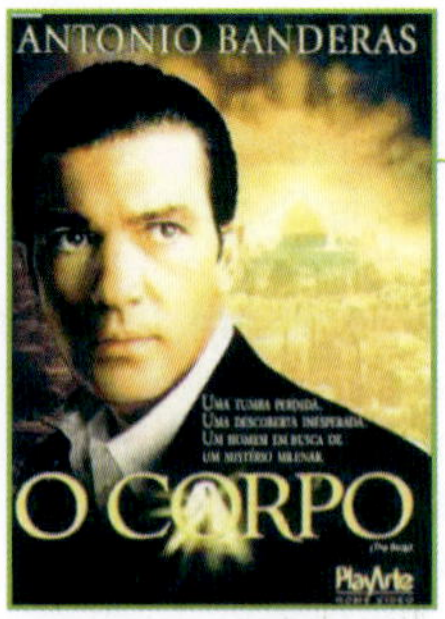

Reprodução/Jonas McCord/PlayArte

SESSÃO DE CINEMA

O corpo

Direção de Jonas McCord. Behavior Worldwide/Green Moon Productions, 2001.

Um sacerdote católico é enviado a Jerusalém para averiguar a pesquisa sobre um esqueleto encontrado numa tumba antiga que poderia ser de Jesus de Nazaré. O resultado da pesquisa científica poderá abalar sua fé.

Procure assistir ao filme indicado pensando nesta questão:

Qual é o conflito principal vivido pela personagem do padre interpretado por Antonio Banderas?

E PARA TERMINAR

Leia o poema a seguir, de Augusto dos Anjos (1884-1914), e responda às questões.

Ceticismo

Desci um dia ao tenebroso abismo,
Onde a Dúvida ergueu altar profano;
Cansado de lutar no mundo insano
Fraco que sou volvi ao ceticismo.

Da Igreja – a Grande Mãe – o exorcismo
Terrível me feriu, e então sereno
De joelhos aos pés do Nazareno
Baixo rezei em fundo misticismo:

– Oh! Deus, eu creio em ti, mas me perdoa!
Se esta dúvida cruel qual me magoa
Me torna ínfimo, desgraçado réu.

Ah, entre o medo que o meu ser aterra,
Não sei se viva pra morrer na terra,
Não sei se morra p'ra viver no céu!

ANJOS, Augusto dos. *Eu e outros poemas*. 42. ed. Rio de Janeiro: Civilização Brasileira, 1998. Disponível em: <www.dominiopublico.gov.br/download/texto/bv.00054a.pdf>. Acesso em: 9 jul. 2018.

Profano: contrário à religião.

Ceticismo: descrença.

Exorcismo: cerimônia em que se expulsam demônios ou espíritos maus.

Nazareno: denominação dada a Jesus de Nazaré.

Augusto dos Anjos. Foto do início do século XX.

1) Augusto dos Anjos foi um poeta muito influenciado pela ciência materialista do final do século XIX e começo do século XX. Que sensação lhe causou esse soneto?

2) Na sua opinião, por que ele fala que acredita em Deus e em seguida diz que tem dúvidas?

3) Faça um poema sobre sua fé (e suas dúvidas) diante do mundo atual.

Espírito ardente
Substância profunda
Força imensa e viva
Centro deslumbrante
Poder implacável como o mundo
E quente como a vida
Origem e término do mundo
Vós cujas mãos aprisionam as estrelas,
Vós que sois o primeiro e o último,
O morto e o ressuscitado,
Vós que reunis em vossa unidade exuberante
Todos os encantos, todos os gostos,
Todas as forças, todos os estados,
Vós sois verdadeiramente meu Senhor e meu Deus.
Centro para o qual tudo se move,
Doce como um coração
Ardente como uma força,
Íntimo como uma vida
Plenitude do ser criado,
Plenitude de meu ser pessoal,
Energia criadora que sondais o segredo dos corações,
E o mistério de nossas expansões;
Alma que transpareceis em tudo o que nos cerca,
Providência envolvente
É a Vós que os homens pressentem e buscam,
Pela magia do cosmos,
Vós que me fazeis participar de Vosso Ser
E que me modelais.
Salvador da atividade humana,
Salvador da dor humana,
Sede a salvação da unidade humana,
Forçando-nos a abandonar nossas pequenezas
E a nos aventurar, apoiados em Vós,
No oceano desconhecido da caridade...
Ajudai-me a Vos perceber
Mesmo e sobretudo no mais íntimo, no mais perfeito,
No mais longínquo da alma de meus irmãos!
Meu Deus, fazei para mim, na vida do outro
Brilhar a Vossa face!

Pierre Teilhard de Chardin.

Prière du Révérend Père Teilhard de Chardin. Disponível em: <http://site-catholique.fr/index.php?post/Priere-Pierre-Teilhard-de-Chardin-au-Visage-de-Dieu>. Acesso em: 9 jul. 2018. Tradução dos autores.